Análise Microgenética da Oficina Criativa®

Projeto de Modelagem em Argila

Coleção
Arteterapia

Coordenação: Cristina Dias Allessandrini

Análise Microgenética da Oficina Criativa®

Projeto de Modelagem em Argila

Cristina Dias Allessandrini

Casa do Psicólogo®

1ª edição
2004

Editores
Ingo Bernd Güntert e Myriam Chinalli

Assistente Editorial
Sheila Cardoso da Silva

Produção Gráfica e Capa
Renata Vieira Nunes

Editoração Eletrônica
Valquíria Kloss

Revisão
Christianne Gradvohl Colas

Dados Internacionais de Catalogação na Publicação (CIP)
(Câmara Brasileira do Livro, SP, Brasil)

Alessandrini, Cristina Dias
Análise mocrogenética da oficina criativa: projeto de modelagem em argila / Cristina Dias Alessandrini. — São Paulo : Casa do Psicólogo®, 2004 (Coleção arteterapia)7

Bibliografia.
ISBN 85-7396-338-7

1. Modelagem em argila 2. Psicologia genética 3. Terapia artística I. Título II. Série

04-5653 CDD-155

Índices para catálogo sistemático:
1. Oficina criativa: Análise microgenética: Psicologia 155

Impresso no Brasil
Printed in Brazil

Casa do Psicólogo® Livraria e Editora Ltda.
Rua Mourato Coelho, 1.059 – Vila Madalena – 05417-011 – São Paulo/SP – Brasil
Tel./Fax: (11) 3034.3600 – E-mail: casadopsicologo@casadopsicologo.com.br
http://www.casadopsicologo.com.br

Aos meus filhos,
Patrícia,
Sandra,
Renata e
André

Aos meus pais,
Elzy e Ary

... o carinho de compartilhar a alegria de viver com amorosidade e compromisso, com o que temos de melhor, a cada dia.

Agradecimentos

Agradecer é o momento em que tocamos a experiência sublime de reconhecer que, sem a participação de muitas pessoas que compartilharam comigo minhas aspirações, meus desejos e intenções, ajudando efetivamente para que este projeto se tornasse realidade, o preciso instante que estou vivendo agora não estaria acontecendo.

Em primeiro lugar agradeço a presença de meus filhos que estiveram presentes no dia-a-dia que permeou esta trajetória. Sua alegria, carinho e incentivo foram fundamentais para que a força para continuar se mantivesse vibrando. A você, Patrícia, com sua amizade e beleza interna continentes, nutrindo a todos nós em queridas conversas e momentos de troca. A você, Sandra, com sua querida sensibilidade intuitiva coerente e iluminada, ajudando-nos a definir prioridades, escolhendo o que e quando fazer. E você, Renata, com sua imensa sabedoria e garra, que nos presenteou com o milagre que é o maior presente que poderíamos receber nesta vida. E a você, André, com sua presença alegre, afetiva e delicadamente forte, que alimenta nossa alma e nosso coração. Obrigada pelo profundo amor presente em nosso dia-a-dia de tanto trabalho e dedicação.

Ao professor Lino de Macedo, querido mestre, amigo e orientador, pela sua sabedoria afetiva presente em tantos momentos de encruzilhada, sempre apontando possibilidades de caminhos a serem trilhados com ética e amorosidade, respeito e consistência, cuidado e competência.

À Silvia Parrat-Dayan, que me acolheu com carinho e amizade quando estive nos *Archives Jean Piaget* realizando parte do trabalho que apresento neste livro. Obrigada pelas inúmeras conversas e pelo empenho em abrir oportunidades de contato com profissionais com quem pude discutir questões-chave para o desenvolvimento desta pesquisa.

A meus queridos pais, Elzy e Ary, pela força maravilhosa que vocês me ensinaram a construir, acreditando hoje e sempre no caminho de construção de um trabalho realizado com o que temos de melhor. Obrigada por cada momento de aprendizagem e de luta.

Aos meus colegas do grupo de orientandos do Professor Lino de Macedo. Obrigada pelas discussões carinhosas e importantes que realizamos no decorrer desses quatro anos. Em especial à Márcia, à Marli, ao Oswaldo, ao Emir e ao Sávio, pelos momentos de troca científica que pudemos compartilhar.

Aos meus colegas do LaPp – Laboratório de Psicopedagogia do IPUSP, pela participação amiga na construção de minha formação como pesquisadora.

Aos queridos amigos, alunos e pessoas com quem tenho compartilhado meu cotidiano pessoal e profissional. Obrigada pela amorosa presença, em tantas idas e vindas de alegrias e tristezas, de acertos e desacertos.

A todos aqueles que direta ou indiretamente participaram da realização da pesquisa que apresento, meu agradecimento de coração.

À CAPEs, DS que possibilitou efetivamente que este projeto se realizasse, investindo na minha formação e financiando este Doutorado, na Universidade de São Paulo e nos Archives Jean Piaget, Universidade de Genebra. Obrigada por analisar e acreditar no trabalho que ora apresento.

uma questão permanece viva dentro da pessoa que sou.
sempre esteve aqui dentro, colorindo minha
atuação em um sem-fim de aprendizagens...
qual o valor de viver, senão construirmos algo de melhor
para cada um, e, portanto, para todos?
que a alegria de criar possa permear cada momento
de nossa presença, nesse tempo de grandes
transformações no mundo!

Allessandrini, 2000

Sumário

PARTE V
DISCUSSÃO

LISTA DE TABELAS

Prefácio

É um grande prazer prefaciar o livro de Cristina Dias Allessandrini: *Análise microgenética da Oficina Criativa – Projeto de modelagem em argila*. Por um lado, justamente porque se trata de um trabalho importante e inovador; por outro, porque foi uma grande alegria, tanto intelectual como afetiva, poder ter seguido esse trabalho durante o tempo em que Cristina esteve em Genebra. Além de tocar em temas tão importantes como a criatividade, a dimensão afetivo-cognitiva das ações dos sujeitos, a relação estrutura/funcionamento cognitivo, a interação entre a teoria e a prática, o trabalho de Cristina Dias Allessandrini estuda um tema novo dentro da psicologia genética: a construção e a realização de projetos na sua própria gênese. A partir desse objetivo, a autora adapta o método microgenético – próprio das pesquisas da equipe da grande psicóloga genebrina Bärbel Inhelder –, às oficinas criativas, quando analisa a construção do projeto do sujeito, realizado com argila. Por meio dessa metodologia, que possibilita a compreensão do encadeamento das ações durante a elaboração do projeto, Cristina Dias Allessandrini salienta o aspecto funcional da construção afetivo-cogniva dos sujeitos seguindo o processo de equilibração das estruturas cognitivas. Para bem compreender o pensamento e a pesquisa da autora, gostaria de apresentar brevemente o método microgenético.

Esse método é o produto do trabalho de uma equipe que se interessa em compreender o sujeito individual que se desenvolve no tempo, deixando de lado, mas sem se esquecer dele, o sujeito epistêmico estudado por Piaget. À frente dessa equipe, está o nome da grande mestra, Bärbel Inhelder. Entre 1972 e 1983, o interesse dessa pesquisadora e de sua equipe se orienta na direção de capturar a forma pela qual um sujeito consegue atingir um objetivo, e de descrever a maneira como esse sujeito resolve um problema. Inhelder e colaboradores não se interessam, como era o caso de Piaget, na compreensão máxima de um sujeito em relação a um determinado problema. Nessa nova aproximação, procuram-se as explicações por meio da diferenciação e do aprofundamento das situações experimentais propostas aos sujeitos. A questão é saber qual o plano que a criança estabelece para resolver o problema, e por que, e como o modifica ou abandona. Trata-se de compreender e de descrever a planificação da ação elaborada, de saber quais são os aspectos da situação que o sujeito reterá, e de ver como os resultados da ação da criança mudarão os aspectos da situação, então retidos. É, portanto, a significação psicológica de cada ação do sujeito que interessa a esses pesquisadores.

Esse novo interesse traz uma modificação na metodologia. É verdade que cada pesquisa realizada nessa equipe coloca um problema particular e tem aspectos metodológicos um pouco diferentes. Porém, podemos fazer algumas considerações gerais. Nessa metodologia, é necessário que a observação do desenrolar das ações possa se inserir num longo processo para permitir a manifestação das microgêneses. Para isso, a escolha da situação é importante. Ela deve possibilitar, aos sujeitos, estabelecer subobjetivos para atingir um objetivo, um objetivo final, deixando o máximo de liberdade para que ele (sujeito) siga seu próprio caminho.

Assim, as situações experimentais serão escolhidas em função das possibilidades que elas oferecem, a fim de conhecer os diferentes ensaios e erros efetuados pelo sujeito; elas não deveriam levar o sujeito direto ao objetivo, mas pelo contrário, elas deveriam permitir um conjunto de maneiras diferentes de se chegar à resolução do problema. Ou seja, quanto mais longo o caminho para resolver um problema, mais o pesquisador terá indicadores que lhe permitirão compreender como é que o sujeito compreende a situação apresentada. Assim, o pesquisador poderá seguir o encadeamento de idéias que o sujeito estabelece para atingir o objetivo que ele próprio tinha determinado.

O método utilizado por Inhelder e seus colaboradores pode ser qualificado de observação interativa. Aqui, o papel do pesquisador é o de ser um observador atento; sua intervenção, quando necessária, deve fugir à tentação de querer guiar o sujeito.

Em relação à análise de resultados, o método microgenético é também diferente do método clínico piagetiano. A análise genética agrupava condutas típicas, próprias de um conjunto de sujeitos, em cada nível diferente do desenvolvimento. Assim, determinavam-se os diferentes estágios do desenvolvimento bem como as estruturas sucessivas.

A análise microgenética mostra a natureza fundamentalmente interativa e contextualizada do desenvolvimento. Ela é um método de análise poderoso dos processos internos. Para explicar a dinâmica do pensamento de um sujeito no contexto específico de seu desenvolvimento, precisa-se de um tipo de análise particular. Por isso, Bärbel Inhelder e seus colaboradores se interessam pelo estudo aprofundado de casos prototípicos, realizando uma análise detalhada de um caso individual. Esse sujeito analisado expressa aquilo que outros sujeitos vão resolver também, mas de forma parcial, e de maneira muito trabalhosa ou muito mais rápida.

Por meio dessa análise, pretende-se capturar a evolução dos significados durante a resolução de um problema (por exemplo: a mudança de significação quando se passa de um esquema sem contexto a uma rotina, ou a uma primitiva ou a um procedimento, termos bem explicados no trabalho de Cristina Dias Allessandrini).

A análise microgenética se interessa também em ver como o sujeito organiza as significações, por exemplo, por meio de um controle ascendente ou descendente.

Concretamente, essa análise se realiza por intermédio de uma segmentação de seqüências significativas, definidas pelas intenções e projetos do sujeito na situação. O pesquisador tenta identificar as seqüências nas quais as ações sucessivas trazem uma organização coerente. Como uma mesma ação pode traduzir uma grande quantidade de esquemas, de tipo e de nível diferentes, o pesquisador deve agrupar as ações em função das significações que o sujeito lhes atribui. O pesquisador elabora um protocolo com os indícios pertinentes, importantes para a análise, indicando o desenrolar das ações, as verbalizações, as mímicas, os gestos, etc. Logo, determinam-se as seqüências em função das mudanças de objetivos e subobjetivos do sujeito. Cada seqüência corresponde a um projeto particular do sujeito e aos meios utilizados para realizá-lo. Finalmente, o pesquisador dá uma interpretação em termos de modelo do sujeito. Aqui se trata de uma reconstituição da evolução microgenética nos termos de modelos ou unidades de representação em construção e dos mecanismos de controle correspondentes.

Se o método microgenético é utilizado em situações de resolução de problemas (de tipo físico ou lógico) ou em situações naturais, tais como a produção da escrita na escola, a originalidade de Cristina Dias Allessandrini é a de ter utilizado o mesmo método numa situação aberta de criação de um projeto, para estudar, ao mesmo tempo, a criatividade e a construção de um projeto definido pelo próprio sujeito.

Silvia Parrat-Dayan
Genebra, 6 de maio de 2004

Apresentação

Lino de Macedo

Cumprimento a Casa do Psicólogo pela decisão de publicar em forma de livro, com as alterações que foram necessárias, a tese de doutorado de Cristina Dias Allessandrini, que tive o prazer de orientar.

Em seu trabalho, Cristina relata os procedimentos de realização e de análise de um projeto de modelagem em argila, praticados no contexto de uma oficina criativa, idealizada por ela. Psicólogos, educadores e arteterapeutas terão disponíveis, agora em livro, os detalhes de como fazer uma pesquisa bem feita ou de como avaliar ou intervir em favor dos processos de desenvolvimento ou aprendizagem de crianças, adolescentes e adultos. Nessa tarefa, as dimensões afetivas e cognitivas são relacionadas, levando-se em conta as características do objeto trabalhado – a argila – e, sobretudo, do projeto que anima sua realização. A análise microgenética, nos termos propostos por Inhelder e colaboradores, é utilizada para garantir uma visão construtivista de projeto em todas as suas dimensões.

Construção e projeto são termos relacionados. Consideremos, inspirados na teoria de Piaget, o significado de construção. De um modo geral, uma construção ou criação nos compromete não com aquilo que algo é, mas com o seu tornar-se, com o seu vir a ser. Um pedaço de argila é apenas o fragmento de um barro. É certo que aquilo que ela é, do ponto de vista mineralógico, tem uma história, ou seja: o que é, é, porque se tornou. Mas, o fato é que, tal como em um projeto, uma construção refere-se a um presente voltado para seu futuro, para aquilo que queremos que algo seja ou se torne. Onde está aquela forma que modelamos na argila, antes desse projeto ser dado como concluído? Sabemos que fragmentos disso podem estar em muitos lugares: em nossa experiência anterior, em nossos pensamentos ou imagens, em nossos estudos ou referências, nas orientações que recebemos de nossos professores, etc. Mas nada disso é suficiente para declararmos que uma criação é apenas uma tradução, conversão, cópia ou reorganização de algo espalhado em muitos lugares ou pessoas. Por isso, um projeto ou construção compromete-se com o desconhecido, com o novo, com o diferente.

Para que uma construção ou criação ocorra, temos que, do ponto de vista sincrônico, coordenar muitos pontos de vista e superar muitos desafios. Modelar em argila supõe, por exemplo, procedimentos de amassar, colorir, cortar, juntar, separar. Supõe o uso de estecas, estiletes, canivetes, espátulas. Supõe ter ou assumir uma referência ou tema. Todos esses aspectos, de um modo ou outro, estão presentes e são importantes. Implicam o domínio de esquemas de procedimentos e esquemas presentativos. Supõe, como bem analisa Cristina, uma relação com objetos, tarefas e pessoas. Supõe uma relação afetiva e cognitiva consigo mesmo. Qual a forma que queremos dar ao nosso projeto?

Além disso, uma criação supõe um desenrolar, algo que se processa em uma relação de antes e depois, de primeiro, segundo, etc. Implica, portando, a narrativa dos atos de sua construção, o enfrentamento das vicissitudes de uma realização. Em outras palavras, tanto em uma construção como em um projeto, temos que considerar aspectos diacrônicos, temporais, sucessivos e que culminam pouco a pouco em um resultado ou produto, qualquer que seja ele. Em sua pesquisa, Cristina apresenta as categorias de análise, sobretudo quanto às dimensões afetivas e cognitivas observadas em seus sujeitos, tanto na perspectiva sincrônica como diacrônica.

Porém, uma construção, como um projeto, está sempre atravessada pelos valores, pelas razões afetivas que justificam sua realização e que possibilitam suportar e, quem sabe, superar os altos e os baixos de seu percurso. Como lidar com os ganhos e perdas? Como manter ou corrigir um objetivo ou meta? Como aprender ou aperfeiçoar um meio em favor de um fim querido? Como se entregar a algo que ainda não é, quando as coisas não andam bem e o nosso objeto e os nossos procedimentos não "colaboram" com o que pretendemos fazer?

Uma outra dimensão comum à construção e ao projeto é a idéia de progresso. Em ambos, nosso movimento é em favor de algo que progride em direção a um fim pretendido. Em ambos existe uma direção querida. É em relação a ela que caminhamos e orientamos as nossas ações. Mesmo que essa referência não seja clara, que ela mude, o fato é que ela é nosso norte.

Trabalhar em um contexto de projeto em sua visão construtiva é importante, porque nos ensina ou nos mobiliza para aprendermos ou desenvolvermos habilidades de planejar. Planejar em termos de tempo, de espaço, de objetos, de tarefas. Planejar supõe antecipar ou preservar, ou seja: regular o presente em nome de algo que pretendemos que aconteça ou não aconteça no futuro. Planejar supõe coordenar os desvios, os problemas, as limitações com aquilo que pretendemos realizar. Supõe regular, rever, corrigir, isto é, ter uma ação comprometida e responsável em termos daquilo que se deseja alcançar, considerando ao mesmo tempo os dados de uma realidade, os aspectos que favorecem ou dificultam uma criação.

Como analisa Cristina, nossa sociedade, hoje, cada vez mais está pautada pela cultura do projeto, ou seja, por um presente orientado por um futuro, por tudo aquilo que queremos nos tornar ou realizar. Como aprender a fazer isso de um modo crítico? Como aprender a realizar desejos, pessoais ou coletivos, orientados pelo raciocínio do projeto? A análise microgenética aplicada em um contexto de oficina criativa e arte terapia, usando a modelagem em argila, praticando-se uma visão do conhecimento como construção e aprendendo-se a valorizar as dimensões afetivas e cognitivas de modo interdependente é excelente condição para isso.

Introdução

A facilidade de pesquisar e obter informações sobre o que está sendo desenvolvido em qualquer lugar de nosso planeta, atualmente é uma realidade, seja qual for a área de conhecimento. O homem tem, hoje, acesso total ao o conhecimento já produzido. Podemos partilhar das pesquisas mais recentes acerca de temas de nosso interesse, trabalhando com uma rede de informações que nos mantém constantemente atualizados.

A educação desenvolvida em nossas escolas deve poder acompanhar o ritmo intenso dessa evolução tecnológica, que torna possível tal rede de interconexões. O desafio da pesquisa em psicologia e em educação é poder observar, cada vez com maior qualidade e precisão, o homem participante e atuante na construção de seu jeito de *ser* e de *fazer* a cada dia, a cada nova situação-problema que enfrenta.

Tal demanda social e cultural torna imprescindível estudar e desvendar os caminhos internos que o homem cria para vencer os desafios que se apresentam, nos projetos aos quais está vinculado. Como o sujeito alavanca suas competências de modo a realizar o "seu melhor" durante o processo de aprendizagem e de vida? De que maneira o seu lado criativo participa na construção de ações que lhe são significativas? Como ele se coloca ao interagir com seus colegas? De forma harmoniosa e respeitosa, afetiva e consciente, enfim, íntegra?

Nossa pesquisa investiga o ser humano criador e formador, que desenvolve um projeto pessoal de modelagem em argila. Seu trabalho, desenvolvido em uma *Oficina Criativa* (Allessandrini, 1996a) orientada pela pesquisadora, ocorre dentro de um envolvimento crescente, na relação que ele estabelece consigo mesmo, com a idéia e com o material que utiliza para realizar a tarefa a que se propõe. Estudamos, portanto, as dimensão afetiva e cognitiva do sujeito, nas diferentes relações presentes na criação e realização de um projeto.

Afinal, em nossa sociedade tecnológica há uma crescente valorização do *saber fazer*, do encontrar procedimentos que possibilitem a realização de projetos de trabalho. Esses representam um caminho de aprendizagem significativa. Em nossa pesquisa, o projeto da pesquisadora é denominado *Oficina Criativa*, e, a partir dele, o sujeito cria e realiza seu próprio projeto, modelando em argila.

A *Oficina Criativa* (Allessandrini, 1996a, 1996b, 1996c, 1996d, 1999c) tem encontrado importante espaço de inserção, isto é, tem sido aceita como uma experiência educacional inovadora. Ela representa uma metodologia em que "novas visões de mundo e de si mesmo emergem como (...) resultado de um intenso trabalho interior" (Migliori, 1998, p. 8).

Nosso enquadre propõe uma análise científica e psicológica detalhada, articulada entre criação e realização de um projeto pessoal, até então não realizada sob o ponto de vista da pesquisa científica.

Estudamos e adaptamos a análise microgenética desenvolvida por Inhelder, Cellérier *et al.* (1992-1996) para algumas situações de resolução de problemas, para analisarmos as oficinas criativas.

No nosso ponto de vista, estudos a partir da teoria de Inhelder são relevantes, uma vez que a análise microgenética das implicações das ações que uma criança, um adolescente ou um adulto realizam, para construir seu projeto pessoal com argila, não foi ainda pesquisada de modo a estabelecer-se como metodologia.

A necessidade de modelar um objeto em argila representa um modo de expressão dos dinamismos afetivo e cognitivo dos sujeitos. Observamos que o indivíduo desenvolve formas qualitativamente melhores de resolver as sutis situações-problema que se apresentam a cada gesto que marca e modela a argila. Estudamos a significação simbólica (Piaget, 1946-1978, 1962; Winnicott, 1986-1989, 1988-1990, 1989-1994) desses dinamismos, que se manifesta na coordenação da ação interna do sujeito psicológico e se expressa na interdependência de formas e conteúdos.

O estudo microgenético possibilita a compreensão do encadeamento das ações durante a elaboração do projeto. Procuramos correlacionar a resolução processual do problema com as modificações permanentes da estrutura da inteligência (Inhelder, Cellérier *et al.*, 1992-1996, p. 10). Essa metodologia nos permite desvendar o aspecto funcional da construção afetivo-cognitiva.

Em nossa pesquisa, o material utilizado para a realização do projeto é a argila, material facilmente encontrado no solo brasileiro, portanto, acessível a todas as pessoas de qualquer classe social. É relevante o psicólogo, o educador, o arteterapeuta e o psicopedagogo utilizarem esse material com maior consciência, compreendendo seu valor na construção interna vivida por cada sujeito.

Afinal, atualmente, encontramos nas escolas crianças e jovens que não querem aprender, assim como professores que não ensinam de fato, o que aponta para a necessidade de mudança e transformação do sistema educacional (Macedo, 1997, p. 6).

Educar-se é aprender a construir o conhecimento com curiosidade e espontaneidade, explorando possibilidades e criando soluções. "Quando surpreendemos a nós mesmos, estamos sendo criativos e descobrimos que podemos confiar em nossa inesperada originalidade." (Winnicott, 1986-1989, p. 40). Relativizamos a forma, "ressignificando" o conteúdo. Podemos "olhar de dentro para fora, o conhecimento que se constrói de fora para dentro, para redimensioná-lo a cada novo *insight*" (Allessandrini, 1997, p. 33).

Nossa visão de educação propõe o desenvolvimento de uma mente questionadora, ativa e aberta. Convida o indivíduo a saber reconhecer-se no contexto social e cultural, observando procedimentos pessoais que vinculam ou direcionam a ação a realizar. Esse "observarse" gera autoconhecimento e permite uma certa consciência participativa, na comunidade e no mundo. Nossa crença é que a educação deve possibilitar oportunidades de desenvolvimento a partir de propostas inteligentes e criativas, em que crianças e jovens sintam-se comprometidos com seu próprio crescimento. Nesse enquadre, um projeto pessoal de trabalho, representa um *modus operandi* de inegável valor.

Winnicott (1986-1989) diz que "para uma existência criativa não precisamos de nenhum talento especial. Trata-se de uma necessidade universal, de uma experiência universal" (p. 35) em que mantemos viva "a capacidade de criar o mundo" (p. 32). Precisamos oferecer à criança situações de aprendizagem que garantam seu desejo de aprender e de construir sua inserção no mundo com consciência, tranqüilidade e alegria.

Uma maneira de se atingir tal meta é trabalhar com experiências significativas, desencadeadoras de aprendizagem. Afinal, há barro disponível em cada cidade e município! Ele poderia ter suas aplicações melhor compreendidas se os professores o utilizassem com maior freqüência em situações educacionais. O seu uso em contexto terapêutico (Gouvea, 1989; Kagin; Lusebrink, 1978; Kramer, 1971; Oaklander, 1978-1988; Ostrower, 1977; Pain; Jarreau, 1994-1996; Silver, 1978-1989, 1987) tem sido enfatizado e reconhecido como importante agente de transformação e de expressão do dinamismo psíquico do sujeito.

Portanto, é relevante o estudo mais aprofundado das dimensões afetiva e cognitiva da implicação entre ações, em um trabalho de modelagem em argila. A presente pesquisa poderá nortear novas metodologias de ensino, a fim de produzir uma melhor qualidade na aprendizagem de nossos alunos. Em nossa proposta, a ação criadora desencadeia a consciência do sujeito em relação à sua ação. Ele cria para realizar seu projeto de trabalho, para construí-lo.

Os temas estudados são amplos e abrangentes. A questão do projeto, de cunho pessoal, representa o cerne de nossa pesquisa. Acreditamos que trabalhamos com aspectos relacionados à "cultura do projeto" (Boutinet, 1990, p.19), uma demanda dos tempos atuais.

Nossa primeira hipótese é de que a *Oficina Criativa* favorece a criação e a realização de projetos.

Nossa segunda hipótese é de que a dimensão afetivo-cognitiva dos sujeitos pode ser avaliada no desenrolar das oficinas criativas.

A partir desses pressupostos, nosso objetivo de trabalho é relacionar a fundamentação epistemológica piagetiana com sua aplicação prática, por meio de uma *Oficina Criativa* de modelagem em argila.

Assim, nossa intenção é analisar o processo de regulação dos esquemas de ação durante as oficinas criativas e estudar, por meio de entrevistas e de observação, a dimensão afetivo-cognitiva das ações dos sujeitos no desenrolar dessas oficinas.

Parte I

Fundamentos

1 Projeto

O momento atual, no que diz respeito à cultura, à educação e à sociedade, evoca no homem a necessidade de construir a experiência criativa que é o viver. Afinal, a cada dia nos defrontamos com questões que nos convidam a relativizar nossas crenças, ampliando nossa compreensão para com o que está ocorrendo. As relações que estabelecemos demandam nossa tolerância e nossa integridade, para que possamos construir nosso próprio jeito de ser e de viver.

Essa construção implica trabalharmos nossa visão de mundo em direção à realização de projetos que nos possibilitem efetivar respostas aos problemas com os quais nos deparamos. Esse contexto merece nossa reflexão, em uma atitude de consciência quanto ao significado de nossas ações, o que reforça nossos canais de entendimento e de busca de soluções.

Nosso presente está articulado no futuro projetado e ligado ao modelo tecnológico atual. Macedo (1999) aponta que esse contexto de avanço tecnológico constante nos impõe a cultura do projeto. Ou seja, antecipar possibilidades a partir do necessário, dentro de uma dinâmica ampla e focada.

O exercício do "ter um projeto" que dá forma ao que é da ordem da vontade representa o primeiro momento de definição do que se pretende fazer. A meta direciona a ação, que se constrói para que ela seja atingida.

Como é importante trabalharmos conectados a nossos objetivos! Projetos que expressam nosso objetivo maior de vida por vezes se articulam ao longo de anos de trabalho e dedicação. Nesse sentido, parece que o dia-a-dia constitui a parcela mínima do que se almeja poder construir, ao mesmo tempo em que explicita a organização no tempo e no espaço dos passos escolhidos como caminho de sua realização, ou seja, a concretização do projeto.

Há vários tipos de projeto que podemos considerar. Exercitar sua criação e realização torna-se extremamente relevante na atualidade, com o nível de demanda de envolvimento e de empenho que a vida tem-nos solicitado. Temos o projeto da escola, o projeto de trabalho, o projeto de pesquisa, o projeto pessoal, o projeto do grupo, o projeto da instituição... Em verdade, a idéia de projeto se aplica a várias modalidades de ação e de produção de conhecimento. O aspecto criador que nutre cada momento de sua elaboração e construção nos é altamente significativo, pois o homem evoca de dentro de si o que possui de melhor para realizar o que deseja. Ou seja: inova, criando formas que preenchem necessidades.

Importa ressaltar que nosso agir oferece contorno ao que verdadeiramente somos. Expressa nossas crenças e valores, enfim, os princípios que balizam nossas ações. A "pitada" do jeito próprio de ser estará sempre presente em quaisquer projetos com os quais nos envolvamos.

Nesse sentido, todo projeto tem um "quê" de pessoal, uma marca particular. Reconhecemos com certa facilidade que cada pessoa demonstra tal forma de ser em suas mais diversas inserções no mundo e na vida.

Baseados nessa premissa, consideramos que todo projeto tem um cunho pessoal, explicitado nas nuanças e nos movimentos que constituem a estrutura de ser de cada ser humano. Nossa tarefa, como educadores, é desenvolver um olhar atento para essa marca pessoal que caracteriza o implícito na construção pessoal de qualquer projeto.

Vários autores trabalham essa idéia estruturante de nossas produções. Nossa intenção é apresentar e valorar suas percepções, na constituição de uma rede de imagens que apontam várias das dimensões do projeto, desde sua essência até sua explicitação.

Enfim, a "cultura do projeto" (Boutinet, 1990, p. 19), presente nos tempos da pós-modernidade, procura legitimar a busca criativa e inovadora de significar as condutas articuladas em direção à construção de um objeto que traduz uma intenção.

Um projeto envolve metas e propósitos, recursos e procedimentos, orientados em direção a um resultado (Macedo, 1998). Weber apresenta a pedagogia do projeto como sendo parcialmente impulsionada por temas inovadores, como conseqüência da passagem entre o contexto do conhecimento e o saber-fazer (1982-1993, p. 53).

Já Legrand coloca a pedagogia do projeto como condição fundamental para o empenho afetivo e voluntário dos alunos nas atividades que produzem um objeto final. O assunto assumido por vários alunos leva a uma divisão de trabalho discutida e planificada de uma maneira suficientemente flexível para dar lugar a reorientações sempre que pareça necessári (1982-1993, p. 36-37)

Observamos que a relação de interdependência entre as ações que permitem a uma pessoa ou a um grupo trabalhar para a concretização de um projeto é de grande valor epistêmico. Lalande define epistemologia como sendo "essencialmente o estudo crítico dos princípios, das hipóteses e dos resultados (...), destinado a determinar sua origem lógica, o seu valor e a sua importância objetiva". (1996, p. 313)

Nossa pesquisa pretende estudar a dinâmica do processo de criação e realização de um projeto, de cunho pessoal, portanto, a sua lógica interna vivida a partir de sua concepção. Nossa intenção é apresentar a *práxis* decorrente do conhecimento construído nessas circunstâncias, ou seja, relacionar uma fundamentação epistemológica com sua aplicação prática.

Tanto na escola e em situações educacionais, como em contextos terapêuticos – por exemplo, na arteterapia e na psicopedagogia –, encontramos a proposta de se trabalhar com projetos, realizáveis ou não. Idéias e desejos, muitas vezes intuídos e visualizados, buscam espaço de concretização. Crianças apresentam seu imaginário, expressando a vontade de encontrar formas de torná-lo realidade. Adolescentes e jovens criam pequenos ou grandes projetos pessoais na construção de seu jeito de ser e de agir nesse mundo. O adulto, por sua vez, estabelece metas e trabalha para atingi-las.

Mas, o que é um **projeto**? "Projetar é ter uma imagem de uma situação, de algo que se pretende atingir. É um desenho, uma idéia, uma intenção." (*Le Petit Robert*, 1996, p. 1795)

Piaget (1980b-1996) diferencia projetos de programas, pois aqueles são ligados ao objetivo das ações, enquanto que estes implicam previsão de ações que possam realizá-los. Segundo esse autor, os projetos "se dirigem a setores limitados e mantêm-se relativamente rígidos, sem uma consideração suficiente de variáveis possíveis da situação de conjunto e notadamente das interações eventuais com outros setores". Já os programas, pressupõem uma ordem de sucessão temporal que permite ao sujeito "prever várias situações que se organizam sucessivamente." (p. 70-71) Para Piaget, o programa é a concretização das idéias que orientam a ação escolhida para realizá-las, e o projeto permanece como idéia a seguir; quando o sujeito expressa a intenção que norteia sua ação.

Nossa proposta apresenta o projeto em duas dimensões que relacionam os aspectos de espaço e de tempo. A dimensão espacial objetal expressa a visão do que se pretende atingir. A dimensão temporal operatória trabalha a dinâmica das tarefas realizadas no plano a seguir. A imagem do objeto permanece como guia condutor das ações durante o programa que se estabelece ao longo do tempo de realização. Ou seja: projetar um trabalho – no espaço – implica articular maneiras de torná-lo real – no tempo.

O projeto do objeto permanece como guia para a concretização do que foi idealizado. As etapas de sua realização implicam procedimentos para sua construção e concretização, o que reconhecemos como a dimensão temporal do projeto. Ou seja, consideramos o programa, conforme apresentado por Piaget, como caminho de realização do projeto, em sua dimensão temporal. Ele é parte do todo e se converte no todo, de acordo com a dinâmica do processo. Portanto, o programa é o projeto. E, conseqüentemente, o projeto possui um programa articulado no tempo, de modo a torná-lo real no espaço.

Um projeto supõe um tema ligado a objetivos pessoais ou institucionais e implica a programação de ações que disponibilizem os recursos necessários para viabilizá-lo. Sua duração no tempo supõe metodologia de trabalho e registros. Tudo com vistas aos resultados esperados. De acordo com Macedo: "Criar um projeto é pensar a vida de acordo com um triângulo em cujos vértices estejam: 1- objetivo, metas, propósitos, necessidades, valor; 2- meios, recursos, tarefas, procedimentos, processos, realizações; 3- resultados." (1999, p. 6)

Projetar um trabalho é visualizar a realização de algo em um certo momento e elaborar um plano, um programa de resolução do que se visualiza; formar uma idéia do que se deseja fazer e trabalhar para sua concretização. É também preparar a descrição de um modelo anterior à sua realização. De certa forma, é tudo aquilo a partir do que o homem procura modificar o mundo e a si mesmo, em um determinado sentido.

Lembramos Sartre, quando diz: "O ser dito livre é aquele que pode realizar seus projetos." (*Le Petit Robert*, 1996, p. 1795) Projetar um trabalho, em todas as suas instâncias, é conceber, nutrir, elaborar e realizar. Desenvolver um projeto pessoal é tocar o "si mesmo" em todas as suas dimensões, evocando competências e habilidades alinhadas com crenças e desejos, permanentemente alimentadas pela vontade de fazer e de realizar.

Na visão construtivista, projetar implica construir etapas de trabalho de modo a atingir o objetivo proposto. Pressupõe também o desenrolar de muitas ações articuladas entre si, que permitem, pouco a pouco, que o objeto final crie forma e se constitua. É a dinâmica de realização do projeto (Macedo, 1998) que possibilita a sua própria concretização. Um passo após o outro, dentro de uma rede de relações interconectadas – conscientes e inconscientes – passíveis de assumirem uma rota, mas também de mudar de rumo a qualquer momento, que tornam a evolução entre a criação e a realização de um projeto uma dinâmica de interdependências entre formas e conteúdos.

Um projeto pressupõe um objetivo ou uma meta que pretendemos alcançar. Mas, o que é que conhecemos, de fato, sobre o objetivo, quando nos dispomos a encontrá-lo? É um fim a realizar... apenas por aqueles que efetivamente desejarem lá chegar. Afinal, uma realidade surge expressando suas possibilidades "apenas aos olhos de quem for capaz de integrá-las num grande número de operações". (Marina, 1995, p. 178)

A meta, por sua vez, só pode ser parcialmente definida; afinal, somente quando os projetos instigam as pessoas, sugerindo possibilidades criadoras de sentido, em sua resolução, é que ela assume seu contorno final.

Uma idéia pode ser desencadeadora de toda uma atividade criadora, à qual nos entregamos e que dirige nossa ação, propondo-nos uma finalidade. Sua característica intuitiva, irreal e aparentemente fluida nos convida a destinar nossas capacidades a melhor expressão, em direção à construção do que está por vir e que preencherá nossa necessidade dentro das possibilidades. Um projeto pessoal possui tais atributos.

Todo o processo de aprendizagem, na escola e na vida, possui como objetivo implícito que cada pessoa desenvolva recursos para elaborar seus próprios projetos, ou então para que possa participar ativamente da realização de projetos em trabalhos de equipe.

Afinal, a aprendizagem demanda a construção de esquemas de procedimentos a serem utilizados em situações-problema. A construção de uma aprendizagem significante tem sido objeto de estudo da psicologia, que procura desvendar alguns de seus caminhos. Um de seus objetivos é a conquista da autonomia de ação. Dewey relaciona a liberdade com o poder de conceber e colocar em ação projetos, pois reconhece na concepção dos fins e na organização dos meios o trabalho da inteligência. (1968-1993, p. 15)

Assumir a autoria dos passos a serem trilhados implica um trabalho inteligente e sutil, em que a liberdade para escolher pressupõe consciência na ação. O sujeito deve procurar estabelecer estratégias em direção à concretização de seu desejo pessoal. Aqui, desejo representa uma palavra com vários significados possíveis: do latim *desedium* significa vontade de possuir; anseio ou aspiração, entre outros sentidos. (Cunha, 1982, p. 252; Ferreira, 1995, p. 208)

Esse sujeito trabalha compromissado com sua vontade de realizar. Vontade "que comporta a representação do ato a produzir, (...) a concepção das razões para o realizar ou não realizar, o sentimento de valor dessas razões, a decisão de agir como elas o indicam e o chegar à execução ou à abstenção definitiva." (Lalande, 1996, p. 1227) Escolhemos esse enquadre para caracterizar a ação de cada sujeito em direção àquilo que anseia, aspira e sente vontade de possuir. Para que isso ocorra, ele cria espaços, projetando sua realização.

Como salienta Legrand (1982-1993): "o objeto de estudo ou de produção e a atividade que o põe em prática têm um valor afetivo para o aluno. Este empreendeu-o de forma voluntária e pessoal, e a intensidade desse empenho pessoal caracteriza fundamentalmente o fato de haver ou não projeto." (p. 36)

A vontade mantém viva a idéia de valor das ações que desencadeiam uma reflexão do sujeito sobre seus jeitos de fazer. Lembramos Winnicott (1988-1990, p. 126), ao relatar que "através da magia do desejo, podemos dizer que o bebê tem a ilusão de possuir uma força criativa mágica"; assim surge um estado que lhe permite "sentir confiança que o objeto do desejo poderá ser encontrado e isso significa que o bebê gradualmente passa a tolerar sua ausência." Nessa situação há uma energia interna primária direcionada para algo, que mantém presente a intenção. A vontade de atingir o objetivo norteia a direção a seguir.

Desejo, vontade e projeto, nesse momento, se aproximam na intimidade do fazer. A mobilização energética em direção ao objeto projetado alimenta a evocação de esquemas antecipatórios, que tornam possível sua concretização.

Piaget aponta a qualidade energética das tendências elementares presentes na manifestação dos instintos (1953, p. 346). Assim como afirma que o papel da afetividade é ser a fonte energética para o funcionamento da inteligência, o que não está relacionado às estruturas cognitivas em si. Em verdade, afetividade e estruturas cognitivas possuem naturezas distintas: "poderíamos dizer que o energetismo da conduta depende da afetividade, enquanto as estruturas dependem das funções cognitivas. Essa distinção da estrutura e da energética demostra bem que se a inteligência e a afetividade estão constantemente indissociáveis da conduta concreta, nós devemos considerá-las como de naturezas diferentes." (1954-1993, p. 84-85)

Na busca do objeto real projetado, afeto e cognição se encontram. Condutas criativas e inovadoras, preocupadas em dizer-se significantes, aptas a se reconhecerem como autônomas, traduzem o que hoje designamos "cultura do projeto" (Boutinet, 1990, p. 7). Cada projeto deve poder explorar a singularidade da situação em que foi inserido, tendendo a ser auto-suficiente na lógica de encadeamento das ações que se transformam, durante seu desenrolar.

Observamos uma relação dialética entre os fins e os meios presentes no projeto, sempre realizado com uma marca pessoal, por aquele que identifica prioridades que se subordinam à intenção maior: o projeto em si.

Pensar e agir em direção ao projeto convida o sujeito a hierarquizar ações em um movimento contínuo e descontínuo, no qual o tratamento das informações se organiza e se reorganiza em uma seqüência, em vista de um fim planejado. "O projeto é uma maneira de instaurar um elo dinâmico entre o não-formulado intencional e o materializado projetado." (Boutinet, 1990, p. 15) Assim, cada gesto criado exerce uma ação sobre o movimento anterior. Cada ação implica o indivíduo que deve poder gerir as conseqüências de suas decisões. Nesse sentido, há um compromisso interno presente no agir com uma intenção.

A seqüência de modificações que afetam e interferem no objeto que está em vias de criar e de constituir deve ser compreendida. O sujeito deve apreender o fio condutor que lhe permite passar de uma ação a outra, mantendo-se na direção desejada.

Quando passa da fase de concepção para a de realização, o projeto se apresenta como um guia eficaz para a ação. O homem deve separar aquilo que foi projetado do que será concretizado, na seqüência das ações que realiza. A metáfora dessa diferenciação obedece a uma realidade puramente didática, pois em verdade a experiência vivenciada é simultânea. O projeto é realizado à medida que é concebido. Ele define uma forma a fim de abrir-se para novos possíveis... A visão do projeto imaginado torna-se uma referência simbólica, transformando-se rapidamente em julgamento, que tem valor antecipatório e regulador das ações.

Hadji (1994) aponta que a decisão da ação implica uma estratégia, "um conjunto de acções (*sic*) coordenadas tendo em vista uma finalidade." (p. 47) O sujeito procede a uma "análise da situação presente, (...) observada à luz de uma certa idéia da situação ideal". (p. 40)

Segundo Dewey (1968-1993), "o problema crucial consiste em fazer com que a ação, em lugar de seguir imediatamente o desejo, seja diferida até que a observação e a avaliação tenham podido intervir." Ou seja: "a antecipação intelectual, a idéia de conseqüência, devem misturar-se ao impulso para adquirirem uma força de atualização. É ela que imprime uma direção lúcida ao que, de outra forma, seria cego, enquanto que o desejo, por sua vez, dá impulso e movimento à idéia. Então a idéia torna-se plano no interior da atividade que se pretende promover".

O tempo operatório presente no desenrolar do projeto é delimitado no ritmo do encadeamento do que se faz, explicitando escolhas e definindo procedimentos. As figuras evocadas podem adquirir diferentes significações. As condutas de antecipação, preocupadas em antever e dominar o futuro, expressam a pesquisa, inquieta ou não, de uma idéia projetada.

A presença constante da intenção caracteriza a participação do psiquismo que se manifesta na consciência das decisões. O projeto pessoal traduz o que o homem pode *ser* em razão da liberdade que tem para fazê-lo. Há um revelar-se, portanto, dentro das possibilidades que possui. A tensão psíquica vivenciada pelo ser criador desencadeia uma tomada de consciência que se transforma em aspiração orientada na pesquisa de um fim. Boutinet (1990) descreve que:

> "essa consciência antecipadora organiza-se regularmente em três fases sucessivas:
> – a *incubação* (visão de qualquer coisa que é procurada)
> – a *inspiração* (que torna possível o conhecimento súbito da experiência)
> – a *explicitação* (onde se atinge algo que se tinha visado)." (p. 58)

Reconhecemos a evolução dessa ação, que inicialmente se esboça em uma idéia ou imagem, objeto do desejo, mobilizadora da vontade. Em seguida, algo conecta o ser criador do sujeito, afinal, "quando nos abrimos à nossa criatividade, abrimo-nos ao ser criador presente em nós mesmos" (Allessandrini, 1998a, p. 13), que compreende o sentido e o significado do objeto visualizado. Pode então dar-lhe uma forma e um contorno, chegando à dimensão do real. A antecipação exprime uma tendência permanente que se realiza por intermitência e expressa a potencialidade do ser. O homem coloca "tudo de si" para criar, elaborar e concretizar. Toca a vontade de "chegar lá" em um ato puro de entendimento, valorizando cada passo do caminho seguido.

Nesse caminho, a qualidade do sensível permeia cada escolha, representando e simbolizando internamente o sentido do que está sendo vivenciado. O homem reverencia sua própria criação ao permitir que ela expresse sua integridade e seus valores; essa aliás é condição básica para efetivar sua concepção.

A idéia é concebida no seio daquele que, alegremente, respeita crenças e valoriza o aprimoramento de "si mesmo", na construção de algo que representa seu aprendizado.

O projeto pretende a chegada ao real. Visa modificações do que já existe, despertando significações e tomando consciência dos limites. O homem age com a liberdade dos possíveis, transcendendo as determinações que explicitam a convergência das intencionalidades. Ou seja, ele amplia suas próprias fronteiras, direcionando sua energia e sua intenção para que os passos a seguir sejam explicitados.

O projeto pessoal confere sentido às ações, não permitindo que sejam guiadas por um automatismo cego. A consciência evoca sistemas de representação que configuram frágeis mudanças e induzem o homem a valorizar o que já foi feito. A pequena e aparentemente simples *parte* de um *todo* recebe tratamento diferenciado, pois representa cada etapa a ser construída e conquistada, na direção do objeto final. O olhar atento e consciente preserva o contexto da criação que direciona o *que*, *quando* e *como* fazer. A qualidade sensível e amorosa nutre energeticamente a direção da ação.

As repetições são celebradas em uma evolução em que o tempo em espiral, dentro de sua circularidade dialética, encontra espaço de expressão. O tempo presente adquire sentido, relacionando o que é passado, muitas vezes percebido sob o ângulo da reconquista. A pesquisa pessoal, que se estabelece a partir do passado, direciona a ação futura. Afinal, "o futuro é (...) feito simultaneamente de continuidade e ruptura com aquilo que existiu." (Boutinet, 1990, p. 77) Algo se rompe e abre espaço para que o que se mantém possa transformar-se.

O pensamento escolástico utiliza o conceito de *intentio* para significar o movimento do espírito que tende ao objeto interiorizado. Há uma oposição entre dois tipos de *intentio*: o formal, que se dirige a um objeto do conhecimento, e o volitivo, que investe no objeto desejado. (Boutinet, 1990, p. 50) Estranhamente (ou não), encontramos em nosso trabalho a presença de ambas as formas de *intentio*: a vontade de realizar nutre a construção que se processa passo a passo.

De certa maneira, o laço que une o sujeito ao objeto é feito de antecipações e de intenções que se concretizam no seio do projeto, convergência de todas as intencionalidades.

Enfim, o horizonte temporal revela as adaptações imediatas que induzem e suscitam o desenvolvimento de capacidades de ação até então inéditas. O novo encontra espaço de expressão e se concretiza no "passo a passo", regulador das ações. Há um olhar afetivo que reconhece o sentido imanente de cada ação, ao mesmo tempo que observa e participa ativamente das definições que se estabelecem ao longo do caminho que está sendo percorrido.

O homem, que é capaz de "projetar", antecipa, apoderando-se de situações e adaptando-as ao futuro, que explora com liberdade e consciência. Antecipa estados possíveis do porvir, a partir de uma observação intuitiva dos acontecimentos. Expressa a preocupação de penetrar nos mistérios do futuro, procurando conhecer alguns de seus aspectos. Procura explorar uma pluralidade de futuros possíveis, colocando em evidência as normas e as significações.

Afinal, antecipar é poder suspender momentaneamente o curso das coisas para escolher como evoluir, procurando inferir a seqüência dos acontecimentos. O projeto pessoal nasce na intimidade do homem que, ao criá-lo, configura um objeto externo. O plano ele que estabelece para apropriar-se de uma nova dimensão desse objeto, concretização do desejo, caracteriza-se pelas fases e estratégias intermediárias, pelas quais as ações devem passar.

Macedo ressalta valor educacional de um projeto: "planejar, projetar, pré-corrigir erros, etc, deduzir algo ainda não ocorrido, mas sobre o qual se pode concluir (por exclusão ou qualquer outro argumento), são ações fundamentais à aprendizagem escolar da criança". (1994, p. 112)

É importante apontar a dimensão espacial do projeto, quando ele se configura como plano de ação, diante do objeto que se deseja construir. Há uma imagem do objeto visualizado e projetado. A intencionalidade corrobora com o agir, na concretização do desejo.

A dimensão objetal do projeto se expressa em cada gesto que cria e transforma, modela e trabalha contornos, define linhas e marcas, constrói e reformula. Todas as dimensões do objeto são cuidadosamente trabalhadas nas inter-relações espaciais, expressão simbólica e significante. Delicadeza e força se encontram na forma objetal definida e finalizada. Cada ação realizada a seu tempo cria e constrói o objeto: imagem interna constituída pela vontade de fazer.

Na realização de um projeto pessoal, há necessidade de uma adequação constante das ações, de modo que estratégias e métodos se estabeleçam, que procedimentos sejam reformulados, para que aquilo que está sendo realizado seja coerente com o que se projetou. Para tanto, o indivíduo busca referenciais internos, na perspectiva da coordenação cognitiva de sua ação. (Piaget,1980a,1982, p. 186-187) Ele trabalha dentro de uma rede relacional e sistêmica, criando um contexto interativo em que as coordenadas se alternam e se alteram.

A dimensão afetiva da experiência é expressa na atitude corporal do sujeito. Movimentos sutis expressam o contato interno com sentimentos e sensações. Para Piaget, "a afetividade se caracteriza pelas suas componentes energéticas com cargas distribuídas sobre os vários aspectos *(cathexis)*, enquanto [que] o aspecto cognitivo é caracterizado pela sua estrutura, quer se trate de esquemas de ações elementares [quer se trate] (...) de operações mais ou menos complexas (Oliveira, 1991, p. 97).

A relação que o sujeito estabelece com seu projeto pessoal se manifesta em suas ações. É por meio delas que o inconsciente cognitivo se apresenta na dialética entre forma e conteúdo. Para Piaget, "o inconsciente cognitivo consiste num conjunto de estruturas e mecanismos de funcionamento ignorados pelo indivíduo, exceto nos seus resultados." (Oliveira, 1991, p. 98) A experiência vivida pelo sujeito é complexa e abrange a totalidade da sua psique, em direção à consciência.

O homem constrói seu projeto pessoal acionando seu potencial psíquico em toda sua dimensão. A partir de então, competências e habilidades emergem, consciente e inconsciente interagem, ao mesmo tempo em que afetividade e cognição dialogam na construção do objeto de volição. E finalmente o inconsciente toma forma no objeto modelado.

Lembramos Piaget, *apud* Oliveira (1991), que afirma que o conceito de inconsciente não se restringe à vida emotiva, pois "em qualquer área do funcionamento cognitivo todos os processos são inconscientes", uma vez que estamos cônscios dos resultados, mas não do mecanismo." (p. 40)

Macedo assim descreve o processo de tomada de consciência: "a ação do sujeito e a ação entre objetos reduzem-se ao seu aspecto fenomenal, de puro acontecimento, em que só o objeto e o resultado das ações são constatados ou valorizados." (1994, p. 166) Nesse sentido, também questiona: "consciência e inconsciência não são faces (ou dois pólos) de uma mesma realidade (a realidade psíquica)?" (1994, p. 165) Temos, aqui, um olhar focado e abrangente, que permeia a constituição de um fazer sensível e intencional, por exemplo, como a experiência de criar e realizar um projeto próprio de modelagem em argila.

A partir de tais pressupostos, inferimos que toda estratégia repousa sobre um conhecimento do objeto que não é freqüentemente uma hipótese ou uma questão. A maneira como o sujeito interroga o real, as contradições com as quais se depara, as informações que aceita ou rejeita, todos esses elementos são indissociáveis do próprio estudo das estratégias, na condição de condutas observáveis. As ações de distanciamento, os movimentos do corpo, as contradições e as questões do sujeito constituem o motor da ação, que permite a resolução da situação de criar e realizar um projeto e, de forma mais geral, o motor do desenvolvimento.

A implicação entre as ações convida esse sujeito a fazer correspondências e transformações (Macedo, 1994, p. 119-120), assimilando e acomodando seus esquemas de ação. Em nossa pesquisa, o propósito é que a expressão final do objeto modelado seja adequada ao projeto idealizado. Isso dá sentido às repetições, ultrapassando-as como ação e significando-as em um nível superior. Há um sentido para o que é feito com vistas ao futuro, ou seja, a realização do projeto. Afinal, "antecipar supõe operar o futuro no presente." (Macedo, 1994, p. 112)

A articulação dessas ações, na experiência em si, engendra os procedimentos familiares que devem ser "ressignificados", na situação em si. Algo inovador transforma o caráter dessa ação que se aprimora à medida que avança o trabalho. A intuição criadora promove sentido à pesquisa de novos procedimentos. O homem explora novas relações entre o possível e o real, adaptando-se na busca de respostas. Dessa forma, regula suas ações com coerência e discernimento.

Como salienta Dewey (1968-1993), a observação é indispensável, mas não basta. "É preciso compreendermos a *significação* do que se vê, do que se ouve, do que se toca. Essa significação resulta das conseqüências que decorrem da ação em que nos empenhamos." (p. 15) Refletimos a partir de experiências passadas, procurando compreender seu sentido e sua semelhança com o presente.

Afinal, a formulação de um projeto é uma operação intelectual bastante complexa. Ela implica:

> 1 – A observação das condições oferecidas pelo ambiente.
> 2 – O conhecimento do que foi possível produzir no passado em situações semelhantes, conhecimento feito pela lembrança e pela informação, os conselhos, as advertências daqueles cuja experiência é mais rica.
> 3 – A avaliação que sintetiza observações e recordações para delas se tirar a significação. (Dewey, 1968-1993, p.16)

Castoriadis, citado por Boutinet (1990, p. 168), procura aprofundar as relações entre *práxis* e projeto. A *práxis* é aquilo que visa o desenvolvimento da autonomia como fim e utiliza, para esse fim, a autonomia como meio.

Na *práxis* há um fazer específico, em que se situa o projeto: elemento da prática em sua relação com o real, na especificidade de seus objetivos e mediações. O projeto é a intenção de transformação do real, guiada por uma representação do sentido dessa transformação, tomando em consideração as condições reais.

De certo modo, o projeto pessoal corresponde às nossas aspirações mais profundas, que procuramos concretizar e tornar realidade. Ele não pode ser concebido senão em um espaço aberto, passível de ser modificado e explorado. O que há para ser ordenado e trabalhado não poderá ser feito senão pela ação deliberada de realizar o melhor possível. Escolhas e definições direcionam cada passo a ser dado, mediando a realização. O projeto gerado, concebido e criado toma forma. Algo acontece. O mundo já não é mais o mesmo!

2 Processos criativos

Em tempos de grandes transformações, como esses em que vivemos hoje, é natural que o ato criador seja objeto de estudo das ciências.

O mundo, em constante mudança, convida o homem a evocar seu potencial criativo em situações pessoais e profissionais de vida. As dimensões de tempo e de espaço, hoje, demandam uma agilização dos movimentos mentais para uma atualização contínua de seus esquemas de compreensão e elaboração de conteúdos, os quais dinamizam as relações entre o homem e todas as formas de vida.

O que é criatividade? Aliás, como observá-la e reconhecê-la absolutamente vibrante em nossa vida? Como senti-la permeando nossas ações? Como desfrutar de sua presença no dia-a-dia atarefado e turbulento que nos convida a agir, a cada momento, com alegria e entusiasmo, mas também com pertinência e competência?

Macedo (1999) apresenta competência como uma "síntese de uma situação plena de concorrências" em que cada fator é importante em um espaço tempo em que há muitos elementos que "chamam" e poucas as possibilidades de escolha real. Concordamos com sua visão, lembrando que o criativo de cada pessoa participa com certa densidade do livre arbítrio presente em tais situações.

Aprender a ser e a sentir criativamente o caminho a seguir é uma habilidade a ser desenvolvida pelo educador e também pelo terapeuta. Nossa escuta rastreia pequenas frases ouvidas aqui e ali, em tantos espaços de aprendizagem... Por vezes, parece que tais frases possuem uma característica mágica: ganharam corpo pelo simples fato de refletirem, de fato, o conceito que significam. Talvez o que aconteça é que elas dêem forma a uma experiência que está prestes a se configurar...

De certa maneira, consideramos a capacidade criativa como uma competência fundamental a ser desenvolvida e aprimorada, a cada momento de nossa vida. Ela é básica para uma sobrevivência digna e significativa, durante a elaboração dos projetos que traduzem nossas aspirações e nossos desafios. Ela nos convida a ousar, a ir além de nós mesmos.

Enfim, criar é submeter nosso ser interior a um projeto criador de novos sentidos. Dessa forma, ampliamos nossas fronteiras internas em direção ao que está por se definir. Como experiência interna, a criação integra todos os níveis da ação humana, emergindo numa situação em que cada momento é sentido e vivido em sua totalidade.

O que torna *criador* um projeto? Essa questão suscita uma reflexão ampla, pois o criativo está presente sempre que há liberdade em definir, quando nossa inteligência combina possíveis para torná-lo real. "O projeto, que é uma invenção do sujeito, está simultaneamente dentro e fora dele". (Marina, 1995, p. 170) De certa forma, o projeto dependerá da amplitude da ação que abrimos para realizar. Ao formular um projeto pessoal que suscita nossa invenção, situamos a meta em um local até remoto, que nos atrai intermitentemente. Algo sempre permanece vivo e presente em nosso interior.

Nossa inteligência opera impulsionada por um movimento vibrante em direção àquela centelha presente no "final do túnel". Nesse processo, qualquer hábito ou automatismo que se apresente representa uma quebra do criativo. A construção impulsiona para o que nunca foi visto, e, portanto, não deve ser imitado.

Muitas vezes, essa experiência toca a necessidade de libertação de antigos padrões de ação, jeitos de ser e de fazer, que acabam por aprisionar novas possibilidades. De certa maneira, o homem sente que pode evocar em seu potencial aquilo que lhe é inusitado, permitindo a emergência do que jamais recebeu uma forma ou um contorno. Assim, uma idéia surge, um gesto cria uma imagem, alguns traços configuram o que é novo.

Durante a realização de um projeto, a ação criadora é fundamental, e determina a qualidade do trabalho a ser desenvolvido.

Em contexto de trabalho em equipe, Legrand (1982-1993, p. 36-37) nos apresenta a pedagogia do projeto, que se caracteriza por uma atividade cujo objeto de estudo "tem um valor afetivo para o aluno." O projeto pertence "à pedagogia de aprendizagem por oposição à pedagogia de ensino."

A realização de projetos em equipes "dá lugar a uma alternância de trabalho individual e de negociação coletiva." (Legrand, 1982-1993, p. 37) Sua elaboração suscita uma antecipação coletiva e formal das fases de seu desenvolvimento e do objetivo a atingir. Dessa forma, deve ser colocado em prática de maneira flexível, respeitando-se a autonomia, a criatividade e a socialização.

O assunto estudado, assumido por vários alunos, leva a uma relação cooperativa permanente no grupo. Quanto ao professor, ele acompanha e coordena ou informa, à medida que se faz necessário e em que o trabalho evolui. A construção de cada etapa de realização é feita na interdependência das ações e das relações estabelecidas.

A condição fundamental para que a pedagogia do projeto se concretize é o empenho afetivo do aluno em sua tarefa, isto é, "a situação de aprendizagem que é ou não criada". (Legrand, 1982-1993, p. 37)

Nesse sentido, torna-se fundamental que internamente o ser humano busque estabelecer novas qualidades de relações, tanto pessoais quanto profissionais.

Pessoais, pois o homem passa a desenvolver uma percepção mais aprimorada sobre seus jeitos de ser e de fazer, na construção do ser humano que interage e se relaciona consigo mesmo, com outras pessoas, com objetos e tarefas. À medida que se apropria "daquele que é", reconhece suas amarras e suas disponibilidades e pode, então, entrar em contato com seu potencial criador, na construção do que está por vir.

Além disso, mantém uma sutil atitude de abertura ao inusitado, mesmo que permanentemente em contato com a realidade. É assim que esse ser realiza seu projeto pessoal ou coletivo com a mesma qualidade de envolvimento e de ação.

Também os aspectos profissionais participam de sua atuação no trabalho que desenvolve. Todo aquele que exerce uma atividade realiza projetos; nesse contexto, independentemente da profissão, se professor ou educador, torna-se mediador de seus projetos, articulando-os à sua aprendizagem e ao projeto educacional da instituição. Se funcionário de empresa, trabalha em projetos claramente elaborados e definidos quanto à execução, na construção de uma ação eficiente e eficaz.

Se terapeuta – psicopedagogo, psicólogo, arteterapeuta – facilita a criação de projetos que, por analogia, representam o espaço de crescimento vivenciado nesses contextos, metáforas da vida.

Em um trabalho de projeto construído com consciência, ocorre uma ampliação da visão nas continuidades e descontinuidades do próprio percurso em si: as relações estabelecidas são elucidativas do *modus operandi* de cada um. O que possuímos de facilitador nesse caminhar emerge com força, contextualizado na articulação entre meios e fins.

Os impedimentos convidam a uma mudança no padrão talvez "natural" que se transforma para permitir que a ação no projeto siga seu curso, ou seja, que evolua dentro de suas melhores possibilidades. Assim, somos chamados a redimensionar nossos "jeitos de sempre", o que permite que nosso ser criador se expresse com clareza e intencionalidade.

No contexto do projeto, considerando-se todas as dimensões da psique, o criativo expressa a ação afetivo-cognitiva das funções mentais. A ação criadora é profundamente humana, pois é diante de desafios que lhe são significativos que cada pessoa cria.

Essa ação criativa tem suscitado muitos questionamentos na evolução dos tempos; estudos sobre criatividade têm norteado pesquisas em várias áreas do conhecimento. Em nosso trabalho, o foco está sobre a sua presença na elaboração e na construção de projetos.

Kneller (1965-1987, p. 9) ressalta a importância do estudo dos processos criativos, pois eles representam "um dos raros pontos de encontro da ciência e da arte." E propõe que "os educadores ajuntem à sua tarefa uma terceira dimensão, que é a de cultivar a criatividade humana em seu mais apurado sentido".

Mas, para Arieti (1976-1993, p. 358), a criatividade não é a única forma de expressão do desenvolvimento humano, e sim uma das mais importantes. O seu livro enfatiza o papel da criatividade, "lembrando ao leitor a necessidade que temos dela em nossa sociedade atual." Relembra que "imenso é o campo de investigação e enormes seus obstáculos. Tirar das entranhas alguns dos componentes da síntese mágica exige análise aguçada e grande síntese. O investigador, pacientemente, vai avançando em seu caminho; nem sequer pode dizer se viu, ou não, algumas dessas fagulhas mágicas".

A síntese mágica expressa o momento em que o criativo emerge, diante da situação que se apresenta. É a manifestação do que Arieti chama de processo terciário e ocorre, durante a *Oficina Criativa,* em momentos "detonadores de crescimento mental". (Allessandrini, 1996a, p. 55)

Já Gardner (1994-1997, p. 319) nos relembra que "a criatividade humana possui numerosos paralelos (...) com a inspiração, intuição e percepção gestáltica desempenhando um papel indispensável nas atividades dos cientistas e dos artistas." O autor explica que a ação criadora de um e de outro se diferencia no sistema simbólico e nos tipos de assunto com os quais trabalham, ou seja, em suas competências.

Em seu livro sobre mentes criadoras, diz: "a carga essencial do 'triângulo de criatividade' tem sido investigar a dialética entre a pessoa *individual*, ou o talento individual; o *domínio* em que o indivíduo está trabalhando; e o *campo* de especialistas que avaliam os trabalhos do domínio". (Gardner, 1993-1996, p. 306)

Sua proposta de compreensão da ação criadora, a partir do estudo de personalidades reconhecidamente criativas, parece-nos bastante relevante. Afinal, existem modos distintos de expressão desse potencial denominado criativo.

Gardner (1993-1996, p. 306) salienta que "o que parece definidor no indivíduo criativo é a capacidade de explorar, de aproveitar um aparente *desajuste* ou *ausência de conexões suaves* dentro do triângulo da criatividade." E conclui que o indivíduo será considerado criativo à medida que "apresentar várias assincronias e puder suportar a tensão concomitante." Afirma também que "o momento de uma descoberta criativa é altamente carregado, tanto em termos afetivos quanto cognitivos." (1993-1996, p. 310)

O estudo científico dos processos de vida de pessoas criativas tem sido desenvolvido paralelamente por Gruber (1981-1989). Esse autor explica que "a chave que permite compreender um indivíduo criativo é compreender seu ponto de vista" (p. 9) e, portanto, o desenvolvimento de um processo criativo.

Gruber aponta também que "uma boa teoria da criatividade científica deveria abordar a relação entre a cognição e a afetividade, mas, para fazê-lo, teria que considerar as emoções positivas como temas de interesse central." (p. 18-19). O autor ressalta, ainda, que as emoções positivas como a paixão pela verdade, o entusiasmo pela pesquisa, ou a glória pela descoberta sustentam o esforço longo e árduo do trabalho criativo. Assim como "as emoções mais calmas, como o prazer cotidiano de um trabalho bem feito, a serenidade de observar regularmente um objeto amado, a alegria de uma troca fácil e generosa com um colega compartilhando as mesmas idéias". (p. 18)

Para o desenvolvimento da presente pesquisa, escolhemos trabalhar com variáveis criadoras de valores e de sentido, dentro de uma experiência afetiva e cognitiva, em se considerando sua característica essencial.

Trabalhamos com maior detalhamento dimensão afetivo-cognitiva nas oficinas criativas em um capítulo específico desenvolvido sobre esse tema, porém torna-se importante explicitar aqui que entendemos o desafio proposto por Gruber acerca do espaço criador ligado a emoções positivas. É nossa intenção trabalhar nessa direção.

A nosso ver, a criatividade está intimamente conectada a dinamismos internos bastante profundos, de tal modo que pode tornar-se participante de qualquer ação realizada pelo ser humano. Nesse sentido, o ato criador participa de cada gesto, movimento, pensamento, idéia, sensação ou sentimento vividos pelo homem. A questão que talvez seja desafiadora é aprender a percebê-la presente, para, então, permitir sua ativa participação em todas as instâncias de vida nas quais estamos absolutamente mergulhados em nosso dia-a-dia.

Já Goswami (1996) salienta que "criatividade é um fenômeno enigmático" (p. 47). E formula uma teoria sobre o processo criativo em que há uma "*criatividade fundamental*, por meio da qual se descobre algo em um novo contexto" e uma *criatividade situacional*, em que as ações consistem na criação de um produto novo ou na resolução de um problema, de maneira a refletir um novo significado ou valor, em um contexto antigo ou na combinação de contextos que não são facilmente antecipáveis. (p. 50)

Segundo o autor, ambas as formas de criatividade são importantes na resolução de problemas, ainda que trabalhem em níveis distintos de lógica interna, durante o salto criativo da consciência, na busca de respostas.

A *criatividade fundamental* ocorre em um nível mais alto da consciência e se manifesta por meio de um salto descontínuo de percepção consciente. Envolve um tema mais amplo e abrangente; evoca a descoberta de um novo contexto não reconhecido previamente.

Já a *criatividade situacional* emerge em contextos predeterminados, mas envolve a surpresa como um salto descontínuo e criador que significa e direciona a ação a um produto que não podia ser antecipado. A criatividade situacional se expressa quando a ação criadora é dirigida por uma intenção. Nesse caso, ela é teleonômica: produz movimentos e ações reconhecidos como hierarquicamente organizados, e estruturados na dimensão do tempo e do espaço.

Goswami construiu uma teoria integrativa da criatividade, na qual discrimina o *self clássico* do *self quântico* (p. 55). O *self clássico* desempenha uma ação contínua e linear, antecipa a ação a seguir a partir do conhecimento apreendido, assimila e processa a informação. Ele está conectado ao que Jung denominou "inconsciente pessoal" e expressa a modalidade condicionada da ação criadora. Já o *self quântico* calcula as probabilidades em cada uma das variáveis que se apresentem, dentro de uma situação dinâmica. Procede a uma escolha descontínua e seu "estado" é multifacetado, permitindo a emergência do novo. Ele está conectado ao que Jung chamou de "inconsciente coletivo" e manifesta o ato criador.

A partir de ambos os sistemas – o *self clássico* e o *self quântico* –, é a consciência quem define a proposta a ser realizada. Para Goswami (p. 53), o afeto resulta da identificação da consciência com cada um dos dois sistemas: por exemplo, quando a consciência se identifica com a modalidade clássica, há ansiedade no salto criativo; já quando o ego consciente momentaneamente se identifica com a modalidade quântica, há êxtase.

Em seu livro, Goswami (1993-1998) coloca que "criatividade é a gestação de algo novo em um contexto inteiramente novo" (p. 263) e apresenta os estágios de um processo criativo: 1- Preparação. 2- Incubação. 3- "Aha" *insight*. 4- Manifestação. Para ele, o contexto que se constitui e possibilita a experiência criadora é novo, mesmo se diante de situações já vividas anteriormente por tantas e tantas vezes. A configuração energética psíquica, daquele instante, expressa o inusitado.

Como trazer tais idéias e conceitos dentro de nossa vida? Como torná-las ação? Como a criatividade pode nos ajudar a encontrar melhores soluções para nossos problemas? Como o absolutamente novo, e portanto inusitado, pode estar presente em nossas "velhas rotinas e práticas"? Como essa energética se torna presente em atos, verdadeira expressão de nossa alma?

Energética, porque relacionada aos dinamismos que propulsionam a ação do homem. Nesse sentido, finalizamos nossa reflexão trazendo alguns aspectos que escolhemos como norteadores de nossa ação: o imenso valor do "despertar da luz calorosa do amor" (Lima, 1998, p. 99) que possuímos em nosso interior.

Afinal, dentro de nós temos o potencial que pode, sempre e em qualquer situação, participar ativamente de nosso fazer a cada dia. Podemos, portanto, trabalhar no sentido de gerar um campo de energia que nos permite "aprender coisas novas, realizar ações inovadoras, descobrir novos caminhos." (Lima, 1998, p. 99)

Nosso convite é que possamos desenvolver, cada vez mais, nossa capacidade criadora trabalhando em direção a uma melhor qualidade de vida para cada pessoa, enfim, para cada ser humano com quem compartilhamos nossa vida.

3 Afetividade e cognição: indissociáveis

Aspectos afetivo-cognitivos e criatividade

Afetividade. Cognição. Como compreender e explicar a dimensão do afeto e da cognição em nossas relações e em nossa vida? De que forma pontuar sua presença constante em todas as nossas ações que, se ocorrem na alegria do fazer vinculado ao "si mesmo", acrescentam ao fazer tarefeiro a qualidade da presença mais inteira e integral da pessoa que realiza e, portanto, personaliza o que faz? E, finalmente, como reconhecer a relação afetivo-cognitiva na criação e na realização de um projeto que mantém presente a "marca" pessoal?

Essas questões acompanham nossa reflexão acerca da relação entre os aspectos afetivo-cognitivos e o desenvolvimento de um ser humano criativo. Torna-se relevante aqui pontuar a visão "winnicottiniana" sobre os processos básicos de desenvolvimento, pois em nossa análise de dados observamos tais dinamismos de uma forma bastante marcante.

De acordo com Winnicott (1989-1994), no desenvolvimento de uma pessoa se parte de uma dependência absoluta para uma independência relativa. "O meio ambiente facilitador pode ser descrito como *sustentação [holding]*, evoluindo para o *manejo [handling]*, ao qual acrescenta a apresentação do *objeto [object-presenting]*." (p. 72) Em um meio ambiente facilitador, o indivíduo passa por um desenvolvimento que pode ser reconhecido como integrador. Assim, vivencia os processo de integração, de personalização, "o desenvolvimento do sentimento de que se está dentro do corpo" (p. 276) e de realização: "a apreciação do tempo e do espaço e de outras propriedades da realidade". (Winnicott, 1993, p. 274)

Para evoluir de acordo com nossas possibilidades e características, precisa-se de um espaço que seja apresentado e vivido dentro de uma relação com uma mãe que seja suficientemente boa, ou seja, "que atende às necessidades que o seu bebê tem (...) [dentro] de uma relação viva em que a mãe temporariamente se identifica com o seu bebê". (Winnicott, 1993, p. 37)

Há uma qualidade sensível presente na figura da mãe que se adapta ao seu bebê, proporcionando-lhe o que ele efetivamente precisa, sem que tenha necessidade de ser perfeita. Há uma relação entre o movimento interno da mãe, que se expressa em ação construtiva, e portanto, constituinte do bebê. De certa forma, há semelhanças entre esse dinamismo e o que nos propomos estudar, pois assim como existem elementos afetivo-cognitivos em cada gesto que norteia a ação da mãe suficientemente boa, também os encontramos no sujeito que personaliza sua ação realizando um projeto.

Este texto tem a intenção de explicitar a qualidade sensível e humana que o homem traz em suas construções, quando constitui um projeto de cunho pessoal, e trabalha em sua direção. Ou seja, quando seu desejo e sua vontade funcionam como balizadores de suas escolhas ao desenvolver esse projeto.

A psicologia, como área de conhecimento, tem estudado os mecanismos conscientes e inconscientes da psique. Nesse sentido, o desvendar dos processos psíquicos a partir de Freud, Jung, Winnicott e outros, nos ajudam de forma contundente a entender a importância de tais mecanismos no desenvolvimento humano.

Neste texto, não será retomado o trabalho de todos esses autores, pois nossa proposta é fazer um recorte da questão ampla e praticamente infindável que é a dimensão afetivo-cognitiva vivida pelo sujeito ao realizar uma ação. Trazemos o afeto em sua dimensão sensível e até sensorial, indissociado de sua expressão cognitiva e vivida em um contexto de dia-a-dia educacional.

A visão da educação que defendemos aponta o caráter transformacional da aprendizagem como elemento fundamental numa ação educativa que possui qualidade suficiente para conferir significado ao aprendido, de maneira que esse permaneça vivo e vibrante, seja qual for o contexto em que possa ser aplicado e generalizado.

Aprender é uma ação a ser vivenciada na escola, mas também na vida, no cotidiano de um constituir-se como ser humano, quando se desenvolve um jeito próprio de ser e de se relacionar consigo mesmo, com as pessoas, com as tarefas e com os objetos em si.

O que acontece nos meandros de cada uma dessas vertentes, no que diz respeito a sua qualidade afetivo-cognitiva, de modo que essa funcione como elemento nutridor ou não do que é realizado? O que, no interior das pessoas, pode ser reconhecido como presença dessa qualidade em todas as suas possíveis manifestações? Qual o valor com que as pessoas qualificam seu fazer mantendo-as vinculadas a seus projetos pessoais, independentemente dos erros e acertos, das facilidades ou dificuldades que devem transpor para torná-lo real?

Trazemos aqui uma questão que certamente está profundamente ligada à qualidade de ser humano que somos ou desejamos ser. Nesse sentido, nosso trabalho procura trazer os valores humanos como condição essencial para que a energética psíquica possa manifestar-se, proporcionando ao homem a oportunidade de agir com consciência e integridade em seu cotidiano pessoal e profissional.

Essa energética está ligada ao princípio da física de conservação da energia "segundo o qual um sistema que apenas se modifica pelos movimentos de suas partes e pelas ações que elas exercem umas sobre as outras conserva uma quantidade constante de *energia*". (Lalande, 1996, p. 303)

Em cada ação humana, há algo vibrando, que reconhecemos como sendo da ordem do valor. Observamos a importância de sua presença no mundo atual, muitas vezes tão distante da qualidade de ser humano com a qual chegamos a esse mundo. Diferente do adulto, a criança tem, naturalmente, pureza e alegria de viver, é curiosa e interessada, reage com vibração e criatividade diante das situações. Sua inocência bela e inteira aponta para o que todos possuímos na nossa mais profunda intimidade.

Essa criança, porém, é exigente e muito dependente. Chora e sofre diante das situações, fica triste ou irritada, por vezes até esconde fatos, procurando preencher nossas incompreensões para com ela. Enfim, realiza ações que estão ao seu alcance, na medida do que enxerga como possível. Mas, por outro lado, há um olhar de mãe suficientemente boa que pode acompanhar seu desenvolvimento, favorecendo suas construções. (Winnicott, 1993)

Winnicott (1983-1990) considera como valores morais aqueles desenvolvidos pela criança na interação com o ambiente e relembra a importância da relação com a "mãe-ambiente e ao mesmo tempo [com] uma mãe-objeto, o objeto de intenso amor." (p. 96). assim, aponta que gradativamente a criança integra os dois aspectos da mãe, o que a torna capaz amar e de ser afetuosa, mesmo sentindo certa ansiedade que se manifesta de forma construtiva. A partir dessas relações ocorre, a formação gradual de um senso de responsabilidade, que atua nas condutas que realiza.

Piaget (1965-1973) tem uma posição que se assemelha à de Winnicott, ao afirmar que a construção operatória só se efetua em função de interações entre indivíduos e, por conseguinte, "sob a influência aceleradora ou inibidora dos diferentes modos reais destas interações sociais" (p. 28). Para ele, as regras, os valores e os símbolos são elementos essenciais dos fatos mentais (p. 12) e funcionam como reguladores de sua conduta.

De acordo com Piaget, os valores seriam a energética de qualquer conduta, constituintes de seu aspecto afetivo, indissociado do aspecto cognitivo que se expressa na estrutura dessas condutas. Além disso os significantes seriam os sistemas de símbolos que servem a essas estruturas ou a esses valores. (p. 6)

Em seu curso na Sorbonne, Piaget (1954) trabalha a questão da relação entre afetividade e cognição: apresenta ambos como indissociáveis no tocante às ações e à construção do pensamento, e qualifica a afetividade como uma energética subjacente aos processos presentes no desenvolvimento do ser humano.

Aponta a vontade e o interesse como elementos mobilizadores da conduta. (Piaget, 1954, *apud* Queiroz, 1999) e distingue o interesse "segundo: 1 – sua intensidade, como aspecto quantitativo que constitui a regulação energética das forças; 2 – seu conteúdo, como aspecto qualitativo, constituindo o valor segundo o qual se opera a distribuição dos fins e dos meios." (p. 19)

Piaget (1954, *apud* Queiroz, 1999) explica a regulação energética a partir de uma troca ativa entre o sujeito e o meio, na qual sempre está presente a idéia de valor. (p. 21)

Enfim, valorizar de uma forma ou de outra uma situação demanda do sujeito um mecanismo de auto-regulação que expressa sua energética afetiva e cognitiva (Piaget, 1954, p. 91). O indivíduo atribui um valor a algo que avalia, ou seja: explicita seu conhecimento sobre aquele objeto.

Cada vez mais tem-se tornado necessária a explicitação da rede de conhecimentos que procura clarear os caminhos de construção que cada pessoa realiza em direção à compreensão dos processos. A interdisciplinaridade está presente tanto na escola como na pesquisa, na busca do significado construído a partir das múltiplas relações que podem ser estabelecidas independentemente das fontes disciplinares de onde se originam.

Machado (1999) sublinha algumas das características dessa rede de significações: o acentrismo, a metamorfose e a heterogeneidade. E explica que elas "não têm centro, ou têm múltiplos centros... de interesse. (...) [sendo possível] 'entrar na rede' de significações que representa (e é representada) pelo conhecimento por múltiplas portas, com diferentes características." (p. 12) Seu "permanente estado de atualização" (p. 13), ou metamorfose, implica um significado em contínuo estado de atualização e de transformação.

E mais: sua heterogeneidade pressupõe que os nós e as significações que compõem a rede são de natureza heterogênea e envolvem naturalmente relações oriundas de diferentes disciplinas.

O autor relaciona, ainda, as experiências pessoais com a dimensão tácita do conhecimento, que sustenta o que é explicitável. Afinal, sabemos muito mais do que conseguimos explicitar em palavras. Também nos lembra que "a interação e a mescla de elementos conscientes e inconscientes, com os últimos sustentando os primeiros, constitui o natural fluir de uma existência ordinária". (1999, p. 17)

Enfim, a cada momento, estamos explicitando todo um conhecimento apreendido no decorrer de muitos aprendizados. Em nossa cultura, há uma busca dos fatos concretos que justificam o que é compreendido como fato simbólico. Por vezes, o simbolismo das ações explicita o que existe por detrás da ocorrência em si.

Afinal, conforme sustenta Macedo (1999), "da mesma forma que temos uma cultura científica que valoriza a explicitação do cognitivo, vivemos uma cultura em que o afetivo tem de ser recalcado, reprimido".

Nossa pesquisa procura explicitar a dimensão afetivo-cognitiva no contexto da pesquisa científica. Essa questão tem norteado nosso trabalho, na busca incessante de objetivar sem perder a noção do todo (imenso) que direciona os processos do que está em foco. Um dos objetivos deste texto é explicitar, tanto quanto possível, esse conhecimento tácito.

A palavra tácito nos é geradora de tantas idéias e sensações, e significa: "[Do latim] *tácitus*, [significa] calado, passado em silêncio. (...) Silencioso, (...) que não faz ruído, em que não há ruído. (...) *Per tacitum mundi.* (...) Pelas entranhas da terra. (...) Que não é formalmente expresso. (...) Oculto, secreto. (...) *Tacitus sensus*. (...) Senso íntimo". (Saraiva, 1993, p. 1177)

Essa palavra, cujo significado se aproxima de "subentendido, implícito" (Cunha, 1991, p. 749), certamente tem relação com que é explicitado apenas no plano interno, ou seja, que é vivificado a partir da consciência oriunda de algo que pertence à natureza interior do homem. Esse algo pode, ou não, ser relatado ou descrito, compartilhado por meio de palavras ou ações. A atitude do sujeito exprime essa qualidade afetivo-cognitiva, referendada por valores, base estruturante de todo um sistema norteador da conduta expressa em nossos atos.

Lembramos que atitude é algo que se relaciona com a "posição adotada por um espírito em relação a um problema" (Lalande, 1996, p. 100), ou seja, à expressão ativa de um pensamento. Essa se configura na energética dos movimentos das pessoas. Em nosso caso, no decorrer das oficinas criativas.

O desafio dessa pesquisa é apresentar observáveis que explicitem a dimensão afetivo-cognitiva, e que esses funcionem como reguladores da conduta dos sujeitos. A interpretação dos gestos, da mímica e dos movimentos manifestos durante o processo nos possibilitaram realizar inferências acerca dessa energética.

Enfim, procuramos delimitar nossa interpretação dentro do campo da psicologia, atendo-nos tanto aos fenômenos relacionados à vontade quanto ao valor de sua significação implícita, traduzidos – aqui – como afetivo-cognitivos.

A afetividade vivida nas construções que a criança desenvolve no decorrer de sua evolução é fundamental, para que se torne um adulto mais ajustado ao social e à vida em si. O jovem engajado em questões de dimensão sócio-cultural-profissional, que busca sua própria inserção no mundo de maneira participativa, cooperativa e atuante, cresce em direção a uma construção pessoal em sua dimensão coletiva.

Pessoal, pois seu empenho no realizar suas tarefas, em direção a seus objetivos, determina uma forma própria de fazer. Coletiva, pois relaciona-se com a expansão e a abrangência daquilo que efetivamente é realizado, na amplificação daquela ação em relação a outras situações ou outras pessoas.

Esse jovem trabalha de forma interdependente, ou seja: ainda que construa de seu *modus operandi*, dialoga com a *maneira de fa-*

zer do outro. Interage para constituir o que passa a ser diferenciado por ele mesmo e pelo outro e cresce levando em conta o que pode ou não ser pertinente, observando diferentes pontos de vista. Faz uma pergunta, escuta a resposta, discute sobre o conteúdo manifesto, redimensiona sua própria questão, prioriza o que é mais significativo, enfim, edifica sua presença com uma ação consciente, amorosamente conectado a suas metas dentro de sua mais ampla dimensão.

E, finalmente, o adulto, que qualifica sua vida na realização do que reconhece como sendo seu projeto pessoal, seu trabalho, sua missão, age com integridade e ética na construção de seu jeito de ser e fazer nesta vida. Mantendo, assim, a inteireza na expressão natural de sua moral.

Trazemos agora a afetividade, que deriva da palavra latina *affectus* e significa "estado físico ou moral (bom ou mau). Afeição, disposição da alma, sentimento. Mas a palavra latina também significa: 1- ressentido de uma impressão, afetado; cheio, tomado de. 2- bem ou mal disposto, vexado, oprimido, abatido, debilitado, comovido". (Saraiva, s./d., p. 47)

Nosso texto aponta a relação entre afetividade e valores como íntima e natural ao ser humano que sente e faz escolhas, que discrimina portanto, conectado à experiência fundamental e sensível mobilizada em sua psique pelo simples fato de estar vivo.

Essa relação possui várias formas de expressão e se manifesta de diferentes maneiras, conforme o sentido do que é vivido.

A experiência humana que chamamos sensibilidade realmente permite a ele reconhecer e qualificar o que vive, diferenciando e nomeando aquilo que verdadeiramente se passa em seu interior. Para Lalande (1996) sensibilidade é o "conjunto de operações sensitivas do espírito, enquanto se opõem às operações intelectuais. Faculdade de realizar estas operações" (p. 992). Afinal, possuímos a faculdade de regular nossas ações a partir daquilo que emerge sob a forma de sentimentos e emoções, que direciona nossas inclinações, enfim, nossa vontade.

A sensibilidade pode ser interpretada por ângulos diversos. No dicionário latino encontramos: "*Sensus:* 1 – sentido, órgão sensório ou dos sentidos; 2 – ação de sentir, sensação, sentimento, ação de perceber; 3 – sentimento, impressão na alma, alma; coração; comoção, movimento patético; 4 – sentimento, juízo, modo de ver, parecer, opinião; 5 – razão, sentido, inteligência; 6 – pensamento; idéia; frase; 7 – sentido, significação". (Saraiva, 1993, p. 1086)

De certa forma, nosso ser sensível conhece o íntimo do pensamento, como meandros no ir e vir de uma energética que atinge nossos níveis mais profundos. São como ramificações interconectadas que vibram e florescem em idéias e sensações.

Vivenciamos nosso ser sensível de maneira sutil, utilizando de certa "fineza dos sentidos; [compreendidos em seu senso] mínimo do limiar absoluto e do limiar diferencial, [na] delicadeza dos matizados qualitativamente próximos" (Lalande, 1996, p. 993). O homem observa o seu interior nas diferentes relações que estabelece em sua vida.

Desse sentir perceptivo ele escolhe como agir diante do que está-se passando naquele momento, no contexto em que se encontra. Seu procedimento explicita o que pensa e expressa o que sente.

Enfim, a dimensão psicológica do afeto mantém-se viva em quaisquer momentos de sua vida, independentemente de sua raça, cultura, educação ou nível social, ou do lugar onde vive.

A afetividade e a sensibilidade são determinantes do processo energético de regulação presente nas relações que o sujeito estabelece. Piaget (1954, p. 29) afirma que o valor é a "dimensão geral da afetividade e não um sentimento particular e privilegiado". Essa posição nos parece pertinente à amplitude em que podemos considerar presente a energética valorativa das ações, pois o valor abarca praticamente todas as relações que o homem estabelece na vida.

No contexto de nossa pesquisa, algumas questões se apresentam: Qual a participação dos valores no que fazemos? E como podemos observar sua interferência nos processos de crescimento e de aprendizagem?

Não há dúvida de que os valores são os princípios norteadores presentes nas ações humanas. Nesse enquadre, a dimensão de consciência, no que diz respeito ao crescimento humano, emerge como fundamental enquanto trabalho interior a ser desenvolvido em cada ser humano. É claro que a forma como essa consciência emerge pode variar de acordo com os princípios morais religiosos culturais e sociais de cada povo. Mas, ainda considerando apenas generalizações, é o homem que constrói sua presença nesta vida.

Entretanto, independentemente de quaisquer relações ou contextos, há um valor importante dado à aprendizagem e ao conhecimento construído ao longo dos tempos. Os valores permeiam o sentido das escolhas e qualificam a ação, pois desencadeiam um energetismo psíquico que sustenta ou não a perseverança de sua realização.

Dentre os valores humanos, cinco são fundamentais: verdade, ação correta, paz, amor e não-violência, base para um projeto educacional (Craxi, 1994). A partir desses pressupostos, nosso ser sélfico[1] norteia nossos passos. Enfim, seguimos agora e sempre direcionados por um sentido maior da vida em sua dimensão concreta: o dia-a-dia.

Aqui, é importante explicitar que muitas dessas afirmações fazem parte de uma construção pessoal, trilhada passo a passo. Encontramos hoje um sentido no caminho espiritual de significar nossas realizações durante nossa presença, nesta vida deste tempo de imensas transformações, conforme já dissemos no capítulo 1 desta tese.

Talvez a qualidade energética, expressa por princípios e valores, seja o elemento balizador do sentido maior que é a realização do projeto. Esse expressa a forma pessoal de *ser* nesta vida, ou melhor, o *porquê* de estarmos aqui. Nesse sentido, diferentes elementos parti-

1 *Self*, conceito utilizado por Winnicott (1989-1994) que diferencia o verdadeiro do falso *self*, e coloca que o mais importante é "chegar às forças básicas do viver individual." (p. 371). Se de um lado a força do real é a criatividade, do outro lado está a destrutividade. Para nós, a expressão "ser sélfico" significa a essência do ser humano, bem fundado em sua totalidade psíquica, agente e atuante na construção de uma atitude verdadeira diante da vida.

cipam de maneira contundente de cada situação vivida. Não há apenas um ou apenas outro.

Ou seja: o *ser* está tão presente quanto o *porquê,* pois o que muda é a posição relativa de um para com o outro. Cabe a nós discriminar sua posição dentro da complexidade que se expressa a cada momento, a cada situação.

Macedo afirma: "no raciocínio de gênero tudo está incluído em diferente posição. Por isso a tristeza está incluída na alegria. Ela não está excluída pois está em uma outra posição, mais perto ou mais afastada, mas na mesma direção." Nesse sentido, a direção é majorante no sistema. A forma como ela se apresenta dentro do eixo que existe representa o valor da experiência vivenciada pelo sujeito.

O que importa é a presença de uma diretriz estruturante dessa valência. "Por mais paradoxal que possa ser isso para nós, a criança prefere apanhar do pai, porque isso, ainda que afastado daquilo que é positivo, marca que ela tem presença, que ela existe para ele, que ela não está excluída". A não-presença é exclusão, é estar fora e significa que a energética valorativa dessa dimensão não existe como uma realidade.

Portanto, é possível compreender quando uma criança quer sentir-se incluída na relação que estabelece com as pessoas, mesmo que o faça pela via da agressividade ou do desafeto.

Enfim, a dinâmica afetivo-cognitiva está relacionada a valor porque tudo é definido em função dessa direção e dessa referência, em um diálogo constante com a estrutura que se encontra em processo de construção.

Em suma, concordamos com Queiroz (1999), que nos convida a nos libertarmos "definitivamente da dicotomia inteligência/sentimento", ressaltando a posição de Piaget, que explicita que para cada conduta há "um elemento cognitivo, que é o elemento estrutura, e de outra face um elemento afetivo, que é o elemento energético" (p. 29), afinal, indissociáveis.

Processo de equilibração das estruturas cognitivas

É pertinente proceder a uma análise do fator cognitivo, presente no desenrolar das oficinas criativas. Nossa intenção é observar as coordenações que o sujeito realiza no decorrer de cada etapa do processo. Assim, pretendemos reconhecer suas competências e habilidades, que se manifestam na resolução das problemáticas que se apresentam. Notamos que o tipo de situação-problema estabelecido como objeto de estudo nessa pesquisa evoca, no sujeito, o domínio de um conteúdo da ordem do *saber como fazer*, ou seja, "procedimental". Conforme afirma Macedo (1999), "a questão está em encontrar, interpretar essas informações, na busca da solução de nossos problemas ou daquilo que temos vontade de saber." (p. 8)

É nosso propósito desvendar alguns elos dos encadeamentos invisíveis que se estabelecem no desenrolar das oficinas criativas, uma vez que há um certo mistério nas interações que se estabelecem durante sua construção. É notável o fato de que certos procedimentos se repetem, independentemente das pessoas ou dos elementos constitutivos das oficinas. Mas, além disso, há também uma direção dialética observável em sua construção. A concepção de dialética em que nos apoiamos é a dialética piagetiana (Piaget, 1980a-1996).

Portanto, compreender alguns dos dinamismos desses momentos detonadores de crescimento e mobilizadores de mudança – tanto sob o ponto de vista estrutural quanto funcional – parece-nos extremamente relevante. A busca por tal conhecimento nos instiga a estabelecer alguns parâmetros de análise dos dados, passíveis de serem observados dentro do que nos propomos analisar: a dimensão afetivo-cognitiva.

Trabalhamos também observando as competências e as habilidades que o sujeito desenvolveu em seu processo de aprendizagem. Lembramos Macedo (1999, p. 10-12), que diz que podemos entender três modos de competências: 1 – Como condição prévia do sujeito, herdada ou adquirida. 2 – Como condição do objeto, independente do sujeito que o utiliza. 3 – Relacional. Nossa intenção é observar sua presença nos dinamismos intrínsecos às oficinas, nas diferentes formas de relação que os sujeitos estabelecem em seu desenrolar.

Estudar o processo de equilibração das estruturas cognitivas, sempre em uma direção majorante durante o desenvolvimento é um elemento fundamental para o bom andamento de nossa pesquisa.

De acordo com Piaget (1977), o conhecimento resulta das formas de interação que ocorrem em um sistema. Compreendemos sistema como um "conjunto de elementos, materiais ou não, que dependem reciprocamente uns dos outros, de maneira a formar um todo organizado." (Lalande, 1996, p. 1.034)

Há uma lógica que confere coerência à disposição que as diferentes partes ocupam dentro do todo, em constante e contínua interação com ele. Um sistema é complexo pois abarca as múltiplas variáveis, interdependentes e únicas. Ele é essencialmente dinâmico em sua natureza, pois pressupõe que as suas partes se inter-relacionam, em um processo em que há uma multiplicidade de fatores presentes e atuantes. Há, portanto, uma transformação que ocorre a partir de mecanismos de regulação entre as "partes" que compõem o "todo" – os subsistemas –; entre cada "parte" e o "todo" no qual está inserida; como também entre vários "todos" ou sistemas.

Como observadores de relações que se processam sistemicamente, reconhecemos a presença de totalidades que se relacionam em uma direção.

Em nossa pesquisa, o projeto é o elemento que norteia a ação do sujeito criador. Nesse contexto, observamos os sistemas afetivo e cognitivo em contínua interação. Analisamos os movimentos decorrentes das ações dos sujeitos, que interpretamos como explicitadores de sua ação cognitiva.

É importante observar que, durante a *Oficina Criativa* que desenvolvemos, o sujeito trabalha parte do tempo coordenando seus observáveis manifestos na manipulação da massa. Tal fato é relevante pois a direção de sua ação é dada pelas propriedades que ele apreende do material argila.

A presença da pesquisadora, que orienta a direção a ser seguida no decorrer do processo é um outro fator levado em consideração na análise dos dados. E, finalmente, o contato que cada um estabelece com seu mundo interno, evocado em sensações e sentimentos, atitudes e valores, é o último componente a ser analisado nesta pesquisa.

Cada uma dessas formas de relação é estabelecida pelo sujeito dentro de uma perspectiva sistêmica, o que justifica nossa intenção de ora refletir nessa direção.

Durante a *Oficina Criativa*, dentro das etapas que se desenvolvem, observamos que o processo segue uma evolução. Ao analisar os protocolos, podemos observar que há momentos de acertos e de desacertos, de inquietação e de tranqüilidade, de busca e de descoberta.

Ou seja, reconhecemos a presença do processo de regulação das ações feita pelos sujeitos que Piaget (1977) explicita e denomina processo de equilibração majorante. O autor assim a descreve: "processo que leva de certos estados de equilíbrio aproximado para outros, qualitativamente diferentes, passando por muitos desequilíbrios e reequilibrações", e explica sua relação com o crescimento humano ao afirmar que "as reequilibrações mais importantes para o desenvolvimento consistem (...) em formações não só de um equilíbrio novo mas também, em geral, de um equilíbrio melhor". (p. 13)

Diversas formas de equilíbrio se manifestam nas interações entre as partes de um sistema. E ocorrem durante os processos de assimilação e acomodação, os quais são complementares.

Assimilação "é o processo por meio do qual o sujeito incorpora o objeto às suas estruturas" (Macedo, 1994, p. 146). Assim, tanto ações concretas quanto mentais são formas de assimilação. Para assimilar algo às suas estruturas, o sujeito ajusta sua ação às características do objeto. Esse ajuste é a acomodação, "processo complementar ao da acomodação, indica que, da mesma forma que o sujeito incorpora o objeto às suas estruturas [cognitivas], estas se ajustam às características do objeto" (Macedo, 1994, p. 146), modificando-se.

Assimilação e acomodação são recíprocas quando "dois esquemas ou dois subsistemas se aplicarem aos mesmos objetos". (Piaget, 1977, p. 16)

Piaget (1977) baseou-se em dois postulados, para elaborar a teoria da equilibração:

1º postulado: "Qualquer esquema de assimilação (...) tende para incorporar em si próprio os elementos que lhe são exteriores e são compatíveis com a sua natureza" .

2º postulado: "Qualquer esquema de assimilação é obrigado a acomodar os elementos que assimila (...) tem de modificar-se em função das suas particularidades" (p. 18).

Nos processos de interação sujeito-objeto, torna-se importante compreender como as equilibrações ocorrem. A interação implica que o sujeito assimile o objeto às suas estruturas cognitivas, ou seja, que construa esquemas que lhe permitam incorporar o objeto.

Os esquemas são uma "coordenação da ação, um *"saber fazer"* pelo qual o sujeito assimila os objetos às suas estruturas" (Macedo, 1994, p. 146). A estrutura é constituída por um conjunto de esquemas, e o sistema cognitivo por um conjunto de estruturas.

Em nossa pesquisa, observamos a relação dialética que se processa no decorrer das etapas da *Oficina Criativa.* O confronto do sujeito com um objeto cujas características são novas provoca nele a necessidade de uma modificação, ou seja, a reação do sujeito que se expressa em uma perturbação. Nesse momento ele vive um conflito que se manifesta por meio de uma reação de desequilíbrio, que Piaget (1977) chama de perturbação. Mas essa reação, em si só, já é uma ação interna que está ocorrendo em prol de uma nova equilibração.

Em síntese, o desequilíbrio leva a uma perturbação que significa a necessidade de uma nova equilibração, não como um retorno ao ponto de partida, que significaria permanecer no mesmo nível, mas sim uma equilibração majorante, que significa para melhor. Ou seja, o sujeito procura construir, por intermédio dos processos de assimilação e de acomodação, uma nova resposta que manifesta uma condição superior de processar internamente aquela questão (Piaget, 1977).

Ora, quando estamos diante de uma situação e a ela respondemos de determinada forma, significa que estamos utilizando um sistema de esquemas para realizar aquela ação. Isso implica, sob o ponto de vista de Piaget (1977), afirmar aquele esquema e, portanto, negar outras possibilidades.

Enfim, um esquema tem sempre, dentro de si, a possibilidade de fazer algo em uma direção, o que implica, automaticamente, fazer algo na direção contrária.

Segundo Piaget (1977, p. 32), as regulações acontecem por *feed-back* positivo ou por *feed-back* negativo e sempre se manifestam por meio das compensações. Compensação é um efeito contrário ao resultado de uma determinada ação e expressa a regulação entre as partes e o todo, entre as partes entre si ou entre as totalidades em interação.

A razão da compensação é a própria construção do conhecimento. Há uma ação que desencadeia uma perturbação e gera a necessidade de regulação que é a própria compensação, e produz, como efeito, a neutralização do que gerou a perturbação ou sua anulação.

O *feed-back* é interno, e ocorre por meio do reforço à dificuldade que permanece durante o processo, preenchendo uma lacuna que se estabelece. Nesse caso é positivo. Porém, quando ocorre por desencadear uma correção da ação por negação completa ou parcial, é negativo.

A regulação é proativa ou se processa por *feed-back* positivo, quando existe um movimento que responde a uma necessidade, e que a preenche, ou seja, quando aparentemente ocorre o que deveria acontecer.

Ora, ela também poderia ter como resposta uma "não-resposta, ou seja", um *feed-back* negativo. Nesse caso ela pode ter o caráter de anulação, ou de "não-preenchimento", ou seja, de uma lacuna.

No processo de equilibração majorante existe o diálogo entre o que é estrutural e o que é funcional, dentro de uma construção dialética, o que possibilita o desenvolvimento de novas formas a partir de sutis modificações nos procedimentos utilizados diante delas.

Quando há um movimento interno de ajuste diante de uma perturbação, se o sujeito realiza uma ação que não é automática, pois tem presente um nível de consciência em relação ao que está sendo feito, ela pode ser considerada uma regulação ativa ou uma regulação por *feed-back* positivo.

A regulação ativa tende a tornar-se automática, pois, em um momento futuro, o sujeito poderá utilizar o conhecimento que construiu naquele momento em uma outra situação em que existam semelhanças e diferenças com a situação que gerou a formação daquele esquema, podendo, então, generalizá-lo.

A perturbação implica um desequilíbrio que, em si, já possui a possibilidade natural de voltar ao estado de equilíbrio, sempre de um modo qualitativamente melhor e, portanto, majorante dentro do sistema.

Trabalhamos nossos observáveis dentro de uma visão sistêmica, que implica considerar-se um nível de complexidade presente nas situações em que há um grande número de variáveis e de problemas. O sistema é uma totalidade organizada de maneira complexa, que funciona graças à interdependência de suas partes nas inter-relações que estabelece.

Enfim, o que define um sistema é o processo, ou seja, a natureza das relações entre as partes. Piaget (1977) apresenta as três formas de interação possíveis dentro desse enfoque: o todo com o todo, a parte com a parte e a parte com o todo. O todo é aquilo que se constrói para ter uma unidade, uma forma. Enfim, no sistema, "o desafio é a abertura – pois deve ter o caráter de transformação – e o fechamento – porque tem a condição de virar um todo." (Macedo, 1999)

A relação entre partes e todo tem ligação com o que chamamos de consistência, ou seja, com a liberdade interna que utilizamos para fazer um ótimo uso do conhecimento que possuímos, na construção de algo em direção àquilo que é nosso *todo* regulador. No caso desta pesquisa, é a luta para "dar forma" ao nosso trabalho.

Quando elaboramos um projeto, e nos sentimos desafiados, de uma forma criativa, construímos com integridade cada parte que, respeitosamente, dialoga com a outra, "integrando e diferenciando em um processo de assimilação e acomodação recíprocas". (Piaget, 1977)

Nosso desafio é descobrir como proceder de modo que as interações que compõem esse todo – no nosso caso, a pesquisa – sejam reguladoras e promovam uma equilibração.

Trazemos, no nosso íntimo de pesquisadora, questões que explicitam tais movimentos. Em tantas reuniões de orientação com o professor Lino de Macedo, suas perguntas explicitaram a complexidade que é o desenvolvimento de uma pesquisa. Como este trabalho ganha corpo? Como as partes se transformam no todo? Qual é o corpo de desta pesquisa? Qual é a diferença entre um capítulo e outro? E entre uma parte e outra? Como as partes dialogam?

Nossa tese procura explicitar que nessa grande interação do todo precisa haver uma unidade, e que as partes implicam umas às outras, dentro de uma interação e de uma diferenciação que leva a uma transformação, sempre majorante no sistema.

Em um sistema complexo, temos um jogo de trocas, em que simultaneamente acontecem essas formas de interação, podendo, portanto, haver algum nível de diferenciação e de transformação.

Durante a interação, modificações acontecem, ou seja, qualquer elemento pode, consciente ou inconscientemente, desencadear alterações no sistema. Esses processos pressupõem relações significativas que ocorrem na perspectiva espacial, quando algo ganha forma e tem uma existência corporificada, e temporal, quando o autor do trabalho está presente no fluxo da experiência.

Enfim, interação é esse jogo que se estabelece entre afirmação e negação. Para Piaget (1977), negar é não considerar, é encontrar um outro caminho alternativo. Por exemplo, pode-se negar algo como objetivo e afirmá-lo como discussão. Nesse sentido, as compensações são uma forma de negação. Enfim "combinar afirmação e negação é a mais complexa das produções" (Macedo[2], 1999). Afinal os fatos em si permanecem, pois o que podemos, efetivamente, modificar, é sua significação. Quando ressignificamos uma experiência, estamos compensando e atualizando seu sentido para nós. De certa forma, estamos dando uma nova forma a ela, que ganha fluxo e fluidez.

Por isso é tão importante a autonomia em um jogo de interdependência onde há assimilação e acomodação nos ajustamentos e compensações que realizamos.

Nesse sentido, a equilibração é esse processo que, por intermédio da interação e da diferenciação, resulta em equilíbrio: o todo se preserva no diálogo entre as partes que o constituem, que se preservam como partes de forma interdependente.

Piaget (1977) valoriza as regulações que têm um valor construtivo, que têm valor de vida. Se a equilibração não for majorante, não tem valor construtivo. Como essa majoração ocorre a longo prazo, podemos sentir a confiança de que algo de ordem superior prevalecerá.

Quando estamos diante de uma situação-problema, observamos a alteração que o contexto provoca e também as respostas que o sujeito dá diante da situação. Se o sujeito investe no trabalho da regulação, ele repensa e experiencia as alterações que geram acomodações.

De certa forma, trocas se estabelecem que podem ser construtivas e produtivas no sistema. São conscientes, articuladas e desejadas. Se não o são, comprometem a direção majorante do sistema de regulações, e isso que pode provocar a morte do sistema.

Se não houver uma regulação de natureza cognitiva em que se constrói uma resposta face a uma pergunta significativa no sistema, não haverá "reequilibração".

Em síntese, a regulação possibilita a construção do conhecimento em uma direção sempre majorante no sistema. Enfim, a regulação das ações por reforço ou correção desencadeia uma outra regulação, e assim sucessivamente. (Piaget, 1977).

A proposta deste trabalho é observar as compensações que os sujeitos estabelecem no decorrer do processo de criação e realização de um projeto. Se eles se orientam em uma ordem inversa ou recíproca, se o sujeito as utiliza como elemento para analisar suas falhas, a partir das quais vai promovendo uma auto-regulação, assimilando e acomodando em direção a uma nova equilibração. Enfim, se sua tendência caminha em direção a conservações mediante transformações!

Parte II

Fundamentos metodológicos

4 Oficina criativa

A *Oficina Criativa* (Allessandrini, 1996a, 1996b, 1996c, 1996d) foi objeto de estudo durante o programa de mestrado da pesquisadora responsável pelo presente projeto. Essa metodologia orienta o profissional sobre como pensar uma proposta de trabalho em educação ou em contexto terapêutico.

A Oficina Criativa baseou-se, inicialmente, nos trabalhos de Fagali (1987, 1992) e Ferretti (1988,1994) – em seus escritos sobre psicopedagogia –, e de Ciornai (1994) – em seu trabalho de arteterapia gestáltica – e configura uma forma de intervenção de arteterapia psicopedagógica. Seu objetivo é fazer com que as pessoas possam exercitar suas capacidades de aprender, fazendo uso de seu potencial psíquico e tendo seu dinamismo energético afetivo e cognitivo direcionado para uma melhor qualidade em aprendizagem.

O método *Oficina Criativa* possui como diretriz uma seqüência básica, estruturante de uma proposta a ser constituída. Em um primeiro momento, há a *sensibilização*: momento em que o sujeito estabelece contato com o trabalho que se está iniciando, e tem como objetivo seu contato com seu mundo interno. Em nosso experimento, a sensibilização escolhida desencadeia todo um estado interno de relaxamento. A pessoa senta-se em uma banqueta e fazemos um sopro suave na altura da sétima vétebra. Essa é uma das técnicas de intervenção sutil apresentadas por Sandor, descritas por Delmanto (1997). O autor descreve a relação que se estabelece, assim como a resposta do sujeito: o terapeuta (...) recorre aos estímulos monótonos por meio de toques leves [possibilitando que] "o contato bipessoal juntamente com a manipulação suave (...) [produza] descontração muscular, comutações vasomotoras e recondicionamento do ânimo (...) numa escala pouco esperada" (1974/1982, p. 92).

De certa maneira, nesse primeiro contato o sujeito se abre para a experiência que está por vir, preparando seu universo interior para a criação.

O passo seguinte é a *expressão livre*: quando se podem explorar possíveis de concretizar, em um ir e vir de movimentos que surgem naturalmente. Nesse momento, o sujeito recebe a argila para a realização de um trabalho. Inicialmente, experiencia o contato e a sensação, percebendo as mudanças da massa, que se transforma a cada gesto ou movimento. Seu universo interno pode aí emergir, sob a forma de imagem, muitas vezes carregada de sentimento ou emoção. As conquistas e frustrações criam forma e a dialética de suas ações se expressa quando ele modela o que foi imaginado. Nessa etapa, podem-se utilizar materiais artísticos variados.

Como continuidade metodológica, pedimos ao sujeito para *elaborar a expressão* realizada até então, porém mantendo-se ainda no nível do não-verbal e da arte. Essa elaboração pressupõe um redimensionamento do que foi feito até então. Observa-se a partir de um ângulo novo, localizam-se novas formas nas figuras que emergem e que saltam aos nossos olhos; enfim, a experiência em si se amplia na abertura de suas significações.

Na seqüência de ações, solicitamos a *transposição de linguagem*, ou seja, a passagem daqueles conteúdos para uma nova linguagem. Priorizamos aqui o uso da palavra como elemento mediador da expressão, ou seja, pedimos ao sujeito que escreva sobre o que viveu. Esse é um momento fundamental na *Oficina Criativa*, pois convida o sujeito a acionar um movimento na ordem do descontínuo, ou seja, em um outro nível de consciência energética interna. O que foi vivido é redimensionado, diante do sentido provocado pelo que evocou internamente. Algo é apreendido, *per si*, nessa ação.

Concluímos com uma *avaliação* e com a recomposição das etapas processuais, o que permite que a aprendizagem produzida seja tornada consciente.

É importante aqui ressaltar o valor da liberdade de ação do educador ou terapeuta, psicopedagogo ou arteterapeuta para construir oficinas criativas com objetivos específicos. De posse de suas metas e das competências que fundamentem o que pretende desencadear, esse profissional pode criar uma dinâmica de oficina facilitadora da utilização dessas mesmas competências transversais ou disciplinares (Perrenoud, 1997-1999, p. 42).

A tensão criadora que se manifesta no interposição dessas competências possibilita um alto índice de aprendizagem significativa, porque demanda do sujeito uma forma própria de resolver os desafios que se apresentam no desenrolar do processo.

A construção dessas dinâmicas abre inúmeras possibilidades: o profissional pode alavancar seu conhecimento e sua sensibilidade para definir aspectos relevantes a serem trabalhados transversalmente na proposta que constrói.

Quando nos utilizamos da metodologia das oficinas criativas nos diferentes contextos possíveis, criamos a oportunidade para que pessoas que vivenciam os processos trabalhem internamente suas competências, desencadeadoras de um saber próprio e direcionado.

Em outras palavras, o dinamismo energético presente no encadeamento das etapas nas oficinas atua diretamente na "camada psíquica potencial" (certamente a fonte interna de inspiração e de realização): "É a terra fértil, onde lançamos as sementes que, no decorrer do processo, germinam, são regadas e cuidadas, crescem e florescem..."

Nosso trabalho, como terapeutas e educadores que valorizam a presença do elemento transformacional no desenrolar de processos de aprendizagem, é o de favorecer em cada pessoa o desabrochar de uma qualidade sensível e consciente, fazendo com que a presença desse elemento criador permeie cada ação.

Esse processo em si norteia a construção de competências passíveis de serem utilizadas em diferentes contextos, porque pertencem a elementos estruturadores da psique. São conjuntos de esquemas que podem ser acionados diante das mais diversas situações-problema, quando se precisam construir respostas ou soluções.

As dinâmicas de *Oficina Criativa* tornam-se ferramentas básicas para o desenvolvimento da ação consciente e sensível, tão necessária nos tempos atuais, principalmente em contextos educacionais.

Ainda quanto à compreensão dos elementos que favorecem a eficácia das oficinas criativas, apresentamos o estudo dos procedimentos do *Continuum de Terapias Expressivas* - ETC (Kagin & Lusebrink, 1978, p. 171-179). Esse *continuum* baseou-se nos estudos de Piaget e Inhelder (1966-1977) sobre o desenvolvimento das representações imagéticas para construir o modelo conceitual utilizado em terapias expressivas. Para esclarecer o que seja exatamente, reportamo-nos a um embasamento teórico oriundo da Arte Terapia.

Esse *continuum,* porque pressupõe uma continuidade na evolução das ações, propõe uma seqüência expressiva que reflete os diferentes estágios do desenvolvimento humano. Ressaltamos aqui todo o trabalho piagetiano que as autoras ressignificaram e transpuseram para esse campo de atuação terapêutica. Nessa perspectiva, observamos que, ao "viver de novo" o padrão evolutivo natural e inerente a todos os seres humanos, criamos a possibilidade de se transformar pequenas marcas e cicatrizes oriundas desse mesmo processo.

Portanto, utilizar de uma metodologia que permite também a reconstrução de um caminho vivido em seu sentido macro, mas dentro de uma dinâmica vivida em seu sentido micro, é potencialmente transformador. Nesse *continuum*, o criativo é o elemento que "costura" cada etapa do processo. No nível *sensório-motor* trabalhamos a liberação energética por meio do movimento. O *sensório* refere-se à qualidade de sensação vivida no interior de cada pessoa; e o *motor,* ao movimento em si, no desenrolar dessa ação.

No nível *perceptual-afetivo*, trabalhamos com a maneira como o sujeito percebe e sente sua interação com os diferentes materiais artísticos. Ela é decorrente do que foi vivido no nível sensório-motor e que recebe forma, quando expresso em desenhos ou em figuras tridimensionais. Em nossa pesquisa, os sujeitos criaram o desenho de sua imagem interna que, posteriormente, transformaram em projeto. O trabalho nesse nível torna possível acionar conteúdos distantes no tempo e no espaço.

No trabalho de *Oficina Criativa* o *cognitivo* e o *simbólico* tornam presente a experiência em sua dimensão conceitual. Por vezes, as informações que emergem são complexas e demandam alto nível de elaboração. O pensamento operatório participa ativamente dessa etapa do processo. E a compreensão dos elementos que emergiram até então e sua organização seqüencial, ou sua inserção em contextos mais amplos de vida, ou então o simples reconhecimento de padrões pessoais de ação que ocorrem nessa etapa, podem ser desencadeadores de mudança de consciência, e, portanto, de aprendizagem.

Nesse sentido, trabalhamos com todas as "portas de entrada" do pensamento complexo, dentro de um sem número de possíveis dinamizadores de aprendizagem e, portanto, de transformação.

Aqui, relacionamos aprendizagem e transformação, pois, quando algo novo vem acrescentar-se a tudo aquilo que já possuímos como conhecimento, acreditamos que uma aprendizagem se processou. Já não somos os mesmos do instantes anterior, pois simplesmente aprendemos. Transformamos, assim, a nós mesmos...

A *Oficina Criativa* funciona como instrumento facilitador, pois cada pessoa pode ser convidada a, efetivamente, descobrir e evocar seu projeto pessoal.

Nesse enquadre, a oficina dinamiza a concepção de novas idéias, sua gestação e nascimento, pois estimula aquele que dela participa a trabalhar em seu universo interior, dentro de todas as suas qualidades potenciais. Sensações e sentimentos, idéias e pensamentos podem emergir quase anarquicamente para, em seu desenrolar, serem editados de modo a convergirem à meta também significada na experiência.

Em verdade, a rede de intercomunicações que se estabelece em tantos níveis é ampla e flexível e, de acordo com Goswami (1993-1998), oferece a possibilidade de tocar o nível de criatividade fundamental, porque essa rede é oriunda do mais profundo de nós mesmos.

Já a dinâmica desencadeada pelo *continuum* reflete, primeiramente, uma experiência que evoca a criatividade situacional. Porém, à medida que essa experiência evoca elementos do inconsciente cognitivo e afetivo, ativa mecanismos naturalmente transformadores, mobilizando, assim, aprendizagens vividas profundamente. Podemos considerar que, em sua qualidade maior, tocamos também nosso Ser Criador (Allessandrini, 1998) em sua manifestação fundamental.

Ainda permanece viva a vibração que sentimos quando conhecemos o ETC. Algo naquela proposta estava particularmente relacionado às dinâmicas transformacionais de aprendizagem. E nos parece natural, dada a natureza de nosso trabalho, apontar nossa parceria com as propostas do ETC, na construção de um trabalho terapêutico e ou educacional, sempre em direção ao melhor de cada um, a uma qualidade de ação que preencha uma necessidade verdadeira.

Enfim, a *Oficina Criativa* e o ETC são duas linhas de ação que, quando consideradas de maneira interdependente, tornam-se extremamente valiosas para que possamos construir nossas dinâmicas de trabalho.

Não se pode esquecer que toda metodologia tem limitações. Portanto, ambas devem ser consideradas como facilitadoras de uma construção dialética, cuja intenção é desencadear uma aprendizagem significativa. Elas são como linhas de ação, direções possíveis na facilitação de processos e, quando inseridas em contextos adequados, podem efetivamente promover crescimento e aprendizagem.

Durante um processo com tal qualidade, o sujeito experiencia cognitivamente a implicação entre suas ações, realizando uma adequação constante de seu movimento diante do resultado que o processo em si produz. Trabalha, passo a passo, em um diálogo contínuo e constante entre ele próprio e a massa, entre partes e todo, entre sentir e signifcar.

Vivencia a necessidade de conservar algo que é pura transformação. O diálogo entre o autor e seu trabalho, que precisa adaptar cada gesto para chegar à forma imaginada, pode ser entendido como a passagem das implicações do nível mais simples para o mais complexo.

Essa experiência pode ser correlacionada à necessidade de coordenar pontos de vista, segundo conexões espaço-temporais apresentada por Piaget (1980b-1982, p. 42). Nela, o processo de interação é desenvolvido em um *continuum*, cujo encadeamento das ações acontece de modo a permitir sua regulação e relativização constantes.

Trazemos aqui presente o ponto de vista dialético piagetiano. Consideramos que o sujeito trabalha com a relativização em um sistema transformacional, quer dizer, com a dialetização progressiva das perspectivas (Piaget, 1980a-1996, p. 177-184).

Afinal, tocar "desse modo" e não "daquele" implica uma resposta imediata do material: o sujeito então dialoga e interage. Algo é vivido intensamente, e um universo de significados emerge na experiência de criar e dar forma, fazer nascer o que foi projetado. Assim, o autor trabalha antecipando o melhor procedimento a adotar e organizando a sucessão das várias etapas que se apresentam.

Se a forma não for preenchida por um conteúdo, permanece vazia. Se um conteúdo não for estruturado por uma forma, permanece sem direção. Nesse sentido, citando Macedo, "aprender significa abstrair um conteúdo no contexto de algo apresentado como forma". (1994, p. 118) A forma relaciona-se aos significantes, e os conteúdos, aos significados; o significativo é o que permeia a ação. Conforme diz Piaget, a forma é a fonte das correspondências e o conteúdo é a fonte das transformações (1980a-1982, p. 15). Ao sujeito é possível apreender uma forma pela correspondência e dominar os conteúdos pela transformação, de modo que chegue ao conhecimento cognoscível.

Se o indivíduo chega ao término do projeto, alcançando seu objetivo, ele experienciou uma interdependência contínua, antecipando suas ações diante da resposta do objeto-barro. Relacionando com Piaget, terá realizado implicações de ordem "transformacional": os morfismos (1980a, p. 18).

Afinal, toda a experiência de criação com esse material demanda do sujeito um contato com seu mundo interno. A princípio, o objeto é, pois, interno. Porém, logo passa a ser interno e externo ao mesmo tempo, até transformar-se de tal modo que atinge sua forma final. Na verdade, esse objeto nunca chegará a ser totalmente externo ao sujeito, pois permanece em sua essência como expressão do simbólico, correspondente ao vivenciado.

O movimento de transformação que acontece evoca o criativo de cada um, porque nessa experiência o indivíduo pode ousar com o coração, expressão da alma primordial. A experiência se apresenta de forma inteira, e o homem toca uma instância superior.

5 ANÁLISE MICROGENÉTICA

No preâmbulo de sua última obra, Inhelder apresenta, de forma evolutiva concisa, como foi a construção de seu interesse "pelos aspectos funcionais dos progressos do conhecimento." (Inhelder, Cellérier *et al.*, 1992-1996, p. xi). Relata, passo a passo, seu envolvimento com a dupla análise estrutural e funcional dos procedimentos de descoberta em situações de resolução de problemas. A autora reverencia a equipe de pesquisadores "animados por um dinamismo e um senso de inovação notáveis" (p. xii) que "quiseram traçar caminhos novos." (p. xiii). E, finalmente, descreve a tarefa de "revelar cada vez mais claramente na criança o encaminhamento de suas ações." (p. xiii)

Vale dizer que, nessa obra, encontram-se vários estudos que apresentam procedimentos metodológicos desenvolvidos com a intenção de compreender os mecanismos funcionais do pensamento da criança. Como aponta Parrat-Dayan (1997, p. 8), Inhelder se dedica "a delimitar os procedimentos do sujeito, as teorias implícitas das crianças, os objetivos e meios que utilizam, o planejamento, os controles que encontram e sua reação diante dos obstáculos."

Nossa pesquisa aplica essa metodologia na análise das oficinas criativas, procedendo às adaptações que consideramos necessárias. Nesta perspectiva, analisamos o processo de regulação dos esquemas de ação durante seu desenrolar. Tal proposta se mostra bastante desafiadora, pela própria complexidade do trabalho.

Lembramos que Piaget orientou grande parte de sua obra para o "estudo das categorias fundamentais do conhecimento", de onde surge o "sujeito epistêmico, (...) como o sujeito de um conhecimento normativo." (p. 8) Inhelder, entretanto, propõe o estudo do "sujeito psicológico individual (...) estudado por um observador que se dedica a revelar a dinâmica da conduta do sujeito, seus fins, a escolha dos meios e os controles, as heurísticas próprias ao sujeito que podem levar a um mesmo resultado, através de caminhos diferentes, a fim de que possamos penetrar no funcionamento psicológico e separar as características gerais dos procedimentos ou encadeamentos finalizados e organizados da ação". (Inhelder e Caprona, 1992-1996, p. 9)

Estudar o sujeito psicológico, dentro do enfoque proposto, permite-nos levantar questões relativas ao modo de funcionar de crianças, adolescentes jovens e adultos. Talvez possamos chegar a desvendar alguns desses procedimentos. De certa forma, estudar o projeto, sua criação e realização, representa uma nova modalidade de estudo do sujeito que se revela, durante o desenrolar das oficinas criativas.

Nossa intenção é estudar a regulação das ações dos sujeitos durante as oficinas, relacionando-as com a teoria da equilibração das estruturas cognitivas (Piaget, 1977, p. 13-60). Nesse estudo, procuramos explicar o processo de construção do conhecimento do sujeito, em sua interação com o objeto argila. Pretendemos discutir a teoria piagetiana em ambas as perspectivas – funcional e estrutural – presentes no desenvolvimento do pensamento.

No que diz respeito à microgênese, analisamos as "condutas cognitivas em pormenor e em toda sua complexidade natural." Seu estudo "evidencia as características do processo interativo, entre sujeito e objeto" e "permite desvelar a coordenação e a integração eventuais das soluções e dos sucessivos modelos parciais do sujeito." (Inhelder & Caprona, 1992-1996, p. 12)

O objetivo de uma análise microgenética é compreender detalhadamente o processo em suas diferentes etapas, tanto no nível da ação em si, como com relação a algumas intervenções que ocorrem. O diálogo que se estabelece entre pesquisador e sujeito evoca nesse último uma resposta que importa analisar. Dentro do processo, analisamos o sujeito e a pesquisadora que falam, assim como a ação que se desenrola, a partir dessa interação, na criação e concretização de um projeto de modelagem em argila. Na progressão microgenética, é importante analisar pequenos detalhes que permitem inferir o que desencadeia mudanças na evolução das ações. Durante o processo de *Oficina Criativa,* algo que é nada – a massa de argila – passa a ser tudo: um objeto que foi projetado.

A progressão que analisamos é a progressão da forma: como um pedaço de argila, na mão de uma pessoa, ganha forma em função das ações que ela realiza. Analisamos cada momento em que crianças, adolescentes e adultos estruturam essa tarefa, partindo de uma ação exploratória da massa que têm nas mãos e progredindo até chegar a um objeto.

"Progressão significa acompanhar, seja por observação, seja por intervenção, a evolução de alguma coisa em direção a algo que vai-se constituindo. Podemos pensar na progressão qualitativa ou quantitativa. Qualitativa, como quando Piaget nos apresenta em seus estudos os resultados de níveis um, dois e três. O nível três é superior ao dois, que é superior ao um. Temos, portanto, uma progressão estrutural. O importante da progressão é a direção da ação". (Macedo, 1998)

Em nosso trabalho, é a criação seguida da realização de um projeto que dá forma à argila. A microgênese é a análise das pequenas estruturas que compõem uma ação maior (Inhelder, Cellérier *et al.*, 1992-1996, p. 11). No caso da criação de um projeto, todo esse movimento do sujeito, tanto em nível cognitivo como afetivo, para realizar uma ação, é analisado dentro de suas pequenas particularidades.

Tal procedimento foi utilizado em pesquisas desenvolvidas sob a coordenação de Inhelder (1992-1996b), quando o grupo de Genebra descreve pesquisas que procuraram aplicar a análise microgenética à resolução de problemas. Cabe distinguir Blanchet e Saada-Robert (1992-1996b) dentre o grupo, como cientistas da educação e da psicologia que descrevem projetos de especial interesse para a pesquisa que ora realizamos, pois apontam as características básicas desse procedimento metodológico, que procuramos aprimorar durante nossa pesquisa.

Para Saada-Robert (1992-1996b, p. 128) esse trabalho é uma "descrição inter-subjetiva do encadeamento das condutas", cujo objetivo é "chegar a reconstituir a coerência interna do funcionamento cognitivo" do sujeito. O autor relata que várias etapas de trabalho coletivo se processaram na análise de um caso para que se escolhessem "os elementos descritivos apropriados para a divisão da seqüência de ações em unidades significativas para o sujeito (em um dado momento da sua resolução), em analisar essas unidades de ação ligadas a suas intenções e, depois, em analisar o(s) modelos(s) cognitivo(s) funcionais em jogo (unidades de representação e mecanismos de controle)".

Essa metodologia nos permite "montar os elementos constitutivos, isto é, as unidades conceituais, capazes, ao mesmo tempo, de descrever os fenômenos funcionais ao nível da representação e de explicar o desenrolar das condutas".

Em nossa pesquisa, o recorte das seqüências possibilita analisar as unidades significativas para o sujeito, dentro do encadeamento que as qualifica. A numeração de cada frase do protocolo permite demarcar o início e o final de cada seqüência. Esses conjuntos de frases numeradas formam um parágrafo, como em um texto, explicitando um determinado tempo da ação, no processo.

Dessa forma, podemos realizar a análise microgenética sobre o encadeamento e a regulação das ações do sujeito. No recorte das seqüências na *Oficina Criativa,* encontra-se inicialmente o tempo de criação e depois o tempo de realização de um projeto.

Analisamos o conteúdo das ações e as qualificamos, de modo a reconhecer quando uma determinada unidade significativa se encerrou. Nesse trabalho algo começa e termina, para que o novo se inicie: às vezes, em direção ao objetivo maior; às vezes, em direção a um objetivo dentro desse objetivo maior, que chamamos de "subobjetivo".

Nessa metodologia, trabalha-se de forma detalhada e aprofundada, tendo como intenção observar a coerência interna das ações realizadas durante a evolução da *Oficina Criativa*. O trabalho microgenético nos permite observar a passagem das ações de cada sujeito que, trabalhando com a argila, significa sua ação, durante o processo. As ações desse sujeito assumem uma conotação própria, conforme o momento em que são realizadas.

Na pesquisa, analisamos a passagem do estatuto dessas ações, que se iniciam como rotinas, transformam-se em primitivas, para chegarem a ser procedimentos, de acordo com o momento em que ocorrem.

Em nossos observáveis, inferimos as idéias-guia dos procedimentos dos sujeitos, que nos orientam para que possamos estudar as particularidades funcionais de seu pensamento.

E também buscamos demonstrar o processo de equilibração, que ocorre a partir da regulação das ações do sujeito na construção do conhecimento, ou seja, na realização de seu projeto.

À medida que o sujeito manipula a massa, ocorre a composição de ações diferentes: ao mesmo tempo em que ele a está amassando, movimenta a cabeça, olha, imagina. Existem nesse trabalho várias ações simultâneas, e nosso objetivo é poder focalizá-las dentro de suas pequenas etapas de construção, pois que significam progressão.

Podemos notar uma diferença na qualidade dessas ações, na medida dos encadeamentos presentes, no processo de *Oficina Criativa*. O interessante é que, ao olharmos essas muitas etapas ou "subetapas", percebemos momentos qualitativamente diferentes. Constatamos que aí um processo de equilibração majorante se estabelece.

A metodologia da análise microgenética procura desvendar os mecanismos de regulação que atuam nos sujeitos. Em nossa pesquisa, aplicamos tal análise na experiência de *Oficina Criativa*.

Reconhecemos, no decorrer do trabalho com a argila, a presença de uma equilibração progressiva: "um processo indispensável do desenvolvimento, e um processo cujas manifestações se modificarão de fase para fase no sentido de um equilíbrio melhor, tanto na sua estrutura qualitativa como no seu campo de aplicação..." (Piaget, 1977, p. 30)

Inicialmente, o sujeito trabalha de uma forma aparentemente não intencional em relação ao projeto, porque, quando pega a massa, ainda não tem projeto nenhum. À medida que o processo vai se desenvolvendo, percebemos que ele se utiliza de determinados recursos que são esquemas familiares de ação: manipula a massa e a primeira forma que realiza é aquela que, muitas vezes, vai utilizar conscientemente para a realização de seu projeto. É a análise da progressão microgenética do encadeamento de suas ações que nos permite acompanhar a evolução.

Em alguns momentos durante o processo de modelagem, certas formas de manipular a massa perturbam o sujeito, que acaba produzindo uma regulação de suas ações (compensações), procurando anular ou neutralizar a perturbação ocorrida. Constatamos aqui os processos internos que dinamizam a equilibração das estruturas cognitivas, conforme foram descritos por Piaget (1977). Em nossa análise dos dados, selecionamos fragmentos dos protocolos que explicitam as seqüências de ações demonstrativas de tais conceitos.

Nossa pesquisa analisa as regulações desses esquemas familiares do sujeito: "unidade central dos processos de organização do conhecimento que atribui uma significação à situação em se considerando que é em torno desses esquemas familiares que a representação do problema e do objetivo se organiza dinamicamente para o sujeito". (Inhelder, Cellérier *et al.*, 1992/ 1996, p. 187)

A análise microgenética (Inhelder, Cellérier *et al.*, 1992-1996, p. 10-14) estuda as transformações dos esquemas, durante sua utilização, em uma situação particular. Várias pesquisas relatam trabalhos desenvolvidos em Genebra sobre "os processos funcionais que intervêm quando o sujeito aplica seus conhecimentos a contextos particulares". (Inhelder e Caprona, 1992-1996, p. 7)

Esse saber ativado é um saber sincrético e difuso, ao mesmo tempo que contém particularidades do conhecimento anterior. Para se construir um *saber fazer* na situação apresentada, o sujeito deve transformar-se progressivamente em busca de um conhecimento às vezes preciso e sintético. "A construção microgenética consiste na dupla passagem do difuso ao preciso, do geral ao unitário." (Saada-Robert, 1992-1996a, p. 107). A análise do desenrolar das ações do sujeito, durante a elaboração de sua resposta, diante de uma situação-problema, permite-nos desvelar que tipo de representação da situação ele faz para si mesmo, assim como os meios e esquemas ele utiliza para desvendá-la. (Saada-Robert, 1989; 1992-1996a; 1994)

Nesta pesquisa, a tarefa é delimitada de modo que o sujeito exprime por meio da ação seu jeito de *ser* e de *fazer*. Parafraseando Blanchet (1992-1996, p. 82-83), a criança controla facilmente seus passos, gerencia seus objetivos e os meios utilizados, e decide livremente em que momento a solução lhe parece ter sido obtida. Blanchet chama de unidades significativas os dinamismos que procuram "especificar os conhecimentos em função do tipo de controle que o sujeito exerce sobre a situação." Dentre essas unidades, distingue as unidades de *procedimentos* que "controlam a atividade direta do sujeito sobre o objeto" e são constituídas por ações e indícios que permitem à criança tomar decisões; das unidades *representativas*, "mais ligadas ao desenrolar das atividades", mas "reorganizadas em função de um esquema de representação".

Blanchet chama de unidades *causais* "as transformações que o objeto pode suportar do ponto de vista do sujeito" (p. 84) e que visam explicar o objeto. São transformações realizáveis no objeto. E as diferencia das unidades teleonômicas, que se definem "por correspondências entre estágios sucessivos da solução." De certa forma, "controlam a atividade do sujeito" que trabalha, articulando meios e fins (1992-1996, p. 84). São as unidades teleonômicas que permitem definir as funções dos esquemas aplicáveis ao problema proposto. Ambas, segundo o autor, devem ser coordenadas para que um problema seja compreendido.

No caso de nossa pesquisa, as unidades causais são todos os movimentos exploratórios que o sujeito faz na massa de argila.

Uma mesma ação tanto pode ser considerada um objetivo a perseguir (tendo uma função *teleonômica)*, quanto pode ser vista como uma transformação que permite atingir um objetivo mais genérico; nesse caso possuirá uma função *causal* (Blanchet, 1992-1996, p. 83). Por exemplo, "amassar a argila" tem uma função causal, quando essa atividade se inscreve em várias manobras possíveis de se realizarem com a argila. Mas essa mesma ação pode ter uma função teleonômica quando se reconhece que ela pode ser necessária para tornar a massa mais maleável e plástica, o que facilita a modelagem do objeto projetado.

De certa forma, a construção de uma solução e a compreensão de um problema implicam a coordenação de ambas as funções: as unidades teleonômicas são realizáveis mediante as unidades causais. Em nossa pesquisa, todos os movimentos que buscam explicar, explorando as possibilidades do objeto argila, são fundamentais para que, em determinado momento, o sujeito possa trabalhar em uma direção teleonômica, construindo seu projeto.

Um esquema pode mudar de significado segundo o valor que lhe é dado a partir da própria situação. Podemos demostrar essa mudança por intermédio da análise microgenética das condutas dos sujeitos nessa situação. Saada-Robert (1992-1996a) distingue três aspectos de um mesmo esquema, que chama respectivamente de: rotina, primitiva e procedimento (p. 111).

Podemos dizer que existem **rotinas** que estão presentes quando o sujeito ativa um esquema familiar em função da sua pertinência à situação e ao objeto. Nesse sentido, a rotina "está ligada ao controle ascendente" (p. 112) uma vez que sua direção é assumida pelos aspectos próprios ao objeto. O processo ascendente é aquele oriundo da propriedade da matéria em que o sujeito encontra seus conhecimentos e pode reformulá-los, em direção à construção do seu projeto. No caso, ele aciona seus esquemas familiares como rotinas, à medida que explora possibilidades no trabalhar com a argila.

Em nossa pesquisa, as características da argila evocam nos sujeitos o uso de seus esquemas elementares e familiares, que podem ser reconhecidos como rotinas. As rotinas de base são todas aquelas em que o material sugere ao sujeito o que fazer. Elas têm uma característica funcional, porque no início a criança, o adolescente e/ou o adulto exploram e tentam aplicar tudo aquilo que conhecem na situação presente. No nosso caso, amassar a argila, enrolar, bater, apertar, alisar, etc.

As rotinas são bastante fechadas e organizadas nelas mesmas. Funcionam como blocos específicos. O sujeito as aciona por inteiro, da forma como elas já existem no plano das representações procedurais. Sabe utilizá-las como procedimentos, mas isso não lhe dá as soluções para realizar o que deseja.

Por exemplo: o sujeito amassa a argila, pois já possui esse esquema que lhe é familiar, mas ainda não compreende por que amassar pode ser importante, ou não, para a modelagem em argila. Quando compreende que, com o mesmo amassar, a argila adquire maior plasticidade (conquanto, aparentemente, ele ainda esteja realizando a mesma ação), esse esquema acionado recebe o estatuto de primitiva. A partir de então, um novo significado é dado à mesma ação – amassar. O processo ascendente se expressa na mudança qualitativa da ação, na busca da resolução do problema.

As **primitivas** são constatáveis, uma vez que fazemos "a escolha de um esquema identificado como necessário" para a realização do objetivo. É a intenção que determina a escolha do esquema, que emerge com um novo sentido. "Tão logo haja uma orientação da rotina pelo objetivo – controle descendente, teleonômico – podemos falar de uma ação *primitiva*." (Saada-Robert, 1992-1996a, p. 112)

Em nossa pesquisa, podemos observar uma ordem causal na articulação das etapas em que o projeto se constrói. O sujeito realiza etapas de resolução que se definem pouco a pouco, demonstrando uma causalidade da sua ação. O *status* de rotinas que evoluem em primitivas vai se configurando, à medida que o processo avança.

É o objetivo final que determinada a ordem teleonômica. Esse objetivo é o projeto que o sujeito pretende realizar, a partir do encadeamento dos seus "subobjetivos". Assim, ele articula seu fazer em "subetapas", de modo a atingir meta final: seu projeto.

Já no processo descendente, é o próprio projeto que guia sua realização. O sujeito realiza as mudanças, a partir dos problemas que se apresentam no decorrer do processo. Nesse caso, o projeto não se modifica desde o seu início até o final.

Uma primitiva se define pela sua significação diante da solução. Ela é modificável e componível. Uma rotina escolhida como pertinente em relação ao objeto poderá ser rejeitada em função da sua não significação por conta do problema colocado.

Uma primitiva constitui um elemento de base na construção microgenética. Ela é elemento-chave, condição necessária na resolução do problema. Nesse sentido, a primitiva é a rotina utilizada anteriormente que se modifica um pouco, pois o objetivo final se torna mais consciente para o sujeito. A ação se torna algo ligeiramente diferente. Há um sentido para sua utilização, diante do objetivo pretendido. Essa ação – expressa como uma primitiva – se compõe com outras primitivas para que o sujeito possa alcançar seu objetivo.

Chegamos, então, à formação dos **procedimentos,** quando há uma organização funcional de muitas primitivas que se constituem em uma composição única, pela conservação de certos aspectos e a anulação de outros. Saada-Robert (1992-1996) descreve o procedimento como "uma organização unificadora resultante da composição de diversas primitivas." (p. 112) É a forma final de coordenar as primitivas que caracteriza as seqüências das ações que são realizadas. Ao chegar a essa etapa, o sujeito compreende o sentido de sua ação e o que deve fazer para chegar à construção de seu projeto. De certa forma, é nesse momento que ele resume a resolução do problema.

"Chega-se à formação de um procedimento-tipo ou unidade procedural manipulável, que, como bloco, poderá servir de rotina ou de primitiva em um outro contexto." (Saada-Robert, 1992-1996, p. 112). Isto é: uma vez formado um procedimento, ele se torna uma rotina.

As rotinas e as primitivas servem de base para se chegar ao objetivo. É a organização final de ações que permite ao sujeito realizar finalmente seu projeto; "um procedimento constitui o aspecto transformacional do sistema representativo." (p. 112), pois efetiva a expressão de novos esquemas que, ao serem utilizados na construção do projeto, tornam-se familiares ao sujeito.

A partir daí, uma nova rotina passa a fazer parte do sistema representativo do sujeito, que poderá generalizá-la (ou não) diante de novos desafios. Mas, sem dúvida, uma inovação aconteceu no plano das representações mentais.

Inhelder e Caprona (1992-1996, p. 29) escreveram que "é essencial compreender que os esquemas de procedimento (...) se coordenam entre si e formam um sistema, mas por outros meios." Meios esses que, em outros contextos, permitem que correspondências e transferências de métodos favoreçam à formação de novos procedimentos, por comparação com aqueles bem sucedidos anteriormente. De certa forma, nossa pesquisa propõe "um estudo das heurísticas do sujeito que utiliza de processos de inovação e descoberta", na busca de respostas para uma situação-problema. Talvez possamos, então, compreender alguns dos mecanismos presentes na regulação das ações dinamizadas por elementos que podemos reconhecer como criativos. Nossa proposta é estudar os processos funcionais dos sujeitos, no curso de sua atividade adaptativa e fundamentalmente criadora de novas representações do real.

Parte III

A pesquisa

6 Descrição da pesquisa

Nossa pesquisa propõe o estudo da *Oficina Criativa.* Para tanto, realizamos uma análise microgenética das condutas dos sujeitos – crianças, adolescentes e adultos – estudadas no contexto da criação e realização de um projeto, de cunho pessoal, de modelagem em argila. Analisamos a dimensão afetivo-cognitiva de suas ações, a partir dos observáveis presentes também no diálogo entre sujeito e pesquisador, em contexto de entrevista sobre a *Oficina Criativa.*

Planejamento

Sujeitos

Trabalhamos com 14 sujeitos (dez deles com idade entre 6 anos e 5 meses e 16 anos, e quatro adultos), 6 desses sujeitos eram mulheres e 8 homens, escolhidos aleatoriamente. O pré-requisito para participação nessa amostra era a o interesse em desenvolver uma *Oficina Criativa* com argila. Escolhemos sujeitos dentro de uma larga faixa etária, pois o estudo permite tal abrangência.

Instrumentos

Para a realização da presente pesquisa, produzimos os instrumentos abaixo discriminados:

I. Oficina Criativa

I.a. Entrevista

I.b. Protocolos

O protocolo é um instrumento, em forma de texto, preparado a partir dos vídeos e das gravações das oficinas criativas. A entrevista faz parte desse instrumento, e tanto a expressão plástica (desenhos e modelagem) como a expressão escrita dos sujeitos estão neles registradas.

II. Manual para análise microgenética

O manual de codificação dos dados é descrito e explicado neste capítulo. Ele compreende as tabelas relativas a:

II.a. Análise funcional: estatuto das seqüências

II.b. Categorias observáveis[3]

II.b.1. Relação intrapessoal: da pessoa com ela própria

II.b.2. Relações interpessoais: de um sujeito com outro(s) sujeito(s)

II.b.3. Relação com o(s) objeto(s): em nosso caso, com a argila

II.b.4. Relação com a tarefa: em nosso caso, com o projeto

II.c. Análise estrutural (dimensão temporal e espacial)

III. Planilha de análise dos dados

Preparamos uma planilha de codificação dos dados, para proceder à análise estatística de três sujeitos. Representamos numericamente os eventos qualitativos presentes na análise microgenética, utilizando o manual de codificação elaborado para esse fim. As planilhas são apresentadas no Anexo 1.

---

3 A escolha das categorias observáveis, na relações do sujeito com o objeto, com a tarefa e com o outro sujeito, foi inicialmente feita em orientação individual com o Prof. Dr. Lino de Macedo. Posteriormente consideramos relevante também analisar a relação que a pessoa estabelece consigo mesma.

Local e material

O experimento foi realizado em consultório psicopedagógico e arteterapêutico, onde é possível o desenvolvimento da *Oficina Criativa* com argila. A sala, ampla e agradável, convida as pessoas a realizarem construções artísticas.

Sobre uma mesa apoiada em cavaletes, são utilizados os seguintes materiais: argila, estecas (ferramentas especiais para modelagem em argila), torno manual, placas-suporte, papel sulfite e lápis grafite 6B integral para a realização da *Oficina Criativa*. Além disso, gravador, filmadora, fitas cassete e de vídeo registram as atividades.

Procedimento de coleta de dados

Cada sujeito experiencia um trabalho individual de *Oficina Criativa*. Após cada *Oficina Criativa,* ou no seu decorrer, é feita uma entrevista com o sujeito, de modo a colher informações mais precisas sobre o processo.

Gravamos as oficinas criativas com todos os sujeitos: uma câmera fixa e outra móvel captam os detalhes da criação e da construção dos projetos realizado por eles. Essas gravações totalizam 42 horas em vídeo. Todas as fitas resultantes desse trabalho foram transcritas: tanto as falas dos sujeitos como as da pesquisadora. A descrição das ações dos sujeitos complementam as transcrições. Essas, bem como as descrições, estão inseridas nos *protocolos.*

O quadro a seguir registra as diferentes etapas da coleta de dados que constam do protocolo. Deste anexo, constam os protocolos, com as referências às categorias analisadas.

Oficina Criativa

- Trabalho Corporal
- Argila: experiência sensorial e motora
- Idéia
- Imagem Mental
- Desenho: representação gráfica
- Projeto
- Execução do projeto de modelagem
- Desenho do objeto final
- Expressão escrita
- Entrevista (critérios/categorias)
- **Refletindo sobre a experiência**
    1. *Dificuldades*
    2. *Dúvidas*
    3. *Diferenças*
    4. *Possibilidades*
    5. *Melhores soluções*
    6. *Transformações*
- **Encontrando razões e construindo**
    1. *Hipóteses*
    2. *Modelos*
    3. *Problemas*
    4. *Teorias*
    5. *Modos de realizar*
    6. *O sentido das repetições*
    7. *O significado da experiência*

Protocolo

Posteriormente, o vídeo foi utilizado como material de apoio, durante a análise dos dados. O tempo de coleta de dados foi de 1 ano.

Consignas da *Oficina Criativa*

À medida que a *Oficina Criativa* escolhida para a realização de nossa pesquisa, a pesquisadora segue uma certa direção. A seguir estão as idéias-guia que norteiam sua ação, como facilitadoras do processo criativo dos sujeitos.

- ✓ Inicialmente, vamos pegar um pouco de argila para amassar e sentir.
- ✓ Feche os olhos, entre em contato com esse material. Permita-se experimentar as diferentes sensações que ele evoca em você.
- ✓ Preste atenção ao movimento de transformação da massa que você tem em suas mãos.
- ✓ Imagine o que você poderia fazer com essa massa. Que tipo de idéia vem à sua mente? E, finalmente, que imagem ela evoca em você?
- ✓ Observe em sua cabeça as diferentes faces de sua imagem.
- ✓ Procure trabalhar a argila, observando a forma com que vai se apresentando, com suas nuanças, entradas e buracos, à medida que a modelagem vai acontecendo.
- ✓ Em seguida, abra os olhos e dê uma olhadela em seu trabalho.
- ✓ Transforme sua idéia em um desenho, no papel que você tem à sua frente.
- ✓ Transforme sua idéia em um projeto. Pegue um lápis e desenhe o seu projeto final.
- ✓ Finalmente, trabalhe no sentido da concretização de seu projeto.

O desenrolar das oficinas criativas

Durante o desenrolar das oficinas, dois projetos caminham simultaneamente. O da pesquisadora, que procede a uma intervenção participativa – a *Oficina Criativa* – e o do sujeito, que trabalha a partir dessa proposta.

O **projeto da pesquisadora** é chamado de *Oficina Criativa*. Ele segue uma série de consignas para facilitar ao sujeito a criação e a realização de seu projeto. Para analisarmos a progressão, precisamos compreender a direção desse processo garantida pela seqüência das ações propostas ao sujeito.

O **projeto do sujeito**, de cunho pessoal, se constrói durante o processo e tem como objetivo final a realização de um projeto de modelagem.

É durante a primeira parte – *Oficina Criativa* – que esse objetivo se apresenta: Ele manipula o bloco de argila e cria uma idéia, algo novo acontece. E esse ato criador se mantém o tempo todo.

Inicialmente, o sujeito permanece de olhos fechados e explora a massa, contactando com as propriedades do material. É quando ele se utiliza de seus esquemas familiares já internalizados. Após um certo tempo de manuseio, é chamado a criar uma idéia e a transformá-la em imagem, visualizando-a em suas diferentes "facetas": de um lado, do outro, por cima, por baixo.

Em seguida, a pesquisadora pede que ele abra os olhos e olhe rapidamente a massa, para logo a seguir desenhar essa imagem em uma folha que é colocada à sua frente. Quando termina de desenhar, a pesquisadora pergunta se ele gostaria de tornar sua imagem um projeto de trabalho a ser desenvolvido com argila.

Se o sujeito aceitar, a pesquisadora lhe pergunta se deseja acrescentar novos detalhes ao desenho original, ou então sugere que faça um desenho do projeto. Quando termina, ele começa a trabalhar a argila, modelando-a para realizar seu projeto.

Ao final, registra graficamente o objeto modelado e se pede que escreva algo sobre o processo, da maneira que quiser.

O registro de todo esse processo é feito nos protocolos. O estudo do protocolo de cada sujeito ocorre a partir do recorte das seqüências em busca da compreensão de sua idéia-guia, em função das mudanças de seus objetivos e "subobjetivos". O estudo está estruturado, basicamente, em três etapas: criação do projeto, realização e entrevista.

A idéia-guia da pesquisadora é abrir espaço ao sujeito, de modo que ele possa construir seu projeto com a argila. Durante a oficina, ele trabalha com sua idéia em diferentes níveis de representação: sensório-motor, afetivo, perceptivo; ou, então, no nível das imagens mentais, da representação gráfica ou da realização concreta da modelagem de um objeto em argila, de modo que chegue, ao final, à expressão escrita do significado do processo.

Nosso estudo ocupa-se de um objeto que está em formação. Há infinitas formas que possibilitam sua realização, assim como o objeto final é diferente para cada sujeito, pois todo projeto representa algo de pessoal e, portanto, único.

A pesquisadora direciona o desenrolar da experiência, e funciona como uma referência externa. Internamente, o sujeito segue seu caminho norteado por essa referência que é aberta, porque lhe permite que atuar do modo que sentir que deseja proceder. Simultaneamente é fechada, no sentido da direção a seguir, pois a pesquisadora segue uma série de etapas predeterminadas. Ou seja, aberta no que diz respeito ao conteúdo e fechada no que diz respeito à estrutura. Nesse sentido, a forma é dada pela consigna, como uma direção estruturadora, para que cada pessoa possa chegar à criação e realização de seu projeto, mas o conteúdo é próprio a cada sujeito.

Toda a intervenção da pesquisadora, durante o processo, pretende remeter o sujeito ao seu problema. As questões procuram ser neutras, abertas e focadas, pois, em alguns momentos, a pessoa parece estar tão envolvida no processo que não consegue se distanciar para fazê-las a si própria.

Cabe à pesquisadora intervir, orientando a dinâmica do processo de *Oficina Criativa,* permitindo que o fluxo energético do processo mantenha-se em contínua vibração. Sua ação é um elemento de sustentação para que os diferentes passos da *Oficina Criativa* possam acontecer, independentemente das variações presentes com cada sujeito.

Entrevista

Após a finalização da *Oficina Criativa,* conversamos com o sujeito sobre o que foi experienciado e sentido no momento em que a ação e o sentimento estavam sendo vividos. A idéia nesse momento é que ele possa reconstruir seu processo oralmente, complementando o que já tiver expressado no durante o trabalho. A entrevista é semidirigida, pois segue alguns parâmetros predefinidos – aspectos importantes a serem discutidos com o sujeito. A metodologia de trabalho, nesse momento, é regida pelos princípios do método clínico piagetiano.

Em alguns casos, essa conversa já ocorre também durante a realização da oficina. Os critérios de investigação que coordenam as perguntas da entrevista propõem uma reflexão sobre a experiência, organizando-a de modo a encontrar razões e construir modelos (Macedo, Petty e Passos, 1997b).

Macedo (1994), discutindo sobre a perspectiva do professor ou psicopedagogo no uso dessa metodologia, alerta para a importância do "saber o que perguntar, saber o que problematizar, no contexto dos conteúdos e das atividades." (p. 110) Entrevistar o sujeito, após a *Oficina Criativa,* pressupõe uma atitude investigadora, com tal qualidade.

Nessa entrevista, investigamos a implicação entre as ações que coordenaram a ação afetivo-cognitiva do sujeito, durante a escolha de estratégias, para a criação e realização de seu projeto. Nossa intenção é fazer com que o sujeito retome as etapas de seu processo. Assim é possível seguir suas estratégias, pois certamente, a partir de suas ações, pode-se observar ou deduzir seu pensamento.

Refletimos sobre as transformações que ocorreram entre a representação mental e sobre a escolha de estratégias para sua realização, de modo que possa organizá-la em outro plano. Nesse sentido, os sujeitos falam sobre suas dificuldades, dúvidas, possibilidades, diferenças, melhores soluções e transformações no decorrer do processo.

Questões norteadoras da entrevista

A entrevista vem complementar a coleta de informações sobre o processo vivenciado pelo sujeito. Apresentamos agora algumas questões norteadoras da entrevista:

1. *Observando sua sensação e seu sentimento durante o trabalho, que tipo de idéia veio/vem à sua mente?*
2. *Será que você pode dar um nome ao seu sentimento?*
3. *Você se lembra da sensação e dos pequenos movimentos que aconteceram dentro do seu corpo, como resposta ao sopro que eu fiz no início do trabalho?*
4. *E depois, o que você sentiu quando tocou a argila pela primeira vez?*
5. *De olhos fechados, como você sentiu os pequenos movimentos de exploração da argila e de descoberta de suas possibilidades?*
6. *Que mudanças você percebeu que estavam acontecendo na massa? O que chamou sua atenção?*
7. *O que aconteceu quando eu sugeri que você tivesse uma idéia a partir da manipulação da massa?*
8. *Em seguida, pedi que você transformasse sua idéia em uma imagem mental. Conte-me como aconteceu.*
9. *Você pôde observar sua imagem sob diferentes pontos de vista, dentro da sua tela mental?*
10. *Como foi trabalhar a argila nesse momento, para adequá-la à sua imagem? Conte-me sobre seus modos de realizar.*
11. *E ao abrir os olhos, qual foi seu sentimento? Conte-me.*
12. *Em que você pensou ao olhar o objeto modelado? Que tipo de hipóteses foram se apresentando em seu pensamento?*
13. *Desenhar a primeira idéia foi fácil ou difícil? Por quê?*

14. *E depois, pedi para você tornar essa idéia um projeto. O que você precisou transformar ou mudar da sua primeira idéia? Que diferenças foram-se estabelecendo?*
15. *Em seguida, você trabalhou para realizar seu projeto. Em que você foi pensando?*
16. *Como você estava-se sentindo?*
17. *Conte-me sobre suas dificuldades. Em algum momento você percebeu algo que impedia a evolução de seu processo?*
18. *Você sentiu dúvida, sem saber que decisão tomar? Conte-me sobre seus modos de realizar e resolver essa questão.*
19. *Você descobriu jeitos novos de trabalhar com argila? Possibilidades de fazer diferente? Conte-me sobre esse fato.*
20. *Você reconhece em que momento passou a fazer de um outro modo, bastante diferente do que você fazia? Talvez um momento em que você se sentiu criando uma nova estratégia...*
21. *Você percebeu que você estava funcionando de um novo jeito? O que você pensou?*
22. *O que aconteceu de significativo em sua experiência? Fale sobre os momentos que permanecem mais presentes dentro de você.*
23. *Você pode-me falar sobre sua experiência maior, como que em um outro plano?*
24. *E finalmente, qual foi seu aprendizado?*

Protocolos

Todas as gravações feitas para a presente pesquisa foram transcritas: as falas da pesquisadora e do sujeito. Suas ações e atitudes também são descritas de forma fidedigna, à medida que a *Oficina Criativa* se desenvolve. Com os dados assim preparados, criamos dois tipos de protocolos distintos:

O primeiro tipo a transcrição das falas dos sujeitos e da pesquisadora, na seqüência em que foram acontecendo, com a complementação da descrição das ações dos sujeitos. Ao todo são 14 protocolos de pesquisa, presentes no texto Anexo.

Dentre os protocolos daquele primeiro tipo, selecionamos três, que receberam outro tipo de tratamento: cada frase transcrita foi numerada na ordem dos acontecimentos, de acordo com a seqüência temporal das ações. Demarcamos inclusive o tempo – minuto e/ou segundo – em que cada ação ocorreu. Processamos os dados de cada sujeito, a partir desse protocolo, de modo a podermos proceder à análise quantitativa dos dados qualitativos.

7 MANUAL PARA A ANÁLISE MICROGENÉTICA

Oficinas Criativas: aspectos afetivo-cognitivos

O problema proposto ao sujeito – criar e realizar um projeto – suscita nele a necessidade de utilizar e regular os esquemas que lhe são familiares durante a *Oficina Criativa*. Inferimos que cada sujeito constrói um procedimento para alcançar seu objetivo final: o projeto. E trabalha realizando "subobjetivos" que lhe permitem essa construção.

Estabelecemos uma sutil diferenciação entre as categorias que consideramos representativas da dimensão afetiva e aquelas representativas da dimensão cognitiva. Para cada tipo de relação estabelecida pelo sujeito, definimos que as categorias correspondentes às variáveis A), B), C) e D) seriam aquelas relacionadas predominantemente à dimensão afetiva, e as variáveis E), F), G) e H) seriam as correspondentes principalmente à dimensão cognitiva.

Em nossa pesquisa, desenvolvemos uma análise das dimensões afetivo-cognitivas em sua microgênese, examinando os aspectos funcionais descritos nos procedimentos presentes em seu desenrolar. Procuramos, assim, compreender o processo de equilibração majorante que se estabelece durante a construção do projeto pessoal imaginado.

Para tanto, trabalhamos os quatro níveis de relações estabelecidas pelo sujeito, presentes no decorrer de uma experiência de projeto:

I. Relação intrapessoal: da pessoa consigo própria

II. Relações interpessoais: de um sujeito com outro(s) sujeito(s)

III. Relação com o(s) objeto(s): em nosso caso, com a argila

IV. Relação com a tarefa: em nosso caso, com o projeto.

Temos, portanto, um total de 32 categorias descritas de modo a podermos interpretar as ações dos sujeitos no decorrer da *Oficina Criativa*.

Para podermos proceder a uma análise estatística dos dados coletados, preparamos um manual de codificação. No Anexo 1 apresentamos as planilhas representativas dos sujeitos VIN, CAR e RIC.

Manual de codificação

Para conceber uma representação numérica dos observáveis em cada seqüência, procuramos quantificar cada atributo presente nas categorias que estabelecidas. Assim, realizamos, em pormenor, a análise microgenética das ações.

Preparamos uma planilha, onde encontramos colunas e linhas, as quais representam as variáveis que compõem o objeto de nossa pesquisa.

A análise, feita com base nas observações e nas informações recolhidas acerca de cada sujeito (transcritas e descritas a partir de fitas de vídeo), é formulada nos protocolos de pesquisa.

As linhas representam as etapas da *Oficina Criativa*, em seus diferentes momentos. Procedemos, assim, à análise *estrutural* e *funcional* do processo.

A partir desses momentos, relativos a cada fase do processo, no tratamento de nossos dados, analisamos os conteúdos das ações do sujeito (*aspecto funcional*), e estabelecemos as *seqüências* e as *subseqüências* dentro das ações presentes no decorrer do processo *(aspecto estrutural)*. Procuramos observáveis que justifiquem sua categorização, e, portanto, sua codificação. As ações são numeradas de acordo com sua descrição no protocolo.

Determinamos o *tempo* (minutos e segundos) de duração de cada seqüência e/ou subseqüência.

As seqüências foram assim classificadas: **TC** – tempo de contato; **EP** – entrar no problema; **NP** – novas possibilidades; **RE** – Recurso; **CD** – conduta de desvio; **TA** – transição de ação; **IV** – Investigativa; **SP** – síntese do problema; **RG** – representação gráfica; **SV** – síntese verbal e **RP** – retomada do processo.

Os aspectos *estruturais* são codificados de acordo com a idéia-guia do sujeito – de acordo com sua dimensão espacial:

1 – CA - OC - HI; **2** – CD - OT - HI; **3** – CA - OT - HT e **4** – CD - OT - HT

Ou seja:

1. **CA** – Controle ascendente; **OC** – Ordem causal; **HI** – Hierarquia
2. **CD** – Controle descendente; **OT** – Ordem teleonômica; **HI** – Hierarquia
3. **CA** – Controle ascendente; **OC** – Ordem causal; **HT** – Heterarquia
4. **CD** – Controle descendente; **OT** – Ordem teleonômica; **HT** – Heterarquia

Os indícios observáveis em sua dimensão temporal – **DC** e **SC** – são codificados separadamente, pois representam um outro aspecto, cuja observação é relevante. Explicamos: **DC** – Diacronia e **SC** – Sincronia.

Em nosso procedimento de análise, levantamos variáveis: construções que podem assumir valores (qualidades) diferentes, de acordo com as categorias definidas como *observáveis afetivo-cognitivas*, nas quatro formas de relação que o sujeito estabelece no decorrer do processo. Cada coluna representa uma variável categórica.

Temos oito categorias descritas de **A** a **H.** As categorias **A**, **B**, **C** e **D** explicitam aquelas predominantemente afetivas, e as classificadas como **E**, **F**, **G** e **H** expressam principalmente a dimensão cognitiva.

No tocante à avaliação das condutas dos sujeitos, representamos a interpretação de sua ação em uma escala hierárquica: desde uma conduta com sua presença mais positiva – nota **5** –, até sua presença mais negativa – nota **1.**

Cada categoria está definida em níveis de atributos, qualificados em uma ordem sucessiva a partir da interpretação pela pesquisadora. Assim, temos os níveis **a, b, c** presentes na categoria *alegre* que, dentro do mesmo eixo, em sua presença mais negativa, recebe a numeração **d, e, f** (do menor para o maior).

Por exemplo, em:

- **IA4a**, lemos: na relação intrapessoal, as ações do sujeito recebem a nota **4**, correspondente ao nível **a** de qualificação do conteúdo de sua ação.
- **IIE3d**, lemos: na relação interpessoal, as ações do sujeito recebem a nota **3**, correspondente ao nível **d** de qualificação do conteúdo de sua ação.

Análise microgenética

Aspectos estruturais analisados

Quanto à dimensão espacial:

- **CA – Controle ascendente**: ocorre quando as propriedades da matéria indicam o caminho a seguir. O sujeito trabalha de forma exploratória, exercitando maneiras e possibilidades. Dessa forma, aciona seu conhecimento diante das questões que o objeto lhe apresenta. A construção de seu projeto se dá passo a passo, à medida que ele ajusta suas ações para realizá-lo.

- **CD – Controle descendente**: ocorre quando o próprio objetivo guia a sua concretização. O sujeito faz ajustes e modificações em suas ações a partir das situações que se apresentam durante o processo. O projeto em si se mantém, até que seja finalizado.
- **OT – Ordem teleonômica**: as ações do sujeito são determinadas pelo projeto final. O encadeamento dos "subobjetivos" possibilita a realização de sua meta.
- **OC – Ordem causal**: o projeto se constrói pouco a pouco, à medida que o sujeito define suas etapas de trabalho. Essas etapas de resolução paulatinas demonstram uma causalidade em sua ação.
- **HI – Hierarquia**: as ações do sujeito são dirigidas para um objetivo. O desenrolar das ações ocorre de forma mais ou menos linear e evolutiva, com regras e/ou procedimentos aparentemente bem definidos.
- **HT – Heterarquia:** as ações ocorrem justapostas e não são coordenadas em direção ao objetivo. Realizam-se durante os "subobjetivos", que concorrem entre si, oferecendo muitas possibilidades.

Quanto à dimensão temporal:

- **SC – Sincronia**: ocorre quando observamos um conjunto de indícios captados em um momento específico, pertinentes a um momento T.
- **DC – Diacronia**: ocorre quando um mesmo indício (fala, movimento, atitude, etc.) é constatado em diferentes momentos da resolução do problema.

Análise funcional: estatuto das seqüências

- **TC – Seqüência Tempo de Contato**: ocorre quando o sujeito precisa de um tempo para compreender e entrar em contato com o trabalho. Percebemos em sua atitude que ele se prepara para a ação que está para começar.
- **EP – Seqüência Entrar no Problema**: o sujeito entra na questão que lhe é apresentada. Realiza suas ações de modo a efetivamente iniciar seu trabalho. Há uma modificação em sua conduta e atitude, que percebemos ser mais "precisa" e aparentemente mais direcionada.
- **NP – Seqüência Novas Possibilidades**: ocorre quando uma nova ação tem lugar e altera um pouco o processo de resolução do problema. O sujeito aparentemente realiza um certo encadeamento de "subobjetivos", mas de repente, realiza uma ação totalmente nova, que interfere no desenvolvimento do processo. Essa ação ocorre muito antes que ele próprio tenha uma idéia clara do que se passa.
- **RE – Seqüência Recurso**: o sujeito aparentemente interrompe o que está fazendo e se distancia para acionar sua própria energia, de modo a ir um pouco mais longe: respira, suspira, observa a câmera, alguém que passa ou algo que acontece. Essa seqüência surge em um momentos em que se apresentam bloqueios, ou após um longo período de trabalho que o cansou. Ela é exterior à resolução do problema.
- **CD – Seqüência Conduta de Desvio**: o sujeito aparentemente "procura uma idéia". Não podemos compreender imediatamente o que ele realiza, em se considerando o que deseja fazer. É como se ele "interrogasse o objeto": saindo de seu próprio caminho, fazendo algo diferente, para retomá-lo em seguida.

- **TA – Seqüência Transição de Ação**: dentro da seqüência das ações, o sujeito faz algo que dá à sua ação uma nova significação, o que faz com que reconheçamos uma mudança no nível de seu trabalho. Talvez ele possa chegar a um novo nível de realização, em se considerando o seu objetivo.
- **IV – Seqüência Investigativa**: durante o processo, o sujeito dialoga com o objeto, pois já adquiriu certa "intimidade" com ele. Aqui, sujeito e objeto compartilham o mesmo espaço. Percebemos que, em um dado momento, o sujeito sustenta o tempo de ação que direciona para a realização de seu objetivo.
- **SP – Seqüência Síntese do Problema**: ao final de uma ação, o sujeito refaz , de uma única vez, uma série de ações, que lhe permitem atingir o seu objetivo. É um resumo da resolução do problema.
- **RG – Seqüência Representação Gráfica**: o sujeito trabalha suas idéias e imagens, representando graficamente o que visualiza. Ele faz a transposição de linguagem, passando do plano mental e ideatório para o gráfico: desenha sua imagem mental, seu projeto ou seu objeto.
- **SV – Seqüência Síntese Verbal**: o sujeito expressa seu aprendizado durante o processo, falando ou escrevendo sobre sua experiência, como um todo. Há uma primeira consciência do processo vivido. O sujeito interpreta o trabalho feito e relata aspectos significativos do que construiu internamente.
- **RP – Seqüência Retomada do Processo**: o sujeito explicita passos do que experienciou, relatando aspectos que reconhece como detonadores de seu processo ou, então, como bloqueadores de sua ação. À medida que ele reflete sobre a experiência, (organizando-a), a consciência das etapas vividas configura-se. É quando o sujeito busca razões, construindo o sentido e o significado de suas experiências.

Relações afetivo-cognitivas

I. Relação intrapessoal:		*da pessoa consigo mesma*	
A) Alegre	**Triste**	**E) Coerente**	**Incoerente**
a. Demonstra inteireza e integridade em sua atitude interna. b. Expressa movimentos soltos e naturais. c. Demonstra prazer e receptividade alegre; está bem.	d. Demonstra sentimentos conflitantes no plano interno. e. Expressa movimentos presos e tolhidos. f. Demonstra desprazer e tristeza, parece estar deprimido.	a. Realiza sua ação com desprendimento, demonstrando estar coordenando seus observáveis. b. Articula seus observáveis de modo coerente. c. Encontra soluções, pois compreende as variáveis que se apresentam.	d. Apresenta inconstância na coordenação de suas ações. e. Toma decisões impensadas, aparentemente inconsistentes, incoerentes e desarticuladas. f. Repete os mesmos gestos sem parar.
B) Firme	**Instável**	**F) Comprometido**	**Descompromissado**
a. Demonstra segurança e autodisciplina. b. Permanece firme e engajado. c. Mantém-se em contato com a atividade.	d. Demonstra insegurança e inconstância. e. Aparenta estar instável e atordoado. f. Mantém-se distante da atividade, parece estar ausente.	a. Suas inferências são dirigidas pela consideração de possibilidades. b. Organiza sua ação, antecipando aspectos significativos. c. Compromete-se com a proposta, descentrando-se de si mesmo.	d. Realiza ações incompatíveis com a conservação do todo. e. Realiza ações mal definidas, sem compromisso interno. f. Permanece centrado, preso a uma única dimensão da proposta.
C) Equilibrado	**Perturbado**	**G) Implicado**	**Não implicado**
a. Está internamente tranqüilo, relaxado, afável e concentrado. b. Apresenta movimentos fluidos, suaves e delicadamente precisos, pertinentes ao momento. c. Permanece centrado na atividade.	d. Está excitado, ansioso, inquieto, agressivo, irritado, disperso e desatento. e. Realiza movimentos truncados, fortes e intensos, aparentemente distantes do que deveriam ser. f. Movimenta-se de de um lado para o outro ou permanece imobilizado.	a. Dirige sua ação pela noção de todo, e conseqüente interação entre suas partes. b. As implicações se encadeiam de modo inferencial; as mudanças são previstas como causadoras de novas mudanças. c. Compreende as possibilidades que se abrem como conseqüências de movimentos geradores de novas formas.	d. Dirige sua ação pela ausência de compreensão dos indícios gerais. e. Não estabelece implicação entre suas ações; as modificações que realiza estão presas a detalhes não relacionados entre si. f. Realiza movimentos fora do contexto, sem considerar a relação entre eles e o todo.
D) Ativo	**Passivo**	**H) Coordenado**	**Descoordenado**
a. É ativo, busca alternativas e aprimora seu gesto, ampliando suas fronteiras pessoais. b. Demonstra estar motivado, tem iniciativa e demonstra estar aberto ao novo. c. Estabelece contato com a proposta/o material.	d. É passivo e parece paralisado. Repete seu gesto, não ampliando suas fronteiras pessoais. e. Está desmotivado, é acomodado e demonstra estar fechado ao novo. f. Não estabelece contato com a proposta/o material.	a. Relativiza suas ações, ordenando-as por prioridades; considera implicações de ordem transformacional. b. Verifica possibilidades; trabalha a interdependência entre as partes e o todo. c. Demonstra a intenção de realizar interações diferenciadas.	d. Não relativiza a ordem de suas ações, não faz implicações. e. Tem dificuldade em levantar possibilidades; mistura sem sistematizar as partes em relação ao todo. f. Suas decisões são descoordenadas.

II. Relações Interpessoais:		*do sujeito com outro(s) sujeito(s)*	
A) Respeitoso	**Invasivo**	**E) Mente aberta**	**Mente fechada**
a. Estabelece relação agradável, demonstrando simpatia. b. É respeitoso e atencioso para com as observações da pesquisadora. c. Reconhece o espaço do outro.	d. Estabelece uma relação desagradável demonstrando antipatia. e. É invasivo e desatento para com as verbalizações da pesquisadora. f. Não reconhece o espaço do outro.	a. Alavanca suas competências com tranqüilidade diante das situações propostas. b. Seus julgamentos são orientados por inferências dirigidas pela consideração de possibilidades. c. Mantém a mente aberta às sugestões da pesquisadora.	d. Faz exatamente o que acha que *deve* ser feito, como se se tratassem de pseudo-obrigações. e. Seus julgamentos são dirigidos por percepções parciais de possibilidades. f. Mantém-se fechado em si mesmo, não escutando o que é dito pela pesquisadora.
B) Flexível	**Rígido**	**F) Interdependente**	**Dependente**
a. Infere possibilidades e faz perguntas, esclarece dúvidas; é afável e obediente ao sentido do processo. b. Realiza as sugestões dadas pela pesquisadora; age espontaneamente c. Estabelece contato com a pesquisadora, em uma relação de interesse.	d. Permanece alheio; é impositivo e desobediente. e. Não leva em conta as sugestões dadas pela pesquisadora e realiza movimentos automáticos. f. Não estabelece contato com a pesquisadora, em uma relação de "não-interesse".	a. As interdependências são atingidas em sua totalidade. b. Interage com as idéias lançadas pela pesquisadora, refletindo e dialogando a partir delas. c. Escuta as sugestões da pesquisadora, como agentes mobilizadores de novas ações.	d. Reage às sugestões da pesquisadora sem levar em conta o que ela lhe sugere. e. Mantém uma atitude de dependência, realizando o mínimo do que é sugerido pela pesquisadora. f. Reafirma o que sempre soube fazer, repetindo antigos procedimentos que lhe são familiares
C) Objetivo	**Ambíguo**	**G) Criativo**	**Não Criativo**
a. Seus procedimentos são precisos e diretos, em respostas às intervenções realizadas. b. É franco, sincero, direto, objetivo e claro. Disponível e interessado. c. Olha nos olhos da pesquisadora e ouve o que está sendo dito.	d. Mantém-se dissimulado, fingindo não ouvir o que é sugerido pela pesquisadora. e. É camuflado e ambíguo, confuso, defendido e preso. f. Mantém-se preso ao "si mesmo", não se descentrando para interagir.	a. Realiza ajustes criativos e compensatórios em suas ações, em uma perspectiva majorante, mantendo a clareza de seus objetivos. b. Reconstitui os passos a serem seguidos com pertinência ao contexto que se estabelece. c. Aceita as intervenções da pesquisadora, promovendo uma auto-regulação de suas ações.	d. Não promove o ajustamento criativo de suas ações na interação com a pesquisadora. e. Inverte posições, atribuindo à pesquisadora ações fora do contexto. f. Julga informações incompletas como suficientes para sua tomada de decisão.
D) Cooperativo	**Não Cooperativo**	**H) Receptivo**	**Não receptivo**
a. Expressa um espírito colaborador, cooperando com o desenrolar do processo. b. Estabelece uma relação de troca com a pesquisadora. c. Solicita o que deseja fazer por meio de perguntas, levanta possibilidades.	d. Expressa um espírito individualista, não cooperando com o desenrolar do processo. e. Age de forma solitária, egoísta e independente demais. f. Permanece quieto, não interagindo no decorrer do processo.	a. Constrói sua ação a partir de uma interação cooperativa com a pesquisadora, dentro de uma circularidade dialética. b. É receptivo à coordenação das ações feita pela pesquisadora. c. Recebe, de forma parcial, as orientações da pesquisadora.	d. Constrói sua ação a partir de uma relação competitiva entre ele e o "si próprio", projetado na figura da pesquisadora. e. Não é receptivo à coordenação das ações feita pela pesquisadora. f. Demonstra pseudodependências resistentes.

III. Relação com o objeto:		*em nosso caso, a argila ou o desenho*	
A) Reflexivo	**Automatizado**	**E) Investigador**	**Não investigador**
a. Observa o que faz, buscando novos procedimentos. b. Reflete em relação ao objeto argila ou desenho; atento às mudanças que ele sofre no decorrer do processo. c. É estudioso e comprometido com o que o objeto pode lhe proporcionar.	d. Apenas repete procedimentos, sem observá-los com atenção. e. Age de forma automatizada; sem estar atento às transformações do objeto. f. Age sem vínculo com o possível conhecimento a ser construído no processo.	a. Infere possíveis e redimensiona o uso do material, escolhendo o que e quando fazer, no processo. b. Realiza inferências conduzidas pela descoberta dos possíveis que o objeto lhe apresenta. c. Investiga minuciosamente as propriedades do material.	d. Toma decisões impensadas sem levar em conta as propriedades do objeto. e. Nega possibilidades de uso do material. f. Produz automatizações nas relações ligadas às condições intrínsecas ao objeto argila/ desenho.
B) Cuidadoso	**Descuidado**	**F) Previdente**	**Não previdente**
a. Procura fazer o melhor uso dos possíveis que tem à sua frente; aprofunda sua ação. b. Trabalha com lógica, encadeando suas ações. c. Organiza o espaço e os materiais com que trabalha.	d. Não se apercebe das possibilidades; age sem consciência e de forma descuidada e superficial. e. Faz sem pensar, de forma aleatória. f. Não organiza o espaço nem os materiais com que trabalha.	a. Prevê situações que se organizam sucessivamente na escolha de procedimentos. b. Antecipa escolhas de procedimentos condizentes com o objeto, para realizar seu projeto. c. Exercita possibilidades de uso procedimental do objeto.	d. Não prevê situações de sucessão hierárquica na escolha de procedimentos. e. Compreende as variáveis procedimentais em relação ao objeto, mas não as coordena em direção ao seu projeto. f. Manipula o material sem explorar suas possibilidades.
C) Respeita	**Não Respeita**	**G) Observador**	**Não observador**
a. Investiga possíveis e explora as propriedades do objeto. b. Respeita o objeto, reconhecendo os limites que ele lhe propõe. c. Mantém seu envolvimento, trabalhando com limpeza e concentração.	d. Tenta adaptar o objeto ao que deseja realizar, sem levar em conta o que ele lhe permite fazer e. Mergulha na desordem, não respeitando o objeto em si. f. Mantém-se distante, demonstrando um não-envolvimento com o objeto.	a. Infere resultados a partir de duas condições simultâneas, realiza transformações em sua ação. b. Observa as mudanças no objeto, articulando-as com seu projeto c. Observa as diferenças constitutivas do objeto para esboçar objetivos e programas.	d. Mantém a mesma conduta, independentemente da resposta do objeto. e. Não observa as mudanças no objeto, mantendo-as desarticuladas de seu projeto. f. Não leva em consideração a constituição material do objeto e procura adequá-lo aos seus objetivos e programas.
D) Desapegado	**Apegado**	**H) Interativo**	**Não interativo**
a. Dialoga com o objeto, ouvindo o que ele tem a dizer; é perspicaz diante de suas respostas. b. Age com liberdade interior, buscando alternativas a partir das respostas do objeto. c. É desapegado de seus próprios "padrões", traçando novos caminhos.	d. Age de maneira indiferenciada, não levando em conta o que a ação lhe traz como retorno. e. É apegado aos seus próprios "padrões", mantendo-os de qualquer maneira. f. É apegado aos seus "padrões" anteriores, repetindo suas ações.	a. Realiza composições complexas, considera todas as propriedades que o objeto lhe impõe. b. Compreende a interação com o objeto, na dialética de sua circularidade, promovendo sua utilização dentro de suas melhores possibilidades para o momento. c. Considera transitórios os obstáculos, parte integrante do processo.	d. Realiza compensações parciais e desarticuladas das propriedades do objeto, na realização de seu projeto. e. Mantém sua ação na busca de dependências que não existem. f. Permanece preso aos obstáculos e às dificuldades que o objeto lhe impõe

IV. Relação com a tarefa:		*em nosso caso, com o projeto*	
A) Curioso	**Apático**	**E) Construtivo**	**Não construtivo**
a. Demonstra curiosidade em investir no que faz, enfrentando desafios e mantendo-se na proposta. b. Demonstra dedicação e entrega ao trabalho. c. É caprichoso e esforçado, mantendo vivo o espírito de investigação.	d. Parece estar apático e distante do processo, desistindo com rapidez diante de problemas. e. Permanece perdido e age de maneira reservada e distante. f. Demonstra estar pouco comprometido com a tarefa, é desleixado.	a. Descobre a conservação a partir de compensações e de transformações. b. Discrimina os procedimentos que melhor se adaptam às necessidades do seu projeto. c. Investiga possíveis, levando em conta diferentes variáveis.	d. Mantém sua ação centrada em esquemas que apenas reproduz. e. Age de forma quase descoordenada, sem estar consciente dos procedimentos para a realização de seu projeto. f. Age de forma exploratória, desvinculado das necessidades de seu projeto.
B) Disciplinado	**Indisciplinado**	**F) Articulador**	**Não articulador**
a. Compensa desequilíbrios que se apresentam. b. Estabelece prioridades, agindo com precisão, perseverança e decisão. c. É meticuloso e disciplinado.	d. Permanece perturbado durante o processo. e. Age com indecisão e indisciplina, realizando "de qualquer jeito" a tarefa. f. Distancia-se da tarefa ou até a abandona.	a. Projeta o conjunto, incorporando detalhes não programados; descobre simetrias, que usa para regular suas ações. b. Regula sua ação, antecipando e articulando aspectos significativos. c. Constrói possíveis, levantando hipóteses que confirma ou não, fazendo compensações	d. Não observa nem articula as informações que possui em direção à construção de seu projeto. e. Não regula sua ação com antecipações significativas. f. Constrói possíveis simplesmente levantando hipóteses, sem buscar sua confirmação.
C) Presente	**Ausente**	**G) Autônomo**	**Não autônomo**
a. Age com ética e tolerância, sendo leal a seus próprios valores. b. Sabe priorizar, permanecendo presente, concentrado e atento. c. Aprende rapidamente, demonstrando consciência e lucidez de ação.	d. Age desvinculado de seus valores, demonstrando intolerância e distanciamento ético. e. Apresenta uma postura de ausência, sua ação é obscura e aleatória. f. Aprende lentamente, agindo com alienação e de forma desatenta.	a. Dirige suas ações para a totalidade do projeto que realiza. b. Coordena suas ações a partir dos observáveis que constrói no decorrer do processo, realizando novas combinações. c. Por inferência, encontra soluções imediatas e rápidas.	d. Dirige suas ações para a construção de partes do todo, independentes do projeto final. e. Não coordena suas ações a partir dos observáveis, repetindo antigas combinações. f. Permanece longo tempo em busca de soluções, que tem dificuldade para encontrar.
D) Tranqüilo	**Inquieto**	**H) Auto-regulador**	**Não regulador**
a. Age com tranqüilidade e respeita seu tempo de fazer; sua respiração é pausada, expressando um ritmo natural de construção do processo. b. É paciente com desacertos. c. Expressa prazer em viver o processo.	d. Fica inquieto, resolvendo rapidamente a tarefa, como que para se livrar dela. e. É impaciente com os desacertos. f. Expressa desprazer e inquietação em vivenciar o processo.	a. Realiza implicações entre implicações, quase simultâneas; não produz contradições. b. Programa suas ações desde o início do projeto, articulando-as. c. Realiza menor número de tentativas para encontrar correspondências entre suas ações e suas intenções.	d. Produz contradições e círculos viciosos em grande número de ações independentes. e. Não estabelece prioridades na contigüidade das ações que realiza. f. Faz muitas tentativas na busca de relacionar suas ações e suas intenções.

Parte IV

Resultados

8 Aspectos afetivo-cognitivos nas oficinas criativas: explicitando as categorias

Durante as oficinas criativas, analisamos a dimensão afetivo-cognitiva das ações dos sujeitos no processo de regulação dos esquemas de ação, observando aspectos do sujeito psicológico, nas dinâmicas de suas condutas no decorrer do processo.

Nosso trabalho interpretativo procura relacionar a visão piagetiana (Piaget, 1980a-1996) com a winnicottiana, no que diz respeito à questão afetivo-cognitiva, conforme apresentamos no capítulo 4 desta tese. Uma análise dessa natureza propõe trabalhar tanto a dimensão de valor, na escolha e na articulação dos caminhos que constroem o projeto que possui uma marca pessoal, quanto a perspectiva simbólica presente nos dinamismos inconscientes, e que aparece durante o processo.

Nesta análise está presente também a dimensão simbólica das relações que se estabelecem dentro de um enquadre junguiando, pois seus postulados uma reverenciam o ser humano como construtor de seu próprio caminho, alimentado a cada dia por percepções sensíveis que direcionam sua ação.

A análise dos fatores afetivo-cognitivos nas oficinas criativas

Esta análise é desenvolvida a partir do processo dialético de equilibração majorante, conforme foi proposto por Piaget (1980-1996; 1977).

No decorrer de nossas oficinas, levantamos critérios observáveis e os explicitamos no decorrer da análise microgenética dos protocolos dos sujeitos que constituem nossa amostra, de modo a presentificar a dimensão afetivo-cognitiva em uma escala de avaliação.

A presente etapa tem como objetivo principal a descrição pormenorizada dos aspectos observados: cada nível de relação é analisado a partir de quatro categorias, que procuram reunir manifestações do sujeito, interpretados como exemplos durante a análise microgenética dos protocolos.

Procuramos enfocar, da forma mais abrangente possível, aspectos vivenciados pelo sujeito.

Portanto, analisamos os dinamismos valorativos e operatórios que se apresentam no espaço e no tempo, desde sua manifestação em sua dimensão mais evoluída, até a menos desenvolvida.

Observamos que há um eixo implícito presente na lógica interna das experiências das pessoas, que se manifesta em afetos e desafetos, em gostos e desgostos, em vontades e não vontades; como também em escolhas, percepções, discriminações, diferenciações, combinações, permutações e transformações. Trabalhamos, portanto, o raciocínio de gênero, em que tudo está incluído em seus diferentes lugares. "Diz-se que dois objetos são do mesmo gênero quando têm em comum algumas características importantes". (Lalande, 1996, p. 440)

Assim, realizamos a análise da energética das regulações das ações durante o processo. Energética, porque essas regulações são relacionadas aos dinamismos propulsores dos procedimentos. Esses, por sua vez, relacionados às sensações e aos sentimentos vivenciados a cada momento no decorrer do processo, e desencadeadores de ações representativas do dinamismo psíquico.

Para nossa análise, selecionamos fragmentos dos protocolos que expressam cada atributo definido nas categorias observáveis, interpretados e contabilizados no decorrer das seqüências que constituem as oficinas criativas.

Por vezes, é ressaltado o aspecto que determina nossa escolha de um fragmento de protocolo (sublinhamos o que nos é mais relevante). Escolhemos dar o tratamento de citação a cada exemplo elucidativo dos atributos observados.

Cada atributo que qualifica a experiência é assim descrito: da melhor expressão até sua manifestação mais negativa.

Em suma: quando qualificamos a ação do sujeito a partir dos atributos descritos nos itens **a.**, **b.** ou **c.**, conferimos a ela uma qualidade em sua esfera positiva. Quando a avaliamos como correspondente a **d.**, **e.** ou **f.**, estamos atribuindo-lhe qualidades em sua expressão mais negativa.

Relações intrapessoais

As relações intrapessoais são aquelas que o sujeito estabelece consigo próprio e que acompanham sua ação em todos os momentos de sua vida. De certo modo, fazem parte da pessoa em sua constituição e se expressam em todas as suas ações, definindo, assim, a qualidade essencial presente na energética do seu jeito de fazer.

Ou seja: há uma dimensão de valor que qualifica o que o sujeito faz, qualquer que seja sua intenção ou ação em si. Esses valores se expressam como sua condição humana da psique, de maneira que age baseado nos princípios fundamentais que o mantêm ligado ao ser "si mesmo". Tais valores dinamizam a energética que impulsiona sua ação. Além disso, expressam as competências e as habilidades que desenvolveu e que acompanham sua ação, independentemente de onde ocorra a inserção dessa ação.

Entretanto, a coordenação de suas ações de forma coerente e comprometida com o processo, e também com o resultado, qualifica o que faz direcionado à realização de sua tarefa. Por ora, esse aspecto será analisado em sua microgênese.

Para a análise dos dados, levantamos oito categorias de valores e operações afetivo-cognitivas que reúnem, segundo nossa interpretação, as relações intrapessoais:

A) Alegre / Triste
B) Firme / Instável
C) Equilibrado / Perturbado
D) Ativo / Passivo
E) Coerente / Incoerente
F) Comprometido / Descompromissado
G) Implicado / Não implicado
H) Coordenado / Descoordenado

Procedemos, agora, à descrição mais detalhada de cada uma dessas subcategorias. Foram destacados dos protocolos fragmentos que ilustram os atributos presentes na descrição de cada categoria.

A) Alegre / Triste

Essa categoria trabalha com o eixo prazer e desprazer, alegria e tristeza na interpretação dos movimentos do sujeito: se possuem soltura ou se estão presos e parecem tolhidos. Observamos seu nível de envolvimento na ação e sua presença, ou se permanece disperso, olhando ao redor com freqüência, demonstrando distanciamento interno do que faz.

A) Alegre	Triste
a. Demonstra inteireza e integridade em sua atitude interna. b. Expressa movimentos soltos e naturais. c. Demonstra prazer e receptividade alegre; está bem.	d. Demonstra sentimentos conflitantes no plano interno. e. Expressa movimentos presos e tolhidos. f. Demonstra desprazer e tristeza, parece estar deprimido.

Podemos observar tais manifestações nos sujeitos que estudamos. AND demonstra estar inteiramente à vontade, expressando com espontaneidade seu prazer em manipular a massa.

IAa (AND 13;8) *[AND pede mais argila, a pesquisadora lhe dá. Pega o pedaço de argila e tira dele um pedaço menor, que umedece, deixando bem "lambuzado", e junta na parte mais fina. Molha bastante as mãos e passa por toda a peça. Pega outro pedaço de argila, molha também, deixando totalmente encharcado. Sorri para a pesquisadora, achando engraçado o quanto ficou molhado.]*

CED mantém o contato com a atividade, demonstrando estar perfeitamente integrado ao que realiza.

IAa (CED 37;7) (Pesquisadora) – Imagine o que você poderia fazer com essa massa. Que tipo de idéia vem à sua mente? *[Junta novamente a argila, juntando a parte bicuda, deixando o bloco redondo novamente, puxa de novo a parte bicuda. Nesse momento, CED encontra-se muito concentrado (desde o início ele está bem concentrado, mas nesse momento, além de concentrado, parece muito envolvido), com os olhos fechados, o tronco bem reto, trabalhando a argila elevada no ar. Amassa, deixando a parte bicuda voltada para si, puxa as laterais do bloco de argila com todos os dedos, primeiro no lado esquerdo, depois no lado direito...]* **(CED)** – Deu meia hora? Gente! Não vi nada. *[Gira lentamente o seu trabalho no torno, observa, satisfeito com o resultado, pega o papel onde escreveu e desenha no final da escrita uma borboleta.]*

AND e BEL exploram possibilidades com naturalidade, demonstrando possuir certa intimidade com a argila.

IAb (AND 13;8) (Pesquisadora) – Permita-se experimentar o contato, os diferentes jeitos com esse material, *[gira o pedaço de argila, tirando do apoio, elevando-o. Volta a apoiar a massa na mesa, empurrando a argila com a palma da mão, apertando, es-*

magando com os dedos e fazendo buracos] às vezes experimente explorar maneiras de você procurar sentido, ainda com os olhos fechados. *[Pára de mexer na argila, eleva as mãos, aperta os dedos das duas mãos e volta a amassar, introduzindo os dedos, primeiro o polegar, depois todos os dedos, cavando e girando os dedos nos orifícios formados. Apóia a mão esquerda no bloco de argila e com a direita volta a apertar a argila com todos os dedos, esmagando-a.]*

IAb (BEL 14;5) *[BEL aperta a massa de um lado e de outro. Procura ir "amaciando-a" ainda sobre a mesa. Percebe-se a variedade de movimentos exploratórios dessa massa, agora levando em conta diferentes partes que a constituem. BEL aperta de um lado e de outro, puxa um pouco de massa desse e daquele lado. Trabalha alternando uma mão e a outra em movimentos claramente definidos.]*

BEL recebe o trabalho corporal com simplicidade, está bem.

IAc (BEL 14;5) (Pesquisadora) – ... eu vou fazer um sopro e vou pedir para você ficar com os olhos bem fechados, deixar o corpo assim, responder e depois disso você vai começar a trabalhar com a argila. **(BEL)** – Tá bom. *[BEL mostra-se receptiva à proposta. Nota-se um suave "desmontar" interno, à medida que a pesquisadora realiza os três sopros.]*

BRU parece encontrar na massa uma espécie refúgio para suas inquietações. ARI manifesta seu desassossego ao esparramar e torcer a massa que tem à sua frente, usando-a de forma bastante exploratória, mas sem demonstrar conhecê-la. Parece estar preso aos seus próprios sentimentos mais conflituosos. Já AND reconhece sua própria irritação e permanece "nela" por alguns momentos, como se estivesse preso ou sem saber o que fazer.

IAd (BRU 7;8) *[BRU está mexendo na massa. Seus olhos permanecem voltados para a argila. Conversa com a pesquisadora sem tirar os olhos da massa.]*

IAd (ARI 11;4) *[ARI Amassa, batendo com a mão direita na argila, com os olhos fechados.]* Procure manter bem o seu contato com o que você estiver sentindo. [...] *[ARI bate esparramando a argila, e a desprende com bastante dificuldade, pois a havia colado muito na base de madeira. Depois levanta a massa, deixando um bloco em pé, vai torcendo e encompridando esse bloco, transformando-o em uma escultura comprida. Enquanto trabalha, gira a peça e junto vai girando a base de madeira.]*

IAd (AND 13;8) (Pesquisadora) – E se você batesse a argila? **(AND)** – Não sei se a irritação aumenta, porque a irritação é de não conseguir fazer o que eu estava querendo fazer. (Pesquisadora) – Mas se você se liberar dessa irritação, será que você não vai ficar mais à vontade? **(AND)** – Não sei. (Pesquisadora) – Quer tentar? **(AND)** – Pode ser.

BRU inicia seu processo demonstrando certa timidez (não olha para a pesquisadora no início do processo). Parece sentir-se tolhida diante da situação que se está apresentando.

IAe (BRU 7;8) *[BRU está sentada ao lado da pesquisadora e observa os materiais que há sobre a mesa. Toca levemente a argila, e mantém os olhos "baixos".]* (Pesquisadora) – Você gosta de massagem? *[BRU olha para a pesquisadora e sorri, movimentando a cabeça em uma atitude de concordância.]*

AND joga a massa, retendo nitidamente sua energia. Parece estar avaliando qual fora o momento em que tinha-se saído melhor, ou seja, não estava satisfeito com o que fazia naquele momento. Além disso, demonstra não estar à vontade. SAN procura parecer natural, mas seu corpo expressa seu incômodo e uma possível rigidez.

IAe (AND 13;8) *[Dá um sorriso, olhando meio de lado para a pesquisadora, joga a argila sem muita força, timidamente, com a mão direita, sobre a mesa. Olha de novo para a pesquisadora, com um puxar de olhos, e dá uma risada. O pote de água que está em cima da mesa e as ferramentas "pulam", e a pesquisadora segura-os nas mãos. AND levanta a madeira para despregar o* *pedaço de argila. Como não consegue fazê-lo com as mãos, usa uma espátula grande de ferro. A argila cai sobre a mesa, AND pega-a e torna a jogá-la com um pouco mais de força. O bloco de argila não gruda tanto e AND consegue facilmente pegá-lo sem a ajuda da espátula.]* (Pesquisadora) – Vamos, pode bater. Joga fora essa irritação que vem. Uma coisa assim de entrar em contato com ela e... **(AND)** – A primeira concha que eu fiz é a que estava melhor, a que eu fiz quando estava de olhos fechados. *[Bate novamente a argila na mesa; AND não fica muito à vontade fazendo esse movimento.]*

IAe (ANA 32;8) *[Levanta o bloco de argila, abaixa o olhar para ela, mantendo os olhos fechados, o corpo parece um pouco "duro", não acompanhando seus movimentos com a argila. Gira o bloco elevado nas mãos e, com os dedos, vai amassando. O bloco fica achatado, junta novamente, tornando a amassar com os dedos nas laterais. Junta e amassa novamente. Apóia o bloco na mesa.]*

ARI expressa sua tristeza por não conseguir fazer o que desejava. PAT aparenta certa tristeza por trás da tensão e da seriedade com que inicia o processo.

IAf (ARI 11;4) (ARI) – É ruim quando você vê que não dá para fazer uma coisa que você queria fazer.

IAf (PAT 50;1) *[Durante o trabalho de sopro, PAT parecia estar com os ombros e o corpo tensos, a expressão facial muito séria e triste, triste, triste, triste; tanto o corpo como os ombros e a expressão facial estavam imóveis. Um pequeno relaxamento aconteceu após um suave deslizamento de mãos na região dos ombros e uma pequena massagem no couro cabeludo.]*

B) Firme / Instável

Aqui, a pessoa demonstra segurança ou não; ser auto-disciplinada ou inconstante. Permanece firme e engajada ou aparenta estar instável e atordoada.

Também observamos se seus movimentos são bem definidos ou aleatórios. Se demonstra intencionalidade ou age de forma apenas exploratória e alienada. Sua atitude pode indicar que ela se mantém em contato com a atividade ou, então, que se distancia ou até se ausenta da experiência: quando suspira, olha para o lado ou, ainda, se respira mais profundamente.

B) Firme	Instável
a. Demonstra segurança e autodisciplina. b. Permanece firme e engajado. c. Mantém-se em contato com a atividade.	d. Demonstra insegurança e inconstância. e. Aparenta estar instável e atordoado. f. Mantém-se distante da atividade, parece estar ausente.

Destacamos DAN, que mantém o contato consigo mesma e finaliza uma etapa de seu processo, escolhendo, com segurança, o melhor momento para abrir os olhos. AND explora possibilidades, mantendo-se atento e em contato com os sentimentos presentes; demonstra envolvimento e certeza na ação que realiza. CED expressa com desprendimento e independência sua disciplina para com os elementos evocados em sua psique.

IBa (DAN 9;10) (Pesquisadora) – ... pode abrir os olhos. Quando você sentir, ou quando quiser. Se você quiser continuar trabalhando com os olhos fechados, continue. *[Pára de trabalhar, relaxa o corpo soltando um pouco as costas e pára para pensar. Aperta uma bolinha de argila entre os dedos indicadores.]* **(DAN)** – Se eu abrir, eu não posso mais trabalhar? (Pesquisadora) – Pode. *[Com os olhos ainda fechados, prende a bolinha que fez na minhoquinha em pé e a derruba, novamente ergue a minhoquinha e dá uma risada. Aperta bem a parte de baixo da minhoquinha na mesa e prende a bolinha de novo em cima. Abre os olhos e* *arruma um pouco o trabalho, dando-lhe uma "apertadinha".]* **(DAN)** – Eu vou abrir.

IBa (AND 13;8) *[AND pede mais argila, a pesquisadora lhe dá. Pega o pedaço de argila e tira dele um pedaço menor, que umedece, deixando bem "lambuzado", e junta na parte mais fina. Molha bastante as mãos e passa por toda a peça. Pega outro pedaço de argila, molha também, deixando totalmente encharcado. Sorri para a pesquisadora, achando engraçado o quanto ficou molhado. Aperta a massa nas mãos, fazendo um barulhinho com elas várias vezes, depois fixa-a na parte menor.]* E agora, qual é o sentimento? **(AND)** – Alívio. *[AND acrescenta argila na parede do lado direito da parte maior, na boca, ficando uma parede na frente, só ao lado direito, o que dá a impressão de profundidade. AND parece estar gostando do seu trabalho, parece "curtir" o que está vendo. Vai olhando seu trabalho e com a esteca vai aperfeiçoando a forma, de acordo com sua primeira visualização.]* (Pesquisadora) – Alívio? E qual é a sensação? **(AND)** – Boa.

IBa (CED 37;7) (CED) ... se eu ficasse só na argila, já seria suficiente, porque é como se minha mão estivesse muito obediente com relação àquilo que estava sendo evocado.

AND parece estar bastante atento a cada movimento, que realiza com firmeza e intencionalidade. BEL demonstra estar perfeitamente à vontade na manipulação que faz da massa. Seus movimentos são claramente definidos e intencionais.

IBb (AND 13;8) (Pesquisadora) – Imagine o que você poderia fazer com essa massa *[AND levanta o pedaço de argila, segurando-o no ar, com sua mão direita, e com a mão esquerda endireita o apoio de madeira em que está trabalhando a argila. Coloca a argila no apoio de madeira novamente]*, que idéia vem à sua mente *[volta a perfurar a argila com os dedos, ora apoiada na palma da mão, ora sobre a mesa]* e, finalmente, que tipo de imagem essa massa evoca na tela que você tem na sua mente. *[Pára de movimentar a mão direita, segurando o bloco de ar gila, enquanto introduz o polegar esquerdo na argila, torcendo-a com todos os dedos. Ao mesmo tempo em que alisa a massa com o polegar, faz um movimento, puxando de baixo para cima, com dedo indicador, e estica a massa, empurrando a argila. Bate no bloco de argila com a mão direita e o eleva um pouco, depois volta a apoiá-lo na mesa.*

IBb (BEL 14;5) *[BEL pega a massa, faz uma meia volta com ela e a joga com força sobre a mesa duas vezes, a primeira com mais força. Gira-a 360º novamente antes de jogá-la por duas vezes. Em seguida modifica um pouco a posição da massa, antes de batê-la. Bate com força. Muda novamente sua posição em 360º e joga a massa sobre a mesa. Produz agora, por sete vezes, movimentos ritmados de bater a massa ao mesmo tempo que a gira um pouco, perfazendo uma rotação completa da massa. Demonstra ter a intenção de trabalhar a totalidade da massa em sua dimensão espacial. Gira-a em 360º novamente e joga-a por mais quatro vezes, alterando a posição da massa em suas mãos a cada nova investida, de modo que o baque aconteça em uma outra parte dela. Em um desses movimentos, BEL gira no ar a massa, para pegá-la na posição que deseja antes de batê-la novamente sobre a mesa.]*

AND parece dar forma aos sentimentos que se apresentam, como se a massa funcionasse como sua concretização. CED expressa seu contato com a qualidade de envolvimento com que trabalha a argila.

IBc (AND 13;8) (Pesquisadora) – Então, o que você sente? **(AND)** – Não é uma raiva muito grande, mas eu fico com raiva. (Pesquisadora) – Você fica irritado? **(AND)** – Um pouco. *[O pedaço de argila virou um bloco volumoso, com forma cilíndrica, que AND enrola sobre a mesa, com a palma da mão. Em seguida, AND o coloca em pé e bate nas duas pontas. Depois deita o cilindro, prensa-o com as duas mãos e o coloca de pé novamente.]*

IBc (CED 37;7) *Nesse momento, CED encontra-se muito concentrado (desde o início ele está bem concentrado, mas nesse momento, além de concentrado, parece muito envolvido), com os olhos fechados, o tronco bem reto, trabalhando a argila elevada no ar. Amassa, deixando a parte bicuda voltada para si, puxa as laterais do bloco de argila com todos os dedos, primeiro no lado esquerdo, depois no lado direito.]*

DAN trabalha em seu projeto demonstrando, por suas ações, certa instabilidade e inconstância. Já DIE permanece, de certa forma "engajado" na atividade, procurando realizá-la, mas demostra certa inconstância na atitude corporal.

IBd (DAN 9;10) *[devolve a esteca, meio que soltando de onde a havia retirado junto das outras na mesa, não olhando para onde ia cair; (nesse momento parece insegura quanto ao desenvolvimento de sua produção, quanto às soluções para as construções que necessita executar, para desenvolver o trabalho desenhado, seu projeto).]*

IBd (DIE 9;9) *[... com o corpo meio de frente para a pesquisadora, bate umas das pontas da argila na mesa, olha meio cabisbaixo e pensa na resposta, sempre mexendo na argila. Mexe um pouco mais devagar, mas não pára, olha para a pesquisadora com um rápido olhar.]*

ARI parece não se aperceber da relação entre seus movimentos e o que a argila "responde". Por um momento perde o controle, distanciando-se do resultado de sua ação.

IBe (ARI 11;4) *[Aperta de baixo para cima, espremendo a argila, o bloco torna-se mais fino e mais comprido. A peça entorta, querendo cair, ARI consegue controlá-la, segurando-a.]*

VIN distancia-se do contato com a atividade principal, ocupando-se em fazer outros movimentos aparentemente desvinculados da proposta. AND distancia-se do contato, "olhando meio de lado" para a pesquisadora. PAT demonstra distância e ausência de contato, por trás da seriedade com que inicia seu processo.

IBf (VIN 6;5) *[Faz um ar cansado, dá um suspiro, esfrega o rosto nos ombros. Balança o corpo, pega uns pedaços de argila amarela e faz umas bolinhas, olha para o pote de água e vai até ele, olhando o pedaço de argila lá dentro.]*

IBf (AND 13;8) *[Dá um sorriso, olhando meio de lado para a pesquisadora, joga a argila sem muita força, timidamente, com a mão direita, sobre a mesa. Olha de novo para a pesquisadora, com um puxar de olhos e dá uma risada...]*

IBf (PAT 50;1) *[Parecia estar com os ombros e o corpo tensos, a expressão facial muito séria e triste, tanto o corpo como os ombros e a expressão facial estavam imóveis.]*

C) Equilibrado / Perturbado

A pessoa parece estar calma internamente ou excitada; relaxada ou ansiosa; tranqüila ou inquieta; afável ou agressiva; calma ou irritada; concentrada ou desatenta e dispersiva.

Observamos se o sujeito permanece centrado, se se movimenta sem parar ou permanece imóvel. Se seus movimentos são fluidos ou truncados, fortes e intensos, ou suaves e delicadamente precisos. Se tem pertinência para o momento de realização ou se parecem distantes do contato, no que poderiam estar fazendo.

C) Equilibrado	Perturbado
a. Está internamente tranqüilo, relaxado, afável e concentrado. b. Apresenta movimentos fluidos, suaves e delicadamente precisos, pertinentes ao momento. c. Permanece centrado na atividade.	d. Está excitado, ansioso, inquieto, agressivo, irritado, disperso e desatento. e. Realiza movimentos truncados, fortes e intensos, aparentemente distantes do que deveriam ser. f. Movimenta-se para cá e para lá ou permanece imobilizado.

GUI modela com tranqüilidade e precisão, DAN relata sua atenção e seu envolvimento para com o processo e AND aperfeiçoa seu gesto com calma e intencionalidade.

ICa (GUI 7;3) *[... continua a trabalhar em sua peça... Seus movimentos são claramente refinados, "pequenos" e curtos...]*

ICa (DAN 9;10) (DAN) – Eu senti liberdade, mas eu já tinha sentido outras vezes... A liberdade *[fala com alegria]*, porque, quando você estava soprando, eu imaginei essa imagem e você estava soprando, e era como se viesse uma brisa misturando com quente e um pouco de frio. E quando eu estava voando, eu estava voando assim com o vento; e aí eu achei legal e eu voei assim baixo para esbarrar nas flores. *[Fala bem compenetrada. Ao terminar, levanta e se espreguiça.]*

ICa (AND 13;8) *[... parece estar gostando do seu trabalho, parece "curtir" o que está vendo. Vai olhando seu trabalho e com a esteca vai aperfeiçoando a forma de acordo com sua primeira visualização.]*

GUI é delicado e atencioso em relação às mudanças que se processam na massa. DAN e BEL constroem seu projeto demonstrando estar à vontade em cada gesto que realizam.

ICb (GUI 7;3) *[Continua trabalhando a parte central de sua peça. Gira a massa de um lado para o outro. Seus movimentos são "pequenos" e curtos, sobre a forma que tem nas mãos. Continua concordando, com a cabeça... sorrindo.]*

ICb (DAN 9;10) *[Coloca pedaços pequenos em volta da minhoquinha maior, formando as pétalas da flor . Endireita a minhoquinha maior, que está em pé, querendo cair. Limpa uma mão na outra, olha para o desenho, pega mais um pedaço de argila, um pouco maior que os outros, mas ainda bem pequeno, e desliza nas mãos, fazendo uma minhoca maior, agora a maior de todas. Coloca-o em pé na mesa, firma-o bem, deixando um pedaço dessa minhoca, que prende na parte da frente da mesa. Pega outro pedaço de* *argila e faz uma bolinha. Olha ao redor, sobre a mesa, pega um pedaço agora bem maior, trabalha-o nas mãos, "devolve" uma pequena parte dele ao pedaço maior de argila e faz um movimento de apertar e enrolar, trabalhando com as mãos elevadas no ar. Procura nas ferramentas, pega uma esteca de madeira e desenha no pedaço de argila, marcando, deixando uma textura de "dentinhos".]*

ICb (BEL 14;5) *Em um desses movimentos, BEL gira no ar a massa, para pegá-la na posição que deseja antes de batê-la novamente sobre a mesa. Aperta agora um pouco da massa que está na parte externa, fazendo uso de todos os dedos da mão direita e em seguida da esquerda. Seus movimentos são precisos e intencionais. Há rapidez e ritmo presentes, enquanto aperta a parte externa da massa, ao mesmo tempo em que a vai rotando, de modo a poder apertá-la em diferentes pontos. Gira para um lado, e depois gira para outro, em uma direção perpendicular à anterior. Continua a amassá-la com agilidade.]*

DIE e AND permanecem atentos e concentrados na manipulação da massa.

ICc (DIE 9;9) *[Com as duas mãos e a argila sobre a mesa, vai esmagando e unindo os pedaços ... vai amassando, depois pára um pouco, talvez para pensar no que fazer. Vai esmagando, apertando a argila que se encontra um pouco esparramada sobre a mesa. A argila vai tomando um formato meio curvo.]*

ICc (AND 13;8) (Pesquisadora) – ...e, finalmente, que tipo de imagem essa massa evoca na tela que você tem na sua mente. *[Pára de movimentar a mão direita, segurando o bloco de argila, enquanto introduz o polegar esquerdo na argila, torcendo-a com todos os dedos. Ao mesmo tempo em que alisa a massa com o polegar, faz um movimento, puxando de baixo para cima, com dedo indicador, e estica a massa, empurrando a argila. Bate no bloco de argila com a mão direita e o eleva um pouco, depois volta a apoiá-lo na mesa, amassando-o. Massageia as mãos e volta a apertar a argila com todos os dedos.]*

CAR demonstra sua inquietação ao tensionar seus braços; AND relata e expressa sua irritação.

ICd (CAR 11;1) *[CAR levanta os dois braços, mantendo as mãos pendidas em suas extremidades. As mãos estão soltas e os braços estão retesados.]*

ICd (AND 13;8) (Pesquisadora) – Então, o que você sente? (AND) – Não é uma raiva muito grande, mas eu fico com raiva. (Pesquisadora) – Você fica irritado? (AND) – Um pouco. *[O pedaço de argila virou um bloco volumoso, com forma cilíndrica, que AND enrola sobre a mesa, com a palma da mão.... Dá um sorriso, olhando meio de lado para a pesquisadora, joga a argila sem muita força, timidamente, com a mão direita, sobre a mesa. Olha de novo para a pesquisadora, com um puxar de olhos e dá uma risada.]*

DIE exprime sua perturbação contraindo os lábios. CAR expressa movimentos intensos, que acompanha com todo o corpo. ARI parece colocar mais força em sua ação do que desejaria.

ICe (DIE 9;9) (DIE) – Eu vou descobrindo assim coisas boas, coisas melhores. *[Vai girando o bloco quadrado por todos os lados na palma da mão. Bate o bloco de comprido, verticalmente, na mesa.(Espreme os lábios e passa a língua por eles).]*

ICe (CAR 11;1) *[CAR tem a massa na mão e a enrola de outra forma, apertando com força. Usa agora as mãos para fazer movimentos diferentes. Enrola com toda a mão a massa, para apertá-la quando ela está na altura do dorso das mãos. Seus movimentos demonstram que ela usa de certa força para fazê-lo. O corpo também se mexe de um lado para o outro.]*

ICe (ARI 11;4) ... Será que você já tem uma idéia do que gostaria de estar modelando com ela? *[Aperta de baixo para cima, espremendo a argila, o bloco torna-se mais fino e mais comprido. A* *peça entorta querendo cair, ARI consegue controlá-la, segurando-a.]* **(ARI)** – Eu estou fazendo... eu não estou vendo nada.

CAR manifesta sua perturbação ao movimentar-se de um lado para outro, procurando parecer natural. VAL, por sua vez, parece estar imobilizada.

ICf (CAR 11;1) *[CAR faz uma expressão de choro e mexe o corpo, demonstrando certa inquietação. Pega um pouco da massa que estava na mesa e começa a amassar com os dedos por "inteiro", passando de uma mão para outra. Repete o movimento por cerca de nove vezes, enquanto mexe o corpo e a cabeça. Olha sorrateiramente para a frente, para a câmera – pr ocura disfarçar o movimento, parecendo natural – coloca a argila na mesa e retira-lhe um novo pedaço, para então repetir o movimento de levar de uma mão à outra a massa que tem nas mãos. Enrola a massa no "ar" e a coloca na mesa. Aproxima o "rolinho" da outra parte de argila que tinha manipulado, colocando-o sobre ela. Retira, faz uma meia volta com o "rolinho" de argila. Mexe a cabeça para um lado e para o outro.]*

ICf (PAT 50;1) *[Durante o trabalho de sopro, PAT parecia estar com os ombros e o corpo tensos, a expressão facial muito séria e triste, tanto o corpo como os ombros e a expr essão facial estavam imóveis.*

D) Ativo / Passivo

Durante seu trabalho, a pessoa estabelece contato, ou não, com o material e com a proposta. Parece estar motivada ou desmotivada; tem iniciativa ou é acomodada; demonstra estar aberta ou fechada ao novo. É ativa ou passiva.

Observamos seus movimentos quando busca alternativas ou em suas pausas e paralizações; quando aprimora seus gestos ou em suas repetições. Em sua atitude interna de se dirigir ou não à ampliação de suas fronteiras pessoais.

D) Ativo	Passivo
a. É ativo e busca alternativas, aprimora seu gesto, ampliando suas fronteiras pessoais. b. Demonstra estar motivado, tem iniciativa e demonstra estar aberto ao novo. c. Estabelece contato com a proposta/o material.	d. É passivo e parece paralisado. Repete seu gesto, não ampliando suas fronteiras pessoais. e. Está desmotivado, é acomodado e demonstra estar fechado ao novo. f. Não estabelece contato com a proposta/o material.

Aqui, destacamos GUI, que busca alternativas aprimorando seu gesto, e AND e CED que aprimoram a forma mantendo-se ativos e participantes do processo.

IDa (GUI 7;3) *[GUI sustenta a massa com uma das mãos e introduz o dedo indicador direito nela, em seguida usa o polegar direito para penetrá-la. Apóia o dorso da mão na mesa, enquanto continua a comprimir a totalidade da massa que tem nas mãos. (...) Refaz esse movimento por três vezes, sendo que, a cada novo "amassar", GUI coordena um movimento difer ente: aperta com ambas as mãos, em seguida refaz essa ação, mas com maior "encaixe" de seus dedos, que se entrelaçam, e depois amassa predominantemente com a mão direita.*

IDa (AND 13;8) *[AND acrescenta argila na parede do lado direito da parte maior, na boca, ficando uma parede na frente, só ao lado direito, o que dá a impressão de profundidade. AND parece estar gostando do seu trabalho, parece "curtir" o que está vendo. Vai olhando seu trabalho e com a esteca vai aperfeiçoando a forma de acordo com sua primeira visualização.]*

IDa (CED 37;7) *[Com uma postura bem reta, o corpo não se movimenta, mas parece em harmonia com suas ações, movimenta bastante as mãos, desenvolvendo seu trabalho, está en-*

volvido de corpo e alma na sua execução, no sentir seu trabalho. Apóia de novo a mão direita na mesa, segurando a escultura com a mão esquerda e modela a orelha, inclinando um pouco a tromba para baixo...]

AND e BEL demonstram ter iniciativa ao realizar pequenos ajustes que possibilitam o aprofundamento de sua ação.

IDb (AND 13;8) (Pesquisadora) – Imagine o que você poderia fazer com essa massa *[AND levanta o pedaço de argila, segurando-o no ar, com sua mão direita, e com a mão esquerda endireita o apoio de madeira em que está trabalhando a argila. Coloca a argila no apoio de madeira novamente]* ... que idéia vem a sua mente *[volta a perfurar a argila com os dedos, ora apoiada na palma da mão, ora sobre a mesa]* e finalmente que tipo de imagem essa massa evoca na tela que você tem na sua mente. *Pára de movimentar a mão direita, segurando o bloco de ar gila, enquanto introduz o polegar esquer do na ar gila, torcendo-a com todos os dedos. Ao mesmo tempo em que alisa a massa com o polegar, faz um movimento, puxando de baixo para cima, com dedo indicador, e estica a massa, empur rando a argila. Bate no bloco de argila com a mão direita e o eleva um pouco, depois volta a apoiá-lo na mesa, amassando-o. Massageia as mãos e volta a apertar a argila com todos os dedos.]*

IDb (BEL 14;5) *[Olha para a pesquisadora com um sorriso leve e prazeroso.]* **(BEL)** – Posso bater mesmo? (Pesquisadora) – Pode. *[BEL faz um primeiro movimento para bater a massa na mesa. Nota que o chá que estava ao seu lado "salta" e faz um movimento para retirá-lo, em seguida olha ao redor para ver onde colocá-lo, é auxiliada pela pesquisadora, que recebe o copo e o coloca em outro lugar. BEL pega a massa, faz uma meia volta com ela e a joga com força sobre a mesa duas vezes, a primeira com mais força. Gira-a 360º novamente antes de jogá-la por duas vezes. Em seguida modifica um pouco a posição da massa , antes d e* *batê-la. Bate com força. Muda novamente sua posição em 360º e joga a massa sobre a mesa. Produz agora, por sete vezes, movimentos ritmados de bater a massa ao mesmo tempo que a gira um pouco, perfazendo uma rotação completa da massa. Demonstra ter a intenção de trabalhar a totalidade da massa em sua dimensão espacial.*

DAN amassa a argila com cuidado e atenção. DIE descreve com gestos como sente que o contato se estabelece.

IDc (DAN 9;10) (Pesquisadora) – ... O meu convite é que você amasse a argila, procurando manter contato com o que você sente no amassar essa argila... *[Aperta uma palma da mão na outra. Pega um outro pedaço de argila bem pequeno e junta ao que está em sua mão, apertando uma palma da mão na outra em um movimento, muito lento, quase imperceptível, com um dedo, toca ligeiramente a argila, beliscando esse pequeno pedaço em suas mãos, passa de uma mão à outra, ora beliscando, ora apertando com a palma da mão.*

IDc (DIE 9;9) (Pesquisadora) – E onde, no seu corpo, você sente? **(DIE)** – Sinto aqui assim, aqui. *[Pára de alisar a argila, com a sua mão esquerda segura o bloco de ar gila e com a sua mão direita mostra o peito, o estômago e a barriga, deslizando sua mão do peito ao estômago e volta para a argila. DIE põe a língua entre os lábios por alguns instantes.]*

Por alguns momentos DIE e CAR repetem seu gesto, passivamente.

IDd (DIE 9;9) *[Continua alisando sempre no mesmo lugar e, de vez em quando, vai batendo na mesa o mesmo lado que alisou.]*

IDd (CAR 11;1) *[Pega um pouco da massa que estava na mesa e começa a amassar com os dedos por "inteiro" passando de uma mão para outra. Repete o movimento por cer ca de nove vezes, enquanto mexe o corpo e a cabeça. (...) coloca a argila na mesa e retira-lhe um novo pedaço, para então repetir o movimento de levar de uma mão à outra a massa que tem nas mãos.]*

ARI parece estar acomodado ao que percebe ser "ruim", conforme relata à pesquisadora. PAT inicia o processo, aparentemente distante de um envolvimento maior.

IDe (ARI 11;4) (Pesquisadora) – Aqui, no seu projeto. Que tipo de decisão você tem de tomar? **(ARI)** – ...? (Pesquisadora) – Por exemplo? **(ARI)** – É ruim quando você vê que não dá para fazer uma coisa que você queria fazer. (Pesquisadora) – Quer dizer, é ruim perceber que não dá para fazer, e aí, qual é a decisão? **(ARI)** – O que eu posso fazer.

IDe (PAT 50;1) *[Durante o trabalho de sopro, PAT parecia estar com os ombros e o corpo tensos, a expressão facial muito séria e triste, tanto o corpo como os ombros e a expressão facial estavam imóveis.*

CAR expressa o quanto está difícil entrar em contato com a proposta. ARI parece ter em suas mãos uma massa "que se movimenta sozinha", ou seja, o contato ainda não se estabeleceu.

IDf (CAR 11;1) (Pesquisadora) – Sabe o que eu gostaria? Que você amassasse bastante a argila. *[CAR olha para a pesquisadora, abre a boca num tipo de sor riso grande e forçado e passa a massa de uma mão para outra.]*

IDf (ARI 11;4) *[A parte de baixo do bloco está mais grossa, ARI aperta e afina, do meio do bloco para cima, a peça entorta novamente, ARI a segura, traz novamente e a deixa reta, aperta toda a parte grossa, prendendo-a na base de madeira. Depois puxa a argila para baixo com os dedos. A parte de cima, a mais fina, entorta um pouco para baixo.]*

E) Coerente / Incoerente

A pessoa encontra soluções, pois compreende as variáveis que se apresentam, articulando-as de modo coerente. Realiza sua ação com desprendimento e independência, demonstrando estar coordenando seus observáveis (Piaget, 1980a-1996).

E) Coerente	Incoerente
a. Realiza sua ação com desprendimento, demonstrando estar coordenando seus observáveis. b. Articula seus observáveis de modo coerente. c. Encontra soluções, pois compreende as variáveis que se apresentam.	d. Apresenta inconstância na coordenação de suas ações. e. Toma decisões impensadas, aparentemente inconsistentes, incoerentes e desarticuladas. f. Repete os mesmos gestos sem parar.

Ou então, toma decisões impensadas, aparentemente inconsistentes, incoerentes e desarticuladas; repete os mesmos gestos com perseveração, apresentando inconstância na coordenação de suas ações.

Observamos que AND coordena as ação em busca do seu "melhor" e que CED articula os possíveis para realizar com desenvoltura seu trabalho.

> **IEa (AND 13;8)** *[AND acrescenta argila na parede do lado direito da parte maior, na boca, ficando uma parede na frente, só ao lado direito, o que dá a impressão de profundidade. AND parece estar gostando do seu trabalho, parece "curtir" o que está vendo. Vai olhando seu trabalho e com a esteca vai aperfeiçoando a forma de acordo com sua primeira visualização.]*

> **IEa (CED 37;7)** *O desenho finalizado parece ser um elefante visto de frente. Ele o coloca ao lado do elefante de perfil. CED parece empolgado, fazendo movimentos rápidos como quem não quer perder a inspiração. Pega outra folha de papel, passa novamente a mão na pasta de argila, umedece as mãos e, com a mão direita, faz movimentos circulares em vários lugares do papel desenhado (algo que se parece uma borboleta ou um elefante visto de cima), com o grafite, acrescentando mais detalhes ao desenho, termina e coloca junto aos outros...]*

BRU organiza sua ação com cuidado. GUI e BEL coordenam seu gesto com intenção e coerência.

IEb (BRU 7;8) (Pesquisadora) – Está um pouquinho dura, não está? *[BRU está tentando cortá-la em dois pedaços.]* (Pesquisadora) – Você pode tirar um pouco e deixar aqui de lado. Qual é a que você vai usar? *[BRU já terminou de reparti-la e sorri. Levanta uma parte da massa e a coloca com bastante cuidado em um dos cantos da prancha, onde estava a totalidade da massa.]*

IEb (GUI 7;3) *[Amassa agora, colocando "uma palma da mão contra a outra" e aquela forma se desmancha... Pega mais um pouco de água e refaz os movimentos de "girar a massa e marcar o seu centro com todos os dedos simultaneamente", voltando àquela forma. Amassa novamente "palma contra palma" com força.]*

IEb (BEL 14;5) *[Demonstra ter a intenção de trabalhar a totalidade da massa em sua dimensão espacial. Gira-a em 360º novamente e joga-a por mais quatro vezes alterando a posição da massa em suas mãos a cada nova investida, de modo que o baque aconteça em uma outra parte dela.]*

BRU e DIE manipulam a argila demonstrando compreendê-la, interagindo com ela.

IEc (BRU 7;8) *[BRU fecha os dedos das mãos dentro da massa, em um movimento para dentro, gira-a e amassa-a mais. Realiza sempre movimentos complementares, entre uma mão e outra, passando a massa ora para uma mão, ora para outra, sem deixar de mantê-la dentro de ambas as mãos...]*

IEc (DIE 9;9) *[com o bloco maior de argila começa a bater a argila, já buscando uma forma, batendo, amassando os lados, todos os lados. A pesquisadora coloca um novo apoio, limpo]* e quando você sentir que tem vontade de abrir os olhos, abra os olhos. *[DIE continua de olhos fechados, batendo e alisando, buscando um formato quadrado.]* Você é que escolhe, *[levanta o bloco já meio quadrado, aperta entre as mãos, trabalhando mais a forma.]*

DIE repete seu gesto ao descrever sensações novas, demonstrando certa incoerência. AND parece dar forma ao seu sentimento ao amassar e enrolar a argila.

IEd (DIE 9;9) Qual é a sensação? **(DIE)** – Ah, é diferente. Uma coisa assim que eu nunca fiz antes. (Pesquisadora) – Você gosta de fazer coisas que você nunca fez? *[Continua alisando sempre no mesmo lugar e, de vez em quando, vai batendo na mesa o mesmo lado que alisou.]* **(DIE)** – Gosto. (Pesquisadora) – Como é que você se sente? **(DIE)** – Eu me sinto melhor assim, de provar coisas novas.

IEd (AND 13;8) (Pesquisadora) – E então, o que você sente? **(AND)** – Eu sinto vontade de fazer de novo. *[Apóia a argila na mesa, amassa-a, joga-a na mesa com a mão direita, bate, amassa e enrola na madeira sobre a mesa.]* (Pesquisadora) – Você sente vontade de fazer tudo de novo? Você fica com raiva? **(AND)** – Fico.

CAR parece estar enfadada, e age com certa inconstância e incoerência. ANA faz uma afirmação meio contraditória, talvez em uma tentativa de explicitar com cuidado seu sentimento.

IEe (CAR 11;1) *[CAR olha para a pesquisadora e responde, enquanto pega mais um pouco de argila,e a olha obliquamente]* **(CAR)** – Desse jeito eu devia pegar inteiro, era mais fácil né! *[CAR pega mais um pouco e pergunta e olhando para a pesquisadora* **(CAR)** – Assim mais tá bom? *[CAR movimenta os dois braços, mantendo em cada mão um pouco de massa. Mexe a cabeça para o lado, seu rosto esboça uma expr essão de enfado, mas, mesmo assim, dá um sorriso contrafeito. Junta as duas massas, aproximando ambas as mãos e ajeita o corpo .]*

IEe (ANA 32;8) (ANA) – Eu gosto de trabalhar com a argila. Eu não gosto muito é de detalhar muito a argila, apesar de eu ser uma pessoa muito detalhista, gostar dos detalhes e tal, mas a argila sabe... não gosto. *[Gesticula bastante com as mãos enquanto fala.]*

DIE repete seu gesto demonstrando sua incompreensão. CAR realiza movimentos repetitivos e automatizados, demonstrando sua inquietação.

IEf (DIE 9;9) (Pesquisadora) – Em que você pensa quando você bate assim? *[DIE, com o corpo meio de frente para a pesquisadora, bate umas das pontas da argila na mesa, olha meio cabisbaixo e pensa na resposta, sempre mexendo na argila. Mexe um pouco mais devagar, mas não pára, olha para a pesquisadora com um rápido olhar.]* **(DIE)** – Como assim? Qual é a minha intenção?

IEf (CAR 11;1) *[CAR mexe a cabeça para um lado e para outro, enquanto pega um pouco de argila, passando-a de uma para outra mão rapidamente. Movimenta a cabeça para trás, procurando retirar o cabelo dos olhos, ou da frente do rosto, mexe o corpo, talvez por um leve estremecimento. Passa a ar gila de uma mão para a outra, amassando com os todos os dedos de uma vez a massa, para então passá-la para a outra mão. Repete esse movimento por nove vezes, sempre acompanhado do corpo que também está participando da ação. Coloca a argila sobre a mesa e começa a amassá-la. Permanece com os olhos abertos. Sorri.]* **(CAR)** – Às vezes, quando eu estou sozinha, ou então quando a aula está chata, sabe quem vem me visitar em meu pensamento? *[CAR amassa com a mão esquerda enquanto, com a direita, alisa a argila. Olha para a pesquisadora, procurando conversar. Movimenta o corpo.]* (Pesquisadora) – Quem? *[CAR olha para a pesquisadora e continua a mexer na argila, repetindo o mesmo tipo de movimento]* **(CAR)** – A moça bonita. *[CAR volta a olhar para a argila, mexendo nela com certa rapidez.]*

F) Comprometido / Descompromissado

O sujeito empenha-se, comprometido com a proposta, descentrando-se de si mesmo. Suas inferências são dirigidas pela consideração de possibilidades. Organiza sua ação antecipando aspectos significativos (Piaget, 1980a-1996).

Ou então, permanece centrado demais, fixado em uma única dimensão da proposta. Suas ações são incompatíveis com a conservação do todo, ou seja, procede à construção de "partes" desconectadas de um eixo organizador maior (Piaget, 1980a-1996). Suas ações são mal definidas e realizadas sem compromisso interno.

F) Comprometido	Descompromissado
a. Suas inferências são dirigidas pela consideração de possibilidades. b. Organiza sua ação, antecipando aspectos significativos. c. Compromete-se com a proposta, descentrando-se de si mesmo.	d. Realiza ações incompatíveis com a conservação do todo. e. Realiza ações mal definidas, sem compromisso interno. f. Permanece centrado, preso a uma única dimensão da proposta.

Os protocolos mostram claramente o comprometimento de AND e BEL com a proposta; ambos articulam as variáveis com pertinência e destreza.

IFa (AND 13;8) *[AND pede mais argila, a pesquisadora lhe dá. Pega o pedaço de argila e tira dele um pedaço menor, que umedece, deixando bem "lambuzado", e junta na parte mais fina. Molha bastante as mãos e passa por toda a peça. Pega outro pedaço de argila, molha também, deixando totalmente encharcado. Sorri para a pesquisadora, achando engraçado o quanto ficou molhado. Aperta a massa nas mãos, fazendo um barulhinho com elas várias vezes, depois fixa-a na parte menor.]*

IFa (BEL 14;5) *[(...) Aperta agora um pouco da massa que está na parte externa, fazendo uso de todos os dedos da mão direita e em seguida da esquerda. Seus movimentos são precisos e intencionais. Há rapidez e ritmo presentes, enquanto aperta a parte* *externa da massa, ao mesmo tempo em que a vai rotando, de modo a poder apertá-a em diferentes pontos. Gira para um lado, e depois gira para outro, em uma direção perpendicular à anterior. Continua a amassá-la com agilidade.]* (p. 149) *[BEL pega a massa e começa a modelá-la. Levanta da mesa ao mesmo tempo em que trabalha, adequando seus movimentos à sua intenção. Abre a massa de um lado, depois de outro, diminuindo sua espessura, ao mesmo tempo em que vai preparando duas "pontas" para algo que lembra uma concha com duas pontas ou um barquinho... Trabalha com a totalidade da massa, modelando suas partes. Realiza movimentos precisos, parece que a massa responde ao que ela quer demarcar É bastante clara a facilidade com que BEL modela, desse lado e do outro, e a versatilidade de seus movimentos. Trabalha ora com os dedos, ora com o polegar de uma mão ou de outra, ora com a palma da mão. Parece saber o resultado que o gesto propicia à massa. (...) Seus movimentos são ágeis, e seus dedos participam mais da realização do resultado "final". Por exemplo: começa a alisar com o indicador direito e continua com o polegar esquerdo. Há continuidade e coordenação nos movimentos que executa para modelar. Sustenta a peça meio tombada para alisar com a outra mão. Trabalha a forma em suas difer entes propriedades: largura, espessura, comprimento .*

ANA descreve seu compromisso para com o processo. RIC organiza sua ação, antecipando aspectos significativos.

IFb (ANA 32;8) (ANA) – Então é como se eu me observasse, de observação. É claro, vai devagar, que também não é assim a coisa, é como se houvesse... não é um controle, é uma coisa de estar me auto-observando, é uma coisa de estar o tempo todo se revendo. Esse é o verbo "re-ver".

IFb (RIC 38;9) *[Pega um dos pedaços de argila que tem ao seu lado e o coloca dentro do barco. Trabalha com as duas mãos;*

sorrindo, procurando dar a forma de uma "casinha" à argila que agrega à sua figura. Rapidamente, coordena seus movimentos com precisão e prazer. Mantém o uso de um pouco de água para dar acabamento liso à sua peça. Pega o outro pedaço de argila e começa a modelá-lo com agilidade e rapidez. Enrola-o entre as duas mãos e faz uma extensão na massa, abrindo uma de duas extremidades e dividindo-a em duas. Assim, modela as pernas do barqueiro. Dá alguns retoques como acabamento, usando ora a mão direita, ora a esquerda, para moldar na massa o que deseja. As duas mãos trabalham agilmente em cooperação, demostrando certa simultaneidade de movimentos ritmados que se alternam para chegar à forma imaginada...]

DAN compromete-se com a proposta, buscando realizar o que lhe é pedido. DIE quer realizar de seu melhor jeito, esforçando-se para encontrar a melhor forma. AND demonstra seu compromisso ao responder às solicitações da pesquisadora com tranqüilidade.

IFc (DAN 9;10) (Pesquisadora) – Tente transformar essa idéia que ela lhe dá, em uma imagem, *[abre os olhos e aper ta com força para mantê-los fechados. Fica parada sem mexer na argila, pensando.]* na tela mental que você tem dentro da sua cabeça. Veja se você enxerga algo que você gostaria de poder fazer com essa argila que você tem na sua mão, se você enxerga a imagem de algo.

IFc (DIE 9;9) (Pesquisadora) – É isso, qual a sua intenção? **(DIE)** – Ah, em deixar retinho, em deixar certinho. *[Apóia novamente a argila na mesa e pressiona o trapézio com as palmas das mãos, pressionando todos os lados. Pega outro pedaço de argila que está ao lado do seu, já modelado, e leva para suas mãos e começa a modelar, fazendo uma minhoca gorda, puxando as pontas e esmagando no meio. Bate esse pedaço por todos os lados na mesa, achatando e também pressionando com a palma da mão. Busca uma forma, com intenção. Eleva novamente o pedaço de argila e o alisa "de compridinho" no meio e achatado nas pontas.]*

IFc (AND 13;8) Permita-se experimentar o contato, os diferentes jeitos com esse material, *[gira o pedaço de argila, tirando do apoio, elevando-o. Volta a apoiar a massa na mesa, empurrando a argila com a palma da mão, apertando, esmagando com os dedos e fazendo buracos]* às vezes experimente explorar maneiras de você procurar sentido, ainda com os olhos fechados. *[Pára de mexer na argila, eleva as mãos, aperta os dedos das duas mãos e volta a amassar, introduzindo os dedos, primeiro o polegar, depois todos os dedos, cavando e girando os dedos nos orifícios formados. Apóia a mão esquerda no bloco de argila e com a direita volta a apertar a argila com todos os dedos esmagando-a].*

CAR realiza ações incompatíveis com a conservação do todo.

IFd (CAR 11;1) *[CAR sorri enquanto mexe os ombros um pouco para baixo]* **(CAR)** – Uma argila. *[CAR Fala, rindo de minha pergunta. O som de sua voz é quase um desabafo, pois o seu ritmo é forte, intenso, rápido e abafado no início – as duas primeiras sílabas – continua manipulando a massa de um lado para o outro... Fecha os olhos e parece acomodar-se no banco, com todo o corpo. Parece que está um pouco mais relaxada. Esboça um sorriso mais leve. Tem em suas mãos só um pouco de massa].*

VIN parece não se comprometer internamente com sua ação.

IFe (VIN 6;5) *[Movimenta-se bastante com o corpo enquanto trabalha a argila. Neste momento apóia o cotovelo esquerdo na mesa e no mesmo instante desapóia e modela com a mão esquerda. VIN modela, olha para a câmera, sem parar de trabalhar a argila.]*

ARI parece tentar equilibrar sua escultura sem muito sucesso. AND permanece preso ao não conseguir fazer o que deseja.

IFf (ARI 11;4) *[...Desprende a escultura da base em cima do torno e a coloca na mesma base, mais ao centro. A escultura tomba, ARI a segura e endireita com uma espátula de madeira,* *fixando a parte de baixo, segurando com a mão direita, e com a mão esquerda segura a escultura.]*

IFf (AND 13;8) (Pesquisadora) – E se você batesse a argila? **(AND)** – Não sei se a irritação aumenta, porque a irritação é de não conseguir fazer o que eu estava querendo fazer.

G) Implicado / Não implicado

A ação do sujeito é dirigida pela noção de todo e conseqüente interação entre as partes. As implicações que ele percebe se encadeiam de modo inferencial (Piaget, 1980a-1996): mudanças são previstas como causadoras de novas mudanças. Então esse sujeito compreende as possibilidades que se abrem como conseqüências de movimentos geradores de novas possibilidades (Piaget, 1980a-1996).

Por outro lado, há aqueles sujeitos cujas ações são dirigidas pela ausência de compreensão dos indícios gerais, que não estabelecem implicação entre elas. Nesse caso, as modificações que fazem estão presas a detalhes não relacionados. Seus movimentos são realizados fora do contexto, pois não consideram a relação entre eles e o todo maior (Piaget, 1980a-1996).

G) Implicado	Não implicado
a. Dirige sua ação pela noção de todo, e conseqüente interação entre suas partes. b. As implicações se encadeiam de modo inferencial; as mudanças são previstas como causadoras de novas mudanças. c. Compreende as possibilidades que se abrem como conseqüências de movimentos geradores de novas formas.	d. Dirige sua ação pela ausência de compreensão dos indícios gerais. e. Não estabelece implicação entre suas ações; as modificações que realiza estão presas a detalhes não relacionados. f. Realiza movimentos fora do contexto, sem considerar a relação entre eles e o todo.

O resultado do trabalho de AND indica que ele trabalha as parte de sua peça levando em conta a totalidade. BEL, por sua vez, com destreza e intenção, bate a massa para torná-la mais plástica: cada movimento seu está norteado pela totalidade do objeto que tem em mãos e CED manipula a argila demonstrando seu vínculo e conseqüente implicação e envolvimento com o processo.

IGa (AND 13;8) *[AND acrescenta argila na parede do lado direito da parte maior, na boca, ficando uma parede na frente, só ao lado direito, o que dá a impressão de profundidade. AND parece estar gostando do seu trabalho, parece "curtir" o que está vendo. Vai olhando seu trabalho e com a esteca vai aperfeiçoando a forma de acordo com sua primeira visualização.]*

IGa (BEL 14;5) *Gira-a 360º novamente antes de jogá-la por duas vezes. Em seguida modifica um pouco a posição da massa, antes de batê-la. Bate com força. Muda novamente sua posição em 360º e joga a massa sobre a mesa. Produz agora, por sete vezes, movimentos ritmados de bater a massa, ao mesmo tempo que a gira um pouco, perfazendo uma rotação completa da massa. Demonstra ter a intenção de trabalhar a totalidade da massa em sua dimensão espacial. Gira-a em 360º novamente e a joga por mais quatro vezes, alterando a posição da massa em suas mãos a cada nova investida, de modo que o baque aconteça em uma outra parte dela. Em um desses movimentos, BEL gira no ar a massa, para pegá-la na posição que deseja antes de batê-la novamente sobre a mesa. Aperta agora um pouco da massa que está na parte externa, fazendo uso de todos os dedos da mão direita e em seguida da esquerda. Seus movimentos são precisos e intencionais. Há rapidez e ritmo presentes, enquanto aperta a parte externa da massa, ao mesmo tempo em que a vai rotando, de modo a poder apertá-a em diferentes pontos. Gira para um lado, e depois gira para outro, em uma direção perpendicular à anterior. Continua a amassá-la com agilidade.]*

IGa (CED 37;7) (Pesquisadora) – Mantenha seus olhos fechados e permita-se entrar em contato com ela, manuseando, mexendo. *[Começa a amassar com um movimento mais rápido. O bloco continua elevado no ar e ele amassa com as duas mãos, circulando o bloco e deixando-o com um formato redondo, prensado, menor, mas comprido. Conforme vai amassando e girando a argila, marca essa nova forma com seus dedos...]* (Pesquisadora) – Permita-se experimentar diferentes sensações ao tocá-la, manuseando-a. *[Alisa o bloco de formato redondo, deslizando as mãos sobre ele, com movimentos circulares. Joga o bloco de argila de uma mão para a outra, dá algumas batidas com a mão direita, segurando-o com a esquerda, elevado no ar.]*

BEL trabalha a massa com nítida implicação entre as ações que se desenrolam baseadas em inferência . Uma ação convida a que a seguinte se realize, e assim por diante.

IGb (BEL 14;5) *[BEL faz um primeiro movimento para bater a massa na mesa. Nota que o chá que estava ao seu lado "salta" e faz um movimento para retirá-lo, em seguida olha ao redor para ver onde colocá-lo, é auxiliada pela pesquisadora, que recebe o copo e o coloca em outro lugar. BEL pega a massa, faz uma meia volta com ela e a joga com força sobre a mesa duas vezes, a primeira com mais força. Gira-a 360º novamente antes de jogá-la por duas vezes. Em seguida modifica um pouco a posição da massa, antes de batê-la. Bate com força. Muda novamente sua posição em 360º e joga a massa sobre a mesa. Produz agora, por sete vezes, movimentos ritmados de bater a massa, ao mesmo tempo que a gira um pouco, perfazendo uma rotação completa da massa. Demonstra ter a intenção de trabalhar a totalidade da massa em sua dimensão espacial.]*

VIN expressa a sensação e o sentimento presentes no decorrer do processo. DAN trabalha a massa compondo elementos que se articulam à medida que o processo vai-se desenvolvendo. DIE, enquanto modela, descreve sentimentos novos, diferentes daqueles que costuma ter. AND procura manter-se em contato com o que sente, para dar continuidade a seu trabalho.

IGc (VIN 6;5) Que coisa que é bom? Você já tinha feito isso alguma vez? Então o quê que é bom? **(VIN)** – Eu sinto alguma coisa boa assim, de repente.

IGc (DAN 9;10) (Pesquisadora) – Procure, de alguma maneira, ainda com os olhos fechados, dar a essa argila a forma do que você viu. *[Volta a cabeça para frente e apóia a argila na mesa e, com a palma da mão, vai deslizando sobre ela, fazendo uma espécie de "minhoquinha".]* **(DAN)** – Ela está mais molhadinha. *[Dá um sorriso. Busca com as mãos, apalpando sobre a mesa, o pedaço maior de argila e pega um pedaço pequeno, faz com ele o mesmo movimento com a palma da mão, fazendo outra "minhoquinha". Eleva esse pedaço, esfregando na palma da mão e volta para a mesa colocando de pé a minhoquinha. Busca mais um pedaço pequeno, apalpando sobre a mesa até encontrar (parece ser-lhe difícil, um pouco incômodo, ficar de olhos fechados)...]*

IGc (DIE 9;9) (Pesquisadora) – Qual é o seu sentimento quando você vai provando coisas novas? **(DIE)** – Meu sentimento? *[Bate o bloco de argila na palma da mão, achatando e alisando.]* (Pesquisadora) – Hum, hum. **(DIE)** – Eu vou descobrindo assim coisas boas, coisas melhores. *[Vai girando o bloco quadrado por todos os lados na palma da mão. Bate o bloco de comprido, verticalmente, na mesa. (Espreme os lábios e passa a língua por eles).]* (Pesquisadora) – Não entendi, DIE, me conte um pouquinho mais. **(DIE)** – Um sentimento assim melhor, é assim diferente, que eu não costumo sentir muito.

IGc (AND 13;8) – Não ver o desenho é bom? **(AND)** – Porque daí eu vou ficar menos irritado. (Pesquisadora) – Se você não vir o desenho, você vai seguir o quê? **(AND)** – Vou seguir o que eu sinto. (Pesquisadora) – Então siga o que você sente. Bater a argila ajudou a conectar no que você sente? **(AND)** – Um pouco. (Pesquisadora) – Então, bate mais um pouquinho. **(AND)** – Está bom. *[Põe a placa no meio da palma das mãos, apalpa deslizando por todos os seus pontos: sentindo, amassando, girando e apalpando.]* (Pesquisadora) – Como é que você decide qual é a espessura? **(AND)** – Quando não está muito fina. (Pesquisadora) – Essa argila deixa que você faça ela até bem fina, se você quiser. **(AND)** – Pode ser.

AND parece negar a interferência que a irritação causa em seu processo.

IGd (AND 13;8) (Pesquisadora) – E se você batesse a argila? **(AND)** – Não sei se a irritação aumenta, porque a irritação é de não conseguir fazer o que eu estava querendo fazer. (Pesquisadora) – Mas se você se liberar dessa irritação, será que você não vai ficar mais à vontade? **(AND)** – Não sei.

ARI parece não compreender a plasticidade da massa, e acha que sua dificuldade está relacionada à plataforma de suporte, que procura modificar AND mexe e remexe na massa, desprende o bloco do suporte, mas aparentemente não está encontrando uma “resposta” para suas inquietações.

IGe (ARI 11;4) (ARI) – Dá para usar a outra plataforma? *[ARI tira os pedaços de argila da base de madeira, a pesquisadora traz outra base para mais perto e ele coloca a argila sobre ela na mesa com ajuda de uma espátula. Desprende a escultura da base em cima do torno e a coloca na mesma base, mais ao centro. A escultura tomba, ARI a segura e endireita com uma espátula de madeira, fixando a parte de baixo, segurando com a mão direita, e com a mão esquerda segura a escultura.]* (Pesquisadora) – Dá.

IGe (AND 13;8) *[Senta e começa a mexer na argila, amassando, enrolando e apertando os dedos nela e deixando novamente uma placa esparramada. Levanta a madeira para despegar o bloco de argila, vira para o outro lado, alisando, trabalhando-a na palma da mão. Coloca água e alisa com movimentos bem rápidos.]*

CAR realiza movimentos fora do contexto, sem considerar a relação entre eles e o processo.

IGf (CAR 11;1) *[CAR mexe a cabeça para um lado e para outro, enquanto pega um pouco de argila, passando-a de uma para outra mão rapidamente. Movimenta a cabeça para trás, procurando retirar o cabelo dos olhos, ou da frente do rosto, mexe o corpo, talvez por um leve estremecimento. Passa a argila de uma mão para a outra, amassando com os todos os dedos de uma vez a massa, para então passá-la para a outra mão. Repete esse movimento por nove vezes, sempre acompanhado do corpo que também está participando da ação. Coloca a argila sobre a mesa e começa a amassá-la. Permanece com os olhos abertos. Sorri.]* **(CAR)** – Às vezes quando eu estou sozinha ou então quando a aula está chata sabe quem vem me visitar em meu pensamento? *[CAR amassa com a mão esquerda enquanto, com a direita, alisa a argila. Olha para a pesquisadora, procurando conversar. Movimenta o corpo.]* (Pesquisadora) – Quem? *[CAR olha para a pesquisadora e continua a mexer na argila, repetindo o mesmo tipo de movimento]* **(CAR)** – A moça bonita. *[CAR volta a olhar para a argila, mexendo nela com certa rapidez]*

H) Coordenado / Não coordenado

O sujeito verifica possibilidades, trabalhando a interdependência entre partes e todo. Tem a intenção de realizar interações diferenciadas, relativizando suas ações, ordenando-as por prioridades. Considera implicações de ordem transformacional (Piaget, 1980a-1996).

Ou então, tem dificuldade em levantar possibilidades, misturando, sem sistematizar, as partes e o todo. Suas decisões são descoordenadas. Observa-se a ausência de relativização da ordem de suas ações. Não faz implicações entre as ações que escolhe realizar (Piaget, 1980a-1996).

H) Coordenado	Descoordenado
a. Relativiza suas ações, ordenando-as por prioridades; considera implicações de ordem transformacional. b. Verifica possibilidades; trabalha a interdependência entre as partes e o todo. c. Demonstra a intenção de realizar interações diferenciadas.	d. Não relativiza a ordem de suas ações, não fazendo implicações. e. Tem dificuldade em levantar possibilidades; mistura sem sistematizar as partes em relação ao todo. f. Suas decisões são descoordenadas.

AND manipula a massa, articulando todos os possíveis, coordenando os diferentes momentos do processo em direção a algo efetivamente novo. Seu sentimento também vai se transformando à medida que modela.

IHa (AND 13;8) *[...amassa a argila, colocando o peso do corpo sobre ela ao amassar. Põe água com a mão direita e amassa num movimento de esparramar. Repete esse movimento de colocar água e esparramar e vai juntando o bloco de argila, espremendo com os dedos, amassando com a palma da mão. Coloca a argila em cima do torno, pega o desenho, olha para ele e continua amassando a argila. Nesse momento a pesquisadora sai do seu lado. AND vai molhando a argila com rápidos movimentos de deslizar dos dedos. Alisa a peça e puxa novamente uma ponta que lembra a cauda de um cometa, pega a espátula e com ela define a forma, tirando o excesso e alisando, deixando o lado oposto maior e mais volumoso, como anteriormente. Gira a peça no torno, alisa, molha bastante, deixando-a bem "lambuzada". Olha para o desenho e, com uma esteca menor, contorna toda a peça, passa o polegar no lugar que "afundara" de leve com a esteca. Limpa, na beirada do torno, o excesso de argila que ficou na esteca. Usa a* *esteca também para cavar na parte maior um buraco, sempre deixando o excesso de argila na beirada do torno. Faz uma cavidade por dentro, fixa o que tirou na parede interna dessa cavidade do lado esquerdo. Nessa nova construção, AND repetiu o formato que ia ao encontro de sua idéia inicial, só não repetindo a maneira de executar. Sem fazer a espiral, foi fazendo uma cavidade maior com a esteca, deixando o outro lado novamente mais fino, como a cauda de um cometa. Ele fica um pouco mais volumoso, como o corpo de uma baleia. A pesquisadora volta para seu lado, AND pede mais argila, a pesquisadora lhe dá. Pega o pedaço de argila e tira dele um pedaço menor, que umedece, deixando bem "lambuzado", e junta na parte mais fina. Molha bastante as mãos e passa por toda a peça. Pega outro pedaço de argila, molha também, deixando totalmente encharcado. Sorri para a pesquisadora, achando engraçado o quanto ficou molhado. Aperta a massa nas mãos, fazendo um barulhinho com elas várias vezes, depois fixa-a na parte menor.]* E agora, qual é o sentimento? **(AND)** – Alívio. *[AND acrescenta argila na parede do lado direito da parte maior, na boca, ficando uma parede na frente, só ao lado direito, o que dá a impressão de profundidade. AND parece estar gostando do seu trabalho, parece "curtir" o que está vendo. Vai olhando seu trabalho e com a esteca vai aperfeiçoando a forma de acordo com sua primeira visualização.]* (Pesquisadora) – Alívio? E qual é a sensação? **(AND)** – Boa. (Pesquisadora) – Passou a irritação? Passou a raiva? **(AND)** – Sim.

BEL observa ao seu redor enquanto trabalha a massa, procurando coordenar as diferentes informações que recebe no decorrer do processo. FER coordena seus movimentos com precisão e beleza.

IHb (BEL 14;5) *[Olha para um primeiro movimento para bater a massa na mesa. Nota que o chá que estava ao seu lado "salta" e faz um movimento para retirá-lo, em seguida olha ao redor para ver onde colocá-lo, é auxiliada pela pesquisadora, que recebe o copo e o coloca em outro lugar. BEL olha a pesquisadora com* *um sorriso leve e prazeroso.]* **(BEL)** – Posso bater mesmo? (Pesquisadora) – Pode. *[BEL pega a massa, faz uma meia volta com ela e a joga com força sobre a mesa duas vezes, a primeira com mais força].*

IHb (FER 16;0) *[Realiza agora movimentos claramente coordenados, de modo a trabalhar as paredes laterais da entrada de sua caverna: fecha as mãos o suficiente para alcançar a espessura que deseja – ambas as mãos simultânea e simetricamente –, trabalhando de baixo para cima. Gira a peça e toca seu interior com a mão esquerda, como se verificasse como ela está.]*

DIE mostra sua intenção de realizar um trabalho de qualidade. AND explora a massa, demonstrando que quer elaborar uma idéia.

IHc (DIE 9;9) (Pesquisadora) – Qual é o seu sentimento quando você vai provando coisas novas? **(DIE)** – Meu sentimento? *[Bate o bloco de argila na palma da mão, achatando e alisando.]* (Pesquisadora) – Hum, hum. **(DIE)** – <u>Eu vou descobrindo assim coisas boas, coisas melhores</u>. *[Vai girando o bloco quadrado por todos os lados na palma da mão. Bate o bloco de comprido, verticalmente, na mesa.(Espreme os lábios e passa a língua por eles).]* (Pesquisadora) – Não entendi, DIE, me conte um pouquinho mais. **(DIE)** – <u>Um sentimento assim melhor, é assim diferente, que eu não costumo sentir muito</u>.

IHc (AND 13;8) (Pesquisadora) – Imagine o que você poderia fazer com essa massa *[AND levanta o pedaço de argila, segurando-o no ar, com sua mão direita, e com a mão esquerda endireita o apoio de madeira em que está trabalhando a argila. Coloca a argila no apoio de madeira novamente]*, que idéia vem à sua mente *[volta a perfurar a argila com os dedos, ora apoiada na palma da mão, ora sobre a mesa]* e finalmente que tipo de imagem essa massa evoca na tela que você tem na sua mente. *[Pára de movimentar a mão direita, segurando o bloco de argila, enquanto introduz o polegar esquerdo na argila, torcendo-a com todos os* *dedos. Ao mesmo tempo em que alisa a massa com o polegar, faz um movimento, puxando de baixo para cima, com dedo indicador, e estica a massa, empurrando a argila. Bate no bloco de argila com a mão direita e o eleva um pouco, depois volta a apoiá-lo na mesa, amassando-o. Massageia as mãos e volta a apertar a argila com todos os dedos.]*

AND, por sua vez, parece não relativizar o que está sentindo. No diálogo com a pesquisadora até se dispõe a tentar algo novo.

IHd (AND 13;8) (Pesquisadora) – E se você batesse a argila? **(AND)** – Não sei se a irritação aumenta, porque a irritação é de não conseguir fazer o que eu estava querendo fazer. (Pesquisadora) – Mas se você se liberar dessa irritação, será que você não vai ficar mais à vontade? **(AND)** – Não sei. (Pesquisadora) – Quer tentar? **(AND)** – Pode ser.

ARI considera que o problema está na base em que está trabalhando, e não percebe ainda que a questão está ligada à plasticidade da massa.

IHe (ARI 11;4) (ARI) – Dá para usar a outra plataforma? *[ARI tira os pedaços de argila da base de madeira, a pesquisadora traz outra base para mais perto e ele coloca a argila sobre ela na mesa com ajuda de uma espátula. Desprende a escultura da base em cima do torno e a coloca na mesma base, mais ao centro. A escultura tomba, ARI a segura e endireita com uma espátula de madeira, fixando a parte de baixo, segurando com a mão direita, e com a mão esquerda segura a escultura.]* (Pesquisadora) – Dá.

CAR toma decisões descoordenadas do contexto.

IHf (CAR 11;1) (CAR) – Aquela moça bonita. *[CAR pega a massa e, alisando-a, parece dar-lhe uma forma arredondada]* **(CAR)** – Não sei, eu fiquei conversando com ela e aí ela veio embora e agora ela apareceu, sabia? *[CAR mexe o corpo, vira a cabeça para o lado, esticando parte do corpo, sorri]* (Pesquisadora) – E o que ela lhe falou? *[CAR volta a olhar a argila e pega* *o trabalho da mesa. Continua a alisá-lo e modelá-lo]* **(CAR)** – Ela ficou perguntando alguma coisa. (Pesquisadora) – Que tipo de coisa? *[CAR mexe o corpo, sorri, coloca o trabalho na mesa]* **(CAR)** – Como é que está em casa.... eu quero que você me fale! Mas daí ela foi embora de novo, feia... e sei lá.

Relações interpessoais

As relações interpessoais são aquelas que o sujeito estabelece com outro(s) sujeito(s). Estão ligadas aos sentimentos que coordenam suas ações nas duas dinâmicas básicas presentes de forma dialógica: o centrar e o descentrar. Ao interagir com o outro, a pessoa ouve a si mesma (internamente). E assim pode "ressignificar" seu modo de sentir, pensar e agir. Pode também ajustar sua conduta em direção à construção de um procedimento que o levará à concretização de suas metas.

Piaget (1965-1973, p. 36) descreve os três aspectos distintos mas indissociáveis de qualquer conduta em uma situação cooperativa: sua estrutura, sua energética e os sistemas de símbolos que servem de significantes a essas estruturas operatórias e a esses valores.

Na pesquisa, observamos a presença do sistema de valores nessa relação dialética porque pressupõe um ir e vir interno e regulador da dinâmica que norteia a ação. Dialética, por se construir dentro de um processo gradativamente majorante (Piaget, 1980a-1996), também descrito neste trabalho como o processo de equilibração majorante, dentro do recorte de análise dos processos cognitivos que acontecem paralelamente aos afetivos nas situações vividas pelos sujeitos.

Os valores dinamizados nas relações interpessoais se apresentam em nosso experimento à medida que os sujeitos respondem às sutis intervenções feitas pela pesquisadora no decorrer das oficinas criativas. Tais intervenções têm a intenção de remetê-lo à proposta básica da pesquisadora: que ele crie um projeto e o realize de forma absolutamente pessoal.

Observamos essa forma de relação quando os sujeitos entram na questão que lhes é apresentada e agem de modo a realizar o problema proposto. Notamos uma diferença em sua conduta, que passa a ser mais direcionada e precisa, com uma atitude mais centrada em direção à resolução da situação-problema que é o seu projeto.

Quando, ao final da *Oficina Criativa*, retomamos os passos do processo, ocorre o resgate dos diferentes momentos detonadores de mudanças. Na relação com a pesquisadora se reconstrói o que foi vivido, também tendo em vista muitos observáveis dessa dimensão afetivo-cognitiva.

É na interação entre a pesquisadora e o sujeito que a reflexão e a busca de razões se constroem. Podemos, assim, compreender o significado da experiência em seus diferentes momentos.

Quando observamos as relações interpessoais, podemos interpretar os modos como o sujeito regula sua ação no decorrer do processo. Notamos situações em que ele ajusta sua ação a partir de uma intervenção da pesquisadora. Em verdade, na construção da *Oficina Criativa,* ambos vivem um processo de assimilação e acomodação recíprocas (Piaget, 1980a-1996). Nossa intenção é explicitar tais ajustes, que expressam as regulações das ações que o sujeito faz nessa forma de interação.

Portanto, analisamos aqui as competências relacionais (Macedo, 1999) que os sujeitos possuem e que utilizam no jogo de interações presente no processo.

Levantamos quatro categorias de valores afetivo-cognitivos que reúnem, segundo nossa interpretação, as relações interpessoais:

A) Respeitoso / Invasivo
B) Flexível / Rígido
C) Objetivo /Ambíguo
D) Cooperativo / Não cooperativo
E) Mente aberta / Mente fechada
F) Interdependente / Dependente
G) Criativo / Não criativo
H) Receptivo / Não receptivo

Procedemos, agora, à descrição mais detalhada de cada uma dessas subcategorias. Para isso, foram destacados fragmentos ilustrativos de cada atributo que qualifica as categorias.

A) Respeitoso / Triste

A pessoa estabelece uma relação de simpatia ou antipatia, sendo respeitoso ou invasivo, atencioso ou desatento quanto ao que é verbalizado pela pesquisadora. A relação estabelecida entre ambos é agradável ou desagradável.

A) Respeitoso	Invasivo
a. Estabelece relação agradável, demonstrando simpatia. b. É respeitoso e atencioso para com as observações da pesquisadora. c. Reconhece o espaço do outro.	d. Estabelece uma relação desagradável, demonstrando antipatia. e. É invasivo e desatento para com as verbalizações da pesquisadora. f. Não reconhece o espaço do outro.

DIE manifesta seu sentimento em uma relação gostosa e agradável que estabelece com a pesquisadora. BEL inicia o processo demonstrando respeito para com o que lhe é sugerido e realizando suas ações com tranqüilidade.

IIAa (DIE 9;9) (Pesquisadora) – Teve algo que foi totalmente novo para você hoje? **(DIE)** – Teve. *[Continua olhando para as mãos, apoiado com os dois cotovelos na mesa.]* (Pesquisadora) – O quê? **(DIE)** – Ah, o sentimento assim, é diferente.

IIAa (BEL 14;5) (Pesquisadora) – Eu a convido agora, BEL, a pegar essa argila, mantendo os olhos fechados, a pegar essa argila que você tem na sua frente e a começar a amassá-la. Uma coisa assim de senti-la de uma forma bem... de sentir, de explorar, de mexer com ela. Não sei se é muito, não sei se você quer um pouco mais, ou menos... *[BEL aproxima ambas as mãos da massa que está à sua frente e começa a manipulá-la.]* **(BEL)** – Não. Tá bom. *[BEL aperta de um lado e de outro a massa, usando as mãos com coordenação e aparente intenção. As mãos realizam um movimento com todos os dedos que apertam e "puxam" a massa ao mesmo tempo em que a palma da mão dá sustentação para esse movimento. Em seguida "puxa" um outro tanto de massa e realiza uma exploração com movimentos semelhantes].*

VIN e DAN escutam as sugestões da pesquisadora e procuram realizá-las.

IIAb (VIN 6;6) Você pode continuar a tentar assim? **(VIN)** – Posso. *[VIN levanta os ombros, tensionando-os e relaxa, soltando. Com as mãos amassa o pedaço de argila nas laterais do bloco que está à sua frente.]*

IIAb (DAN 9;10) Ela lhe dá alguma idéia? *[Torce a argila e pára, soltando os braços sobre a mesa, escutando a pesquisadora falar].*

AND demonstra certa inquietação, pois fecha os olhos conforme lhe foi pedido, mas expressa seu respeito para com o que se está iniciando. BEL explora possibilidades na manipulação da argila, conforme o que lhe foi sugerido pela pesquisadora.

IIAc (AND 13;8) *[Durante o trabalho de sopro AND permanece de olhos abertos, com as mãos apoiadas sobre a mesa, mexendo com a mão esquerda no pedaço de argila. No decorrer do sopro, demonstra concentração. Nesse momento fecha os olhos, mas logo os abre novamente. Na parte final do sopro, solta os braços ao lado das pernas. Seu corpo aparenta estar um pouco mais relaxado do que no início.]*

IIAc (BEL 14;5) (Pesquisadora) – Eu a convido agora BEL, a pegar essa argila, mantendo os olhos fechados, a pegar essa argila que você tem na sua frente e começar a amassá-la. Uma coisa assim de senti-la de uma forma bem... de sentir, de explorar, de mexer com ela. Não sei se é muito, não sei se você quer um pouco mais, ou menos... *[BEL aproxima ambas as mãos da massa que está à sua frente e começa a manipulá-la.]* **(BEL)** – Não. Tá bom. *[BEL aperta de um lado e de outro a massa, usando as mãos com coordenação e aparente intenção. As mãos r ealizam um movimento com todos os dedos que apertam e "puxam" a massa ao mesmo tempo em que a palma da mão dá sustentação para esse movimento. Em seguida "puxa" um outro tanto de massa e realiza uma exploração com movimentos semelhantes].*

DAN aparenta estar sentindo algo desagradável, pois procura, com certa insistência, observar o que está acontecendo no espaço externo, sem conseguir manter-se em contato com seu movimento interno. AND parece estar um pouco inquieto, olha para a pesquisadora meio de lado, demonstrando dificuldade em aceitar até a sugestão que ela lhe dá.

IIAd (DAN 9;10) *Pega pedaços menores de argila, olha para fora, acompanhando o olhar da pesquisadora, que se levanta. DAN olha para fora também, mas continua a trabalhar. Fixa outros pedacinhos de argila que estão na mesa, nessa placa que colocou ao lado das flores, olha para fora, parece estar procurando a pesquisadora, ou tentando saber o que ela está fazendo. Continua trabalhando, derruba uma das flores, faz uma expressão impaciente, vira os olhos e levanta a flor, arrumando-a. Olha novamente para fora, para o lado (porque ouve um barulho), olha para a modelagem, olha para o desenho, pega mais argila, olha para o lado, olha para a câmera . Trabalha um pedaço de argila, busca outra ferramenta, mostra uma ferramenta e pega outra bem comprida, com a qual desenha, deslizando como se estivesse fazendo um mar, água em movimento, (aperta e abre a boca).*

IIAd (AND 13;8) *[Dá um sorriso, olhando meio de lado para a pesquisadora, joga a argila sem muita força, timidamente, com a mão direita, sobre a mesa. Olha de novo para a pesquisadora, com* *um puxar de olhos e dá uma risada. (...) AND levanta a madeira para despregar o pedaço de argila. Como não consegue fazê-lo com as mãos, usa uma espátula grande de ferro. A argila cai sobre a mesa, AND pega-a e torna a jogá-la, com um pouco mais de força. (...)* (Pesquisadora) – Vamos, pode bater. Joga fora essa irritação que vem. Uma coisa assim de entrar em contato com ela e... **(AND)** – A primeira concha que eu fiz é a que estava melhor, a que eu fiz quando estava de olhos fechados. *[Bate novamente a argila na mesa, AND não fica muito à vontade fazendo esse movimento.]* (Pesquisadora) – Melhorou? **(AND)** – Um pouco.

CAR permanece "dentro e fora" da experiência. Não se entrega, demonstrando certa desatenção para com o processo.

IIAe (CAR 11;1) Qual é a sensação? **(CAR)** – De estar caindo junto com a argila. (Pesquisadora) – E não é bom? **(CAR)** – Não. Só parece quando eu vou me estatelar no chão. Quantas vezes eu já caí. *[CAR continua a bater a massa. Apenas no terceiro movimento é que seu lábio faz um suave trejeito.]* (Pesquisadora) – Isso, mais uma vez. Além de vir a idéia de se estatelar no chão, qual é a sensação? **(CAR)** – Espera aí, que tem um cabelo na minha boca. *[CAR tira um fio de cabelo que está em sua boca, realizando um movimento com o corpo todo].*

ANA demonstra certa contradição entre o que faz e o que pretendia fazer, permanecendo presa a seus movimentos internos.

IIAf (ANA 32;8) (Pesquisadora) – O que você tem vontade de fazer com ela? Imagine o que você poderia fazer com essa massa, que tipo de idéia vem à sua mente e, finalmente, que imagem ela evoca? **(ANA)** – Pão-de-queijo. *[Dá uma boa gargalhada e continua fazendo as esferas, sorrindo bastante.]* **(ANA)** – Eu adoro. Quando eu faço em casa eu me realizo, porque é uma coisa que eu acho que não sei fazer legal. As pessoas dizem que é gostoso. *[Coloca as bolas confeccionadas no apoio sobre a mesa e as deixa de lado].*

B) Flexível / Rígido

A pessoa estabelece contato ou não com o outro, age espontaneamente ou realiza movimentos robotizados e automatizados. Seus procedimentos indicam que ele realiza as sugestões dadas pela pesquisadora, ou que não as leva em conta. Por vezes o sujeito infere possibilidades e pergunta, na intenção de esclarecer dúvidas que se apresentam; ou então não levanta novos possíveis. Pode ser afável ou impositivo, obediente ou desobediente, estabelecer ou não uma relação de interesse.

B) Flexível	Rígido
a. Infere possibilidades e faz perguntas, esclarece dúvidas; é afável e obediente ao sentido do processo. b. Realiza as sugestões dadas pela pesquisadora, age espontaneamente. c. Estabelece contato com a pesquisadora, em uma relação de interesse.	d. Permanece alheio; é impositivo e desobediente. e. Não leva em conta as sugestões dadas pela pesquisadora e realiza movimentos automáticos. f. Não estabelece contato com a pesquisadora. Há uma relação de "não-interesse".

DAN sente vontade de realizar o que lhe é pedido e liberdade para esclarecer pequenas dúvidas, o que garante certa qualidade de presença em sua ação. AND explicita seu não saber, o que lhe abre espaço para tomar sua decisão.

IIBa (DAN 9;10) ...pode abrir os olhos. Quando você sentir, ou quando quiser. Se você quiser continuar trabalhando com os olhos fechados, continue. *[Pára de trabalhar, relaxa o corpo soltando um pouco as costas e pára para pensar. Aperta uma bolinha de argila entre os dedos indicadores.]* **(DAN)** – Se eu abrir, eu não posso mais trabalhar? (Pesquisadora) – Pode. *[Com os olhos ainda fechados, prende a bolinha que fez na minhoquinha em pé e a* *derruba, novamente ergue a minhoquinha e dá uma risada. Aperta bem a parte de baixo da minhoquinha na mesa e prende a bolinha de novo em cima. Abre os olhos e arruma um pouco o trabalho, dando-lhe uma "apertadinha"].* **(DAN)** – Eu vou abrir.

IIBa (AND 13;8) (Pesquisadora) – E então, quando vem uma idéia que você não gosta, o que você sente? **(AND)** – Eu tento procurar uma idéia que eu goste. (Pesquisadora) – Mas o que você sente? Qual é o sentimento dentro de você? **(AND)** – Ah, não sei. Eu vou fazer uma concha. *[Com as duas mãos apoiadas na parte de baixo do seu trabalho, sente todo o formato da peça que vem executando, com a mão esquerda apoiada no lado esquerdo. Com a mão direita, trabalha a parte côncava; simultaneamente alisa as laterais e a parte de trás. Faz um movimento de cavar na parte da frente do bloco de argila. Leva os pedaços que vai retirando, para a parte superior, côncava, e os prende lá.]*

VIN age espontaneamente, relatando o que pensa e sente. AND e BEL manipulam a argila com desenvoltura e intencionalidade.

IIBb (VIN 6;5) (VIN) – Sabe que já está pronto, o que eu teria que fazer aqui? (Pesquisadora) – Onde? **(VIN)** – Aqui. *[Vira a argila amarela, pega um pedaço, deixando a outra metade sobre a mesa, eleva no ar e trabalha a argila com a mão direita só com a ponta dos dedos, não coloca as mãos inteiras, sempre as pontas dos dedos].*

IIBb (AND 11;4) *[Fecha os olhos, eleva as mãos para cima da mesa, mexe um pouco nos dedos, começa a amassar a argila que estava sobre a mesa, apertando, introduzindo todos os dedos e formando orifícios. A argila se parte em dois pedaços, ele os une novamente e inicia movimentos giratórios, a argila elevada em suas mãos e os cotovelos apoiados sobre a mesa. Continua com os mesmos movimentos de apertar e furar, formando buracos. Apóia a argila na mão esquerda e vai apertando com a direita. Apóia o pedaço de argila na mesa e vai amassando, usando a palma das mãos].*

IIBb (BEL 14;5) *[BEL aperta de um lado e de outro a massa, usando as mãos com coordenação e aparente intenção. As mãos realizam um movimento com todos os dedos que apertam e "puxam" a massa ao mesmo tempo em que a palma da mão dá sustentação para esse movimento. Em seguida "puxa" um outro tanto de massa e realiza uma exploração com movimentos semelhantes.]*

ARI compartilha seu processo, relatando o que acha que está fazendo em resposta à pesquisadora. FER interage com a pesquisadora, procurando descrever seu processo, da maneira como percebeu que acontecia, efetivamente comprometido e interessado no que está realizando.

IIBc (ARI 11;4) Será que você já tem uma idéia do que gostaria de estar modelando com ela? *[Aperta de baixo para cima, espremendo a argila, o bloco torna-se mais fino e mais comprido. A peça entorta querendo cair, ARI consegue controlá-la, segurando-a.]* **(ARI)** – Eu estou fazendo..., eu não estou vendo nada. (Pesquisadora) – Mesmo sem ver, ainda com os olhos fechados, você tem uma idéia do que você gostaria fazer com ela? **(ARI)** – Eu tenho, acho que estou fazendo um menino.

IIBc (FER 16;0) (Pesquisadora) – Como é que era isso? Você já tinha feito isso alguma vez? **(FER)** – Não. Eu imaginava assim tipo como é que vai ser aqui em cima, se eu tivesse girando, mas na cabeça sabe. Aí eu olhando de costas, aí vinha de lado, até que aqui que eu fiz o desenho do lado até né, que na minha cabeça não era assim um negócio que acabava, mas agora que eu estou vendo, ficou diferente do meu pensamento essa parte, mas eu imaginava tudo, aqui essa parte... (Pesquisadora) – Quer dizer, isso foi algo que você transformou na hora em que você fez. **(FER)** – Isso. (Pesquisadora) – Fala mais um pouquinho sobre isso. Você percebeu que você tinha feito assim... **(FER)** – Então, eu acho que eu imaginava todos os ângulos assim, me via olhando essa parte só da caverna, olhando desse lado... eu acho que era isso, olhando a frente como é que ia ficar, uma parte só com a divisória no meio, não até a porta, mas só até aqui essa metade assim.

CAR procura realizar o que deseja, porém mantendo uma certa "reserva" para com o que escolhe fazer. ARI faz algumas perguntas para elucidar suas dúvidas. Mostra-se bastante resistente e procura dirigir o processo.

IIBd (CAR 11;1) *[CAR olha para o lado, observando as ferramentas que a pesquisadora oferece, e volta a olhar para o seu trabalho. Movimenta a cabeça. como que pensando o movimento.]* **(CAR)** – Calma aí, que eu acho que eu tive uma idéia. *[CAR aponta uma esteca.]* **(CAR)** – Essa aqui. *[CAR mexe na argila, olha o trabalho, movimenta a cabeça, aperta os lábios. Tem à sua frente a argila, um pouco despedaçada, já que, de certa forma, estava desmanchando o que fazia.]* **(CAR)** – Posso mudar de idéia? *[CAR olha para a pesquisadora sorrindo, como se desabafasse. Movimenta a cabeça acompanhando sua fala. Tem um pouco de argila nas mãos...]*

IIBd (ARI 11.4) Desenhe a idéia e a imagem que você tinha na sua cabeça. **(ARI)** – Como assim? (Pesquisadora) – Aqui. *[ARI abre os olhos. A pesquisadora aproxima uma folha e um lápis do seu lado direito.]* **(ARI)** – Como que eu vou fazer, ainda não entendi? *[ARI afasta a escultura para o lado esquerdo, retira alguns pedaços de argila dos dedos, pega a folha e o lápis.]* (Pesquisadora) – Primeiro você vai desenhar a imagem da sua cabeça, aquela idéia. **(ARI)** – Com os olhos fechados? *[Olha para a pesquisadora.]* (Pesquisadora) – Não, com os olhos abertos, não é? Lembra o que você viu? **(ARI)** – Aqui ou na minha cabeça? *[Aponta para a escultura.]* (Pesquisadora) – Na cabeça. Na sua cabeça. **(ARI)** – Eu estava pensando em fazer... cadê a borracha? *[Debruça na mesa para pegar a borracha.]* (Pesquisadora) – Não precisa de borracha. *[A pesquisadora se aproxima de ARI]* **(ARI)** – Ah, mas ficou ruim. *[ARI apaga seu desenho, um traço. Apóia a* *borracha na mesa e continua seu desenho. Apóia o lápis mais uma vez e continua a desenhar com a mão direita, enquanto a mão esquerda se apóia sobre a mesa, segurando o papel. Desenha um boneco com cabelos.]*

VIN permanece num movimento automatizado: olha para várias direções, sucessivamente, sem se fixar na ação que se dispõe a realizar. AND manipula a massa sem sentir-se totalmente livre para fazêlo, parece estar apenas fazendo um movimento, sem intenção de liberar sua energia, conforme lhe é proposto.

IIBe (VIN 6;5) (VIN) – Eu gostaria... de mandar uma coisa boa para vocês. *[Pega um pedaço de argila escura e molha na madeira, molha as mãos e passa nela. [Aponta para a câmera e para a pesquisadora, dando uma risada. Vira a cabeça para o lado, mistura a argila amarela e a pr eta, faz car etas, cara de gozação para a câmera e fala ao mesmo tempo que a pesquisadora.]*

IIBe (AND 13;8) *[Dá um sorriso, olhando meio de lado para a pesquisadora, joga a argila sem muita força, timidamente, com a mão direita, sobre a mesa. Olha de novo para a pesquisadora, com um puxar de olhos e dá uma risada. O pote de água que está em cima da mesa e as ferramentas "pulam" e a pesquisadora segura-os nas mãos. AND levanta a madeira para despregar o pedaço de argila. Como não consegue fazê-lo com as mãos, usa uma espátula grande de ferro. A argila cai sobre a mesa, AND pega-a e torna a jogá-la novamente, com um pouco mais de força. O bloco de argila não gruda tanto e AND consegue facilmente pegá-lo sem a ajuda da espátula.]* (Pesquisadora) – V amos, pode bater. Joga fora essa irritação que vem. Uma coisa assim de entrar em contato com ela e... **(AND)** – A primeira concha que eu fiz é a que estava melhor, a que eu fiz quando estava de olhos fechados. *[Bate novamente a argila na mesa, AND não fica muito à vontade fazendo esse movimento.]* (Pesquisadora) – Melhorou? **(AND)** – Um pouco.

PAT permanece apenas "tocando e acariciando" o bloco de argila que tem em sua mãos, como se tentasse controlar a experiência que está por começar.

IIBf (PAT 50;1) *[PAT começa a amassar as laterais de um bloco de argila retangular, com todos os dedos e a palma da mão, de baixo até em cima. (...) [Vai apertando, deixando a marca de todos os dedos com leves movimentos, trazendo um pouco para perto de si; a argila partiu-se ao meio, sem que os pedaços se separassem . PAT consegue controlar e continua com um bloco alto. Desliza o polegar direito pela lateral direita do bloco, aperta o lado esquerdo do bloco com a mão esquerda com movimentos de apertos mais profundos. Empurra o bloco de argila mais para a frente na mesa e desliza as mãos, acariciando-o sempre nas laterais.*

C) Objetivo / Ambíguo

Ao falar ou ouvir, o sujeito olha nos olhos da pesquisadora, ou, então, mantém-se preso ao "si mesmo", não se descentrando para interagir. "Responde" às intervenções realizadas com procedimentos precisos e diretos, ou mantém uma atitude dissimulada. É franco, direto e objetivo ou camuflado e ambíguo. Demostra clareza ou confusão. É transparente, disponível e interessado ou defendido e "amarrado".

C) Objetivo	Ambíguo
a. Seus procedimentos são precisos e diretos, em respostas às intervenções realizadas. b. É franco, sincero, direto, objetivo e claro. Disponível e interessado. c. Olha nos olhos da pesquisadora e ouve o que está sendo dito.	d. Mantém-se dissimulado, fingindo não ouvir o que é sugerido pela pesquisadora. e. É camuflado e ambíguo, confuso, defendido e preso. f. Mantém-se preso ao "si mesmo" não se descentrando para interagir.

BRU e AND realizam o que lhes é pedido, agindo com precisão e pertinência.

IICa (BRU 7;8) *[Apresenta um movimento intencional de penetrar a argila com os dedos das mãos: ela o faz introduzindo cada dedo como em um dedilhado, e fechando a mão para, em seguida, realizar o mesmo movimento com a outra mão. Penetra agora a massa com um polegar, e depois com o outro. Aperta a totalidade da massa com a palma da mão direita, dando um certo apoio a esse movimento com a esquerda. Parece concentrada em realizar o que está sendo sugerido.]*

IICa (AND 13;8) (Pesquisadora) – Minha sugestão é de que você amasse a argila sem ficar sentado, um pouco. *[Olha para a pesquisadora, fica de pé, respira fundo, amassa a argila, colocando o peso do corpo sobre ela ao amassar. Põe água com a mão direita e amassa num movimento de esparramar. Repete esse movimento de colocar água e esparramar e vai juntando o bloco de argila, espremendo com os dedos, amassando com a palma da mão. Coloca a argila em cima do torno, pega o desenho, olha para ele e continua amassando a argila.*

VIN escuta o que lhe é pedido e se posiciona, com franqueza e objetividade. DIE relata, com sinceridade, o que o surpreendeu. AND compartilha suas tentativas, procurando encontrar saídas para o seu problema.

IICb (VIN 6;5) ...eu vou pedir para você trabalhar durante um tempo, ainda com os olhos fechados, mas eu vou te falando e aí quando for a hora de abrir os olhos eu te falo. Pode ser assim? A gente pode tentar trabalhar desse jeito hoje? **(VIN)** – Pode tentar. *[Mexe com os dedos da mão direita na argila.]* (Pesquisadora) – Tentar, combinado. **(VIN)** – Se eu não conseguir, eu abro.

IICb (DIE 9;9) (Pesquisadora) – Teve algo que foi totalmente novo para você hoje? **(DIE)** – Teve. *[Continua olhando para as mãos, apoiado com os dois cotovelos na mesa.]* (Pesquisadora) –

O quê? **(DIE)** – Ah, o sentimento assim, é diferente.

IICb (AND 13;8) (Pesquisadora) – E então, quando vem uma idéia que você não gosta, o que você sente? **(AND)** – Eu tento procurar uma idéia que eu goste. (Pesquisadora) – Mas o que você sente? Qual é o sentimento dentro de você? **(AND)** – Ah, não sei. Eu vou fazer uma concha.

VIN estabelece uma relação de cumplicidade para com a pesquisadora.

IICc (VIN 6;5) *[VIN abre os olhos e olha atento para a pesquisadora, parando os movimentos com a argila e em seguida volta a amassá-la.]* (Pesquisadora) – Você fica amassando e você fica sentindo ela na tua mão, dá VIN? **(VIN)** – Hum, hum.

BRU desenha com precisão, mas sem estabelecer contato com a pesquisadora. Já AND demonstra certa ambigüidade ao fazer o que lhe é sugerido, mas sem colocar-se inteiramente na ação.

IICd (BRU 7;8) *[BRU desenha. Seus movimentos são precisos. Quando termina, solta o lápis e levanta os olhos, sem dirigi-los para a pesquisadora].*

IICd (AND 13;8) (Pesquisadora) – Vamos, pode bater. Joga fora essa irritação que vem. Uma coisa assim de entrar em contato com ela e... **(AND)** – A primeira concha que eu fiz é a que estava melhor, a que eu fiz quando estava de olhos fechados. *[Bate novamente a argila na mesa, AND não fica muito à vontade fazendo esse movimento.]* (Pesquisadora) – Melhorou? **(AND)** – Um pouco.

BRU conversa sem levantar os olhos para a pesquisadora e DIE aceita o que lhe é sugerido, mas o gesto que faz com os lábios revela sua inquietação. ARI demonstra sua ambigüidade, postura defensiva que apresenta a cada intervenção realizada.

IICe (BRU 7;8) *[BRU está mexendo na massa. Seus olhos permanecem voltados para a argila. Conversa com a pesquisadora sem tirar os olhos da massa].*

IICe (DIE 9;9) .) – Será que você gostaria, DIE, de tornar essa sua primeira idéia um projeto? (DIE) – Gostaria. *[DIE olha atentamente para a pesquisadora, não parando de tocar a argila, (espreme os lábios)].*

IICe (ARI 11;4) Desenhe a idéia e a imagem que você tinha na sua cabeça. **(ARI)** – Como assim? (Pesquisadora) – Aqui. *[ARI abre os olhos. A pesquisadora aproxima uma folha e um lápis do seu lado direito].* **(ARI)** – Como que eu vou fazer, ainda não entendi? *[ARI afasta a escultura para o lado esquerdo, retira alguns pedaços de argila dos dedos, pega a folha e o lápis].* (Pesquisadora) – Primeiro você vai desenhar a imagem da sua cabeça, aquela idéia. **(ARI)** – Com os olhos fechados? *[Olha para a pesquisadora].* (Pesquisadora) – Não, com os olhos abertos, não é? Lembra o que você viu? **(ARI)** – Aqui ou na minha cabeça? *[Aponta para a escultura.]* (Pesquisadora) – Na cabeça. Na sua cabeça. **(ARI)** – Eu estava pensando em fazer... cadê a borracha? *[Debruça na mesa para pegar a borracha.]* (Pesquisadora) – Não precisa de borracha. *[A pesquisadora se aproxima de ARI]* **(ARI)** – Ah, mas ficou ruim. *[ARI apaga seu desenho, um traço. Apóia a borracha na mesa e continua seu desenho. Apóia o lápis mais uma vez e continua a desenhar com a mão direita, enquanto que a mão esquerda se apóia sobre a mesa, segurando o papel. Desenha um boneco com cabelos.]*

BRU mantém-se distante, e PAT está visivelmente tensa e pouco à vontade no início do processo.

IICf (BRU 7;8) *[BRU está sentada ao lado da pesquisadora e observa os materiais que há sobre a mesa. Toca levemente a argila, e mantém os olhos "baixos".]* (Pesquisadora) – Você gosta de massagem? *[BRU olha para a pesquisadora e sorri, movimentando a cabeça em uma atitude de concordância].*

IICf (PAT 50;1) *[Durante o trabalho de sopro, PAT parecia estar com os ombros e o corpo tensos, a expressão facial muito* *séria e triste, tanto o corpo como os ombros e a expressão facial estavam imóveis...]*

D) Cooperativo / Não cooperativo

A pessoa estabelece relação de troca com a pesquisadora ou age de forma solitária, egocêntrica e independente demais. Solicita o que deseja, fazendo perguntas e levantando possibilidades. É colaborador, coopera para a evolução do processo; ou é atrapalhador do seu desenrolar. Parece expressar um espírito coletivo ou individualista na construção desse processo.

D) Cooperativo	Não Cooperativo
a. Expressa um espírito colaborador, cooperando com o desenrolar do processo. b. Estabelece uma relação de troca com a pesquisadora. c. Solicita o que deseja fazer por meio de perguntas, levanta possibilidades.	d. Expressa um espírito individualista, não cooperando com o desenrolar do processo. e. Age de forma solitária, egocêntrica e independente demais. f. Permanece quieto não interagindo no decorrer do processo.

CED descreve seu processo em uma atitude cooperativa para com a pesquisadora. DIE também estabelece uma relação de troca cooperativa coma pesquisadora e com seu próprio processo.

IIDa (CED 37;7) (CED) – É, então, naquele momento eu estava bem presente, sentindo aquela massa ainda sem forma, sem nenhuma representação de coisa alguma, a não ser da terra tocando as mãos. Então, era como que um momento de incubação de algo que estava em meu inconsciente esperando um pequeno sinal para se expressar, à medida que você deu essa abertura, porque eu estava bem receptivo, bem aberto né, isso começou de uma forma muito dinâmica, tão dinâmica que eu entendo como uma expansão de consciência naquele momento porque, pela primeira vez, eu pude tocar com as mãos algo que era exclusividade – digamos assim – de um plano mental. Então, a imagem criada na tela mental pode ser tocada e simultaneamente modelada né, à medida que a argila na minha mão foi desenhando e criando a forma que a mente expressava; então isso foi uma coisa mágica, que trouxe para mim, eu traria uma palavra como um poder de tocar nesse plano que para mim é sempre inatingível.

IIDa (DIE 9;9) (Pesquisadora) Você nunca tinha sentido isso? **(DIE)** – Não. *[DIE olha bastante para a pesquisadora, que também olha para ele. Ambos sorriem. DIE boceja].*

VIN estabelece uma relação de troca, com certa cumplicidade, no decorrer do processo. DAN escuta atenta e carinhosamente o que lhe é dito, para, então, continuar seu trabalho.

IIDb (VIN 6;5) (Pesquisadora) – Por exemplo, olhando essa argila amarela que você tem na sua mão, que idéia que te vem? **(VIN)** – Posso falar essa idéia? *[Levanta a argila amarela que está alisando e começa a amassar com as duas mãos, apertando os dedos, apóia na mesa, bate na argila com as mãos fechadas, levanta novamente e aperta com as duas mãos. O seu movimento de amassar é mais de apertar do que de amassar].* (Pesquisadora) – Pode, claro. **(VIN)** – Uma concha. *[VIN trabalha a argila com movimentos rápidos.]*

IIDb (DAN 9;10) *[Olha para a pesquisadora com um riso no olhar. Movimentando os dedos, quer endo expressar o gesto de voar.]* (Pesquisadora) – Aquela que você (sopro), você faz assim? Eu não sei o nome dela, mas eu sei qual é. Ah, invente um jeito de fazer e ficar daquele jeito. Às vezes você pode usar uma esteca para dar a sensação. **(DAN)** – É. *[Olha para as ferramentas, enquanto observa, pega mais uma bolinha de argila e trabalha com ela do mesmo jeito que vinha fazendo. Pega uma esteca e timidamente usa, raspando um pouquinho, fixa mais um pedacinho, agora trabalhando nesse pedaço separado, não mais na minhoquinha que está em pé].*

ARI levanta uma hipótese sobre o que está produzindo, e AND busca possibilidades, experimentando fazer uso de vários elementos que lhe estão disponíveis para realizar o que pretende.

IIDc (ARI 11;4) ...Será que você já tem uma idéia do que gostaria de estar modelando com ela? *[Aperta de baixo para cima, espremendo a argila, o bloco torna-se mais fino e mais comprido. A peça entorta, querendo cair, ARI consegue controlá-la, segurando-a.]* **(ARI)** – Eu estou fazendo... eu não estou vendo nada. (Pesquisadora) – Mesmo sem ver, ainda com os olhos fechados, você tem uma idéia do que você gostaria fazer com ela? **(ARI)** – Eu tenho, acho que estou fazendo um menino.

IIDc (AND 13;8) (Pesquisadora) – Minha sugestão é de que você amasse a argila sem ficar sentado, um pouco. *[Olha para a pesquisadora, fica de pé, respira fundo, amassa a argila, colocando o peso do corpo sobre ela ao amassar. Põe água com a mão direita e amassa num movimento de esparramar (...) Coloca a argila em cima do torno, pega o desenho, olha para ele e continua amassando a argila. (...) Gira a peça no torno, alisa, molha bastante, deixando-a bem "lambuzada". Olha para o desenho e, com uma esteca menor, contorna toda a peça, passa o polegar no lugar que "afundara" de leve com a esteca. (...) Usa a esteca também para cavar na parte maior um buraco, sempre deixando o excesso de argila na beirada do torno. Faz uma cavidade por dentro, fixa o que tirou, na parede interna dessa cavidade do lado esquerdo. Nessa nova construção, AND repetiu o formato que ia ao encontro de sua idéia inicial, só não repetindo a maneira de executar. Sem fazer a espiral, foi fazendo uma cavidade maior com a esteca, deixando o outro lado novamente mais fino, como a cauda de um cometa. Ele fica um pouco mais volumoso, como o corpo de uma baleia.*

CAR explicita sua indisponibilidade para realizar ações planejadas.

IIDd (CAR 11;1) Que eu não sou arquiteta, como minha mãe. *[CAR mexe a cabeça para trás, enquanto vira os olhos um pouco para cima. Ao mesmo tempo, pega a argila que está sobre a mesa e começa a manuseá-la.] (CAR]* – Isso ela ia fazer num instante, sabia?, em um papel como esse daí. Só que isso não é comigo, mas... de fazer coisas de planejamento.

AND parece agir de forma solitária, olhando de soslaio para a pesquisadora, enquanto bate a argila na mesa.

IIDe (AND 13;8) Fique de pé, perto da cadeira, fique de pé para bater. *[AND fica em pé, bate a argila na mesa, ele se dá um sorriso, olhando meio de lado para a pesquisadora, joga a argila sem muita força, timidamente, com a mão direita, sobre a mesa. Olha de novo para a pesquisadora, com um puxar de olhos e dá uma risada. (...). AND não demonstra seus sentimentos nas batidas, não consegue ficar muito solto nos movimentos. Pára um pouco, entorta a madeira para conseguir despregar a ar gila. Acrescenta pedaços de ar gila que estão ao seu lado no bloco. Pega um papel que caiu no chão].*

ANA permanece centrada em suas experiências anteriores, e PAT parece estar de corpo presente, mas sua atitude corporal expressa solidão.

IIDf (ANA 32;8) (Pesquisadora) – O que você tem vontade de fazer com ela? Imagine o que você poderia fazer com essa massa, que tipo de idéia vem à sua mente e, finalmente, que imagem ela evoca? **(ANA)** – Pão-de-queijo. *[Dá uma boa gar galhada e continua fazendo as esferas, sorrindo bastante.]* **(ANA)** – Eu adoro. Quando eu faço em casa eu me realizo, porque é uma coisa que eu acho que não sei fazer legal. As pessoas dizem que é gostoso. *[Coloca as bolas confeccionadas no apoio sobre a mesa e as deixa de lado].*

IIDf (PAT 50;1) *[Durante o trabalho de sopro, PAT parecia estar com os ombros e o corpo tensos, a expressão facial muito séria e triste, tanto o corpo como os ombros e a expressão facial estavam imóveis...]*

E) Mente aberta / Mente fechada

Os julgamentos do sujeito são orientados por inferências dirigidas pela consideração de possibilidades (Piaget, 1980a-1996), e sua mente mantém-se aberta às sugestões da pesquisadora.

Ou então, seus julgamentos são dirigidos por percepções parciais de possibilidades (Piaget, 1980a-1996), e ele se mantém fechado em si mesmo, não levando em conta o que é dito pela pesquisadora.

E) Mente aberta	Mente fechada
a. Alavanca suas competências com tranqüilidade diante das situações propostas. b. Seus julgamentos são orientados por inferências dirigidas pela consideração de possibilidades. c. Mantém a mente aberta às sugestões da pesquisadora.	d. Faz exatamente o que acha que deve ser feito, como se se tratassem de pseudo-obrigações. e. Seus julgamentos são dirigidos por percepções parciais de possibilidades. f. Mantém-se fechado em si mesmo, não escutando o que é dito pela pesquisadora.

AND demonstra sua competência em trabalhar a massa de argila com assertividade. FER explicita seu movimento de construção, está tranqüilo no processo.

IIEa (AND 13;8) (Pesquisadora) – Minha sugestão é de que você amasse a argila sem ficar sentado, um pouco. *[Olha para a pesquisadora, fica de pé, respira fundo, amassa a argila, colocando o peso do corpo sobre ela ao amassar. Põe água com a mão direita e amassa num movimento de esparramar. Repete esse movimento de colocar água e esparramar e vai juntando o bloco de argila, espremendo com os dedos, amassando com a palma da mão. Coloca a argila em cima do torno, pega o desenho, olha para ele e continua amassando a argila. Nesse momento a pesquisadora sai do seu lado. AND vai molhando a argila com rápidos movimentos de deslizar dos dedos. Alisa a peça e puxa novamente uma ponta que lembra a cauda de um cometa, pega a* *espátula e com ela define a forma, tirando o excesso e alisando, deixando o lado oposto maior e mais volumoso, como anteriormente. Gira a peça no torno, alisa, molha bastante, deixando-a bem "lambuzada". Olha para o desenho e, com uma esteca menor, contorna toda a peça, passa o polegar no lugar que "afundará" de leve com a esteca. Limpa, na beirada do torno, o excesso de argila que ficou na esteca. Usa a esteca também para cavar na parte maior um buraco, sempre deixando o excesso de argila na beirada do torno. Faz uma cavidade por dentro, fixa o que tirou na parede interna dessa cavidade do lado esquerdo. Nessa nova construção, AND repetiu o formato que ia ao encontro de sua idéia inicial, só não repetindo a maneira de executar. Sem fazer a espiral, foi fazendo uma cavidade maior com a esteca, deixando o outro lado novamente mais fino, como a cauda de um cometa. Ele fica um pouco mais volumoso, como o corpo de uma baleia.]*

IIEa (FER 16;0) (FER) – Eu acho que foi uma coisa na minha cabeça que foi formulando né. Aí eu fui pensando assim, que está assim aqui, como é que eu posso fazer? Bom, se eu pegar um pedaço de uma argila e amassar mais ou menos, uma parede assim, se eu fizer isso eu acho que vai ficar certo. Se eu fizer mais ou menos assim, colocar aqui e emoldurar assim, passando o dedo, porque quando passa o dedo na argila ela vai montando uma na outra, eu acho que vai ficar o que eu espero. Aí saiu, eu coloquei, dei uma amassadinha, coloquei aqui e fui emoldurando até ficar do jeito que eu queria.

CED sente a necessidade de utilizar água e percebe sua presença. Isso vai guiar sua ação até que possa realizá-la. FER explicita seus julgamentos, orientados pelos elementos que reconhece como pertinentes ao momento em si.

IIEb (CED 37;7) *[Tateia, com os olhos fechados, a mão esquerda sobre a mesa à procura do pote de água, sem encontrá-lo, volta a amassar a argila com as duas mãos. Abre os olhos, en-*

contra o pote e o leva para perto de si, umedece a mão esquerda e molha o bloco de argila, segura-o com a mão esquerda, molhando a mão direita e umedecendo a argila...]

IIEb (FER 16;0) (Pesquisadora) – Teve uma hora que você me perguntou se podia pegar mais um pouquinho de argila, como é que foi? **(FER)** – Eu pensei assim. Do jeito que eu queria... não era daquele jeito que estava, só aqui em cima e sem nada, tudo aberto. Do jeito que eu tinha visto, era uma coisa meio escura lá no fundo e sem essas partes assim, ficava tudo claro. Aí eu falei assim, precisa de mais alguma coisa para tornar lá no fundo mais escuro e aqui na ponta mais claro e fazer uma divisão, porque não tinha. Por isso que eu peguei mais massinha... mais argila, para fazer isso. (Pesquisadora) – E aí você foi super-cuidadoso para usar aquele negócio, não precisava usar, mas aí você usou. Por quê? **(FER)** – Porque eu queria pegar mais ou menos uma medida certa, eu não queria pegar muito, que nem eu peguei da primeira vez que até sobrou um pouco, mas eu acabei usando aqui. Eu queria pegar mais ou menos exato, podia amassar na minha mão assim e depois encaixar lá, como se tivesse um quebra-cabeças, uma peça encaixando na outra, assim.

GUI realiza o que lhe é sugerido e DIE compartilha sua experiência.

IIEc (GUI 7;3) (Pesquisadora) – Então, ainda com os olhos fechados, você consegue imaginar o que ela lhe dá vontade de fazer? *[GUI faz uma pausa em seus movimentos de modelagem. Sustenta a sua peça com a mão esquerda e levanta levemente a cabeça. Parece organizar-se para realizar o que a pesquisadora está solicitando.]* (Pesquisadora) – Então imagine, deixe que essa imagem venha para dentro da sua cabeça. *[GUI trabalha em sua peça. Aperta a região central com a mão direita, envolvendo-a por inteiro. Bate a "superfície" de uma das extremidades com a mão direita.]*

IIEc (DIE 9;9) (Pesquisadora) – E onde, no seu corpo, você sente? **(DIE)** – Sinto aqui assim, aqui. *[Pára de alisar a argila, com a sua mão esquerda segura o bloco de argila e com a sua mão direita mostra o peito, o estômago e a barriga, deslizando sua mão do peito ao estômago e volta para a argila...]*

VIN evidencia com certa clareza o rigor e a rigidez com que deve fazer seu trabalho, chegando mesmo a "corrigir" a pesquisadora prontamente! ARI parece tentar realizar o que pretendia, quase esgotando possibilidades. Somente quando não lhe é mais possível, ele busca novas alternativas.

IIEd (VIN 6;5) (Pesquisadora) Trabalhando do jeito que você está trabalhando agora, você sente alguma coisa boa de repente? É isso? *[Pega o copo e põe um pouco de água no apoio de madeira e desliza as duas mãos nessa argila molhada, pega a escultura com movimentos lentos e depois bem rápidos, passando por toda a peça com as mãos bem meladas.]* **(VIN)** – "De" repente, e não "di" repente.

IIEd (ARI 11;4) (Pesquisadora) – Aqui, no seu projeto. Que tipo de decisão você tem de tomar? **(ARI)** – ...? (Pesquisadora) – Por exemplo? **(ARI)** – É ruim quando você vê que não dá para fazer uma coisa que você queria fazer. (Pesquisadora) – Quer dizer, é ruim perceber que não dá para fazer e aí qual é a decisão? **(ARI)** – O que eu posso fazer. (Pesquisadora) – E aí nessa hora qual é a sua estratégia? O que você resolve? Que você não pode fazer, tudo bem, mas de que jeito você resolve essa questão? **(ARI)** – É, aí eu vejo que não dá e não tento mais fazer. Eu tento fazer outra coisa.

BRU parece estar mais atenta ao que ocorre ao seu redor do que ao processo que se inicia.

IIEe (BRU 7;8) (Pesquisadora) – Então, se você deixar a argila aqui *(A pesquisadora coloca a argila sobre a mesa.)*, aí você enfia o dedinho assim, *[BRU coloca a argila sobre a mesa e fecha* *os olhos. Introduz o dedo na massa conforme estava sendo sugerido. Faz um leve trejeito com a boca].*

CAR permanece em seu movimento repetitivo e automatizado, aparentemente fechada em si mesma, apenas descrevendo o que se passa em seu interior, de forma bastante centrada.

IIEf (CAR 11;1) *[CAR mexe a cabeça para um lado e para outro, enquanto pega um pouco de argila, passando-a de uma para outra mão rapidamente. Movimenta a cabeça para trás, procurando retirar o cabelo dos olhos, ou da frente do rosto, mexe o corpo, talvez por um leve estremecimento. Passa a argila de uma mão para a outra, amassando com os todos os dedos de uma vez a massa, para então passá-la para a outra mão. Repete esse movimento por nove vezes, sempr e acompanhado do corpo, que também está participando da ação. Coloca a argila sobre a mesa e começa a amassá-la. Permanece com os olhos abertos. Sorri.]* (CAR) – Às vezes, quando eu estou sozinha, ou então quando a aula está chata, sabe quem vem me visitar em meu pensamento? *[CAR amassa com a mão esquerda enquanto, com a direita, alisa a argila. Olha para a pesquisadora, procurando conversar. Movimenta o corpo.]* (Pesquisadora) – Quem? *[CAR olha para a pesquisadora e continua a mexer na argila, repetindo o mesmo tipo de movimento]* (CAR) – A moça bonita. *[CAR volta a olhar para a argila, mexendo nela com certa rapidez].*

F) Interdependente / Dependente

Na relação entre o sujeito e a pesquisadora, as interdependências são atingidas em sua totalidade (Piaget, 1980a-1996). As sugestões da pesquisadora são agentes mobilizadores de novas ações por parte do sujeito, que interage com as idéias lançadas, refletindo e dialogando a partir delas. Dessa forma, alavanca suas competências com tranqüilidade diante das situações que lhe são propostas.

F) Interdependente	Dependente
a. As interdependências são atingidas em sua totalidade. b. Interage com as idéias lançadas pela pesquisadora, refletindo e dialogando a partir delas. c. Escuta as sugestões da pesquisadora como agentes mobilizadores de novas ações.	d. Reage às sugestões da pesquisadora, sem levar em conta o que ela lhe sugere. e. Mantém uma atitude de dependência, realizando o mínimo do que é sugerido pela pesquisadora. f. Reafirma o que sempre soube fazer, repetindo antigos procedimentos que lhe são familiares.

Ou então, mantém uma atitude de dependência, realizando apenas o mínimo do que é sugerido pela pesquisadora. Reafirma o que sempre soube fazer, repetindo antigas ações e procedimentos que lhe são familiares. Reage às sugestões da pesquisadora, fazendo exatamente o que acha que *deve* ser feito (presença de pseudo-obrigações), sem levar em conta o que lhe é sugerido.

AND trabalha a totalidade da massa, inter-relacionando suas partes, de modo a conseguir o que deseja. FER trabalha a totalidade da massa na interdependênca de suas partes.

IIFa (AND 13;8) (Pesquisadora) – Minha sugestão é de que você amasse a argila sem ficar sentado, um pouco. *[Olha para a pesquisadora, fica de pé, respira fundo, amassa a argila, colocando o peso do corpo sobre ela ao amassar. Põe água com a mão direita e amassa num movimento de esparramar. Repete esse movimento de colocar água e esparramar e vai juntando o bloco de argila, espremendo com os dedos, amassando com a palma da mão. Coloca a argila em cima do torno, pega o desenho, olha para ele e continua amassando a argila. Nesse momento a pesquisadora sai do seu lado. AND vai molhando a argila com rápidos movimentos de deslizar dos dedos. Alisa a peça e puxa nova-*

mente uma ponta que lembra a cauda de um cometa, pega a espátula e com ela define a forma, tirando o excesso e alisando, deixando o lado oposto maior e mais volumoso, como anteriormente. Gira a peça no torno, alisa, molha bastante, deixando-a bem "lambuzada". Olha para o desenho e, com uma esteca menor, contorna toda a peça, passa o polegar no lugar que "afundara" de leve com a esteca. Limpa, na beirada do torno, o excesso de argila que ficou na esteca. Usa a esteca também para cavar na parte maior um buraco, sempre deixando o excesso de argila na beirada do torno. Faz uma cavidade por dentro, fixa o que tirou na parede interna dessa cavidade do lado esquerdo. Nessa nova construção, AND repetiu o formato que ia ao encontro de sua idéia inicial, só não repetindo a maneira de executar. Sem fazer a espiral, foi fazendo uma cavidade maior com a esteca, deixando o outro lado novamente mais fino, como a cauda de um cometa. Ele fica um pouco mais volumoso, como o corpo de uma baleia.

IIFa (FER 16;0) *[FER está amassando o pedaço de argila sobre a mesa. Olha cuidadosamente os lugares que aperta com vigor. Levanta a massa e trabalha-a suspensa no ar. Seus movimentos são pequenos e precisos. A massa está sendo modelada em suas laterais (ou pontas), sempre com movimentos simétricos e simultâneos de ambas as mãos.]*

AND dialoga, refletindo sobre seus sentimentos. Já RIC interage com o que a pesquisadora sugere, explicitando por meio das ações seu movimento reflexivo.

IIFb (AND 13;8) Então o que você sente? **(AND)** – Não é uma raiva muito grande, mas eu fico com raiva. (Pesquisadora) – Você fica irritado? **(AND)** – Um pouco.

IIFb (RIC 38;9) *[Coloca sua mão direita em concha para ajudar a dar forma ao barco em uma de suas extremidades. Percorre as laterais, parecendo sentir cada pequena alteração que se* *faz na massa. Utiliza o polegar para percorrer mais uma vez a região do fundo do barco. Depois refaz um movimento semelhante, mas em outra área, usando agora os indicadores e os dedos médios. Seus movimentos são cuidadosos e intencionais.]* (Pesquisadora) – Observe a idéia e as imagens que você tem na sua mente. Apenas observe... e, se você sentir vontade de fazer alguma coisa a mais, que não estava na idéia original, faça. *[RIC continua seu trabalho, modelando o barco. Seus movimentos são delicados e precisos. Sorri. Pega um pouco mais de água e desliza suas mãos alternadamente sobre a peça. Aperta um pouco a parede, em um local onde ela está um pouquinho mais espessa.]*

VIN conversa com a pesquisadora enquanto até brinca com ela, expressando suas idéias e conflitos, procurando interagir mais e mais. GUI parece direcionar seu gesto com certa precisão, realizando o que lhe foi sugerido.

IIFc (VIN 6;5) – VIN, você já tinha feito brincadeira com a argila assim? **(VIN)** – Algumas vezes, já. (Pesquisadora) – Onde? **(VIN)** – Na escola, nos outros lugares. *[Pega de novo o dinossauro, põe no apoio, ele desliza um pouco, VIN molha as mãos na argila com a água que está a sua volta na mesa e passa no dinossauro. Põe ele um pouco de lado novamente e diz que já acabou o dinossauro.]* (Pesquisadora) – Hum, hum. **(VIN)** – Estou frito. (Pesquisadora) – Por que você está frito? **(VIN)** – Não estou frito, mas acabei esse dinossauro. Posso pegar? *[Aponta para a argila escura que está mais à frente.]* (Pesquisadora) – Termina de usar a amarela, você vai querer ela para fazer mais alguma coisa ou não? **(VIN)** – Quero juntar com essa.

IIFc (GUI 7;3) (Pesquisadora) – Aí eu peço que você imagine o que gostaria de fazer com ela. *[GUI parece aprimorar a forma que já está modelada. Gira a massa um pouco e "aperta" em alguns pontos, mas com toda a mão. Gira novamente e a modela fazendo uso de ambas as mãos. Sustenta a figura com a mão es-*

querda e "apalpa" a parte superior com a direita. Refaz esse mesmo movimento.]

VIN diz claramente que não quer fazer o que a pesquisadora lhe pede. AND parece inicialmente resistir ao que lhe é sugerido.

IIFd (VIN 6;5) (Pesquisadora) – Quer uma outra folha para você poder desenhar o outro? Era bom, né? Agora, o último é o dinossauro. **(VIN)** – Não vou fazer, não quero fazer. *[A pesquisadora pega o papel, põe à sua frente e ele espreme a argila nas mãos molhando com água e desenha com todos os dedos.]* (Pesquisadora) – Do jeito que você fez lá. **(VIN)** – Você sabe tudo? (Pesquisadora) – Não. Algumas coisas eu sei. **(VIN)** – No que eu estou pensando agora? (Pesquisadora) – Ah, não sei em que você está pensando. **(VIN)** – Tem que adivinhar. (Pesquisadora) – Você está pensando em como é que você vai fazer o dinossauro. Em que você está pensando? **(VIN)** – Na minha casa.

IIFd (AND 13;8) (Pesquisadora) – E se você batesse a argila? **(AND)** – <u>Não sei se a irritação aumenta, porque a irritação é de não conseguir fazer o que eu estava querendo fazer</u>. (Pesquisadora) – Mas se você se liberar dessa irritação, será que você não vai ficar mais à vontade? **(AND)** – <u>Não sei</u>. (Pesquisadora) – Quer tentar? **(AND)** – Pode ser.

BRU realiza exatamente o que lhe é pedido e DAN mantém-se "presa" aos movimentos da pesquisadora, enquanto continua a fazer o seu trabalho.

IIFe (BRU 7;8) *(Pesquisadora) Então se você deixar a argila aqui (a pesquisadora coloca a argila sobre a mesa)*, aí você enfia o dedinho assim, *[BRU coloca a argila sobre a mesa e fecha os olhos. Introduz o dedo na massa conforme estava sendo sugerido. Faz um leve trejeito com a boca.]*

IIFe (DAN 9;10) *Pega pedaços menores de argila, olha para fora, acompanhando o olhar da pesquisadora, que se levanta.*

DAN olha para fora também, mas continua a trabalhar. Fixa outros pedacinhos de argila que estão na mesa, nessa placa que colocou ao lado das flores, olha para fora, parece estar procurando a pesquisadora, ou tentando saber o que ela está fazendo. Continua trabalhando, derruba uma das flores, faz uma expressão impaciente, vira os olhos e levanta a flor, arrumando-a. Olha novamente para fora, para o lado (porque ouve um barulho), olha para a modelagem, olha para o desenho, pega mais argila, olha para o lado, olha para a câmera. Trabalha um pedaço de argila, busca outra ferramenta, mostra uma ferramenta e pega outra bem comprida, com a qual desenha, deslizando como se estivesse fazendo um mar, água em movimento, (aperta e abre a boca).

CAR mantém-se presa à repetição de procedimentos que lhe são familiares.

IIFf (CAR 11;1) *[CAR mexe a cabeça para um lado e para outro, enquanto pega um pouco de argila, passando-a de uma para outra mão rapidamente. Movimenta a cabeça para trás, procurando retirar o cabelo dos olhos, ou da frente do rosto, mexe o corpo, talvez por um leve estremecimento. Passa a argila de uma mão para a outra, amassando com os todos os dedos de uma vez a massa, para então passá-la para a outra mão. Repete esse movimento por nove vezes, sempre acompanhado do corp.o que também está participando da ação. Coloca a argila sobre a mesa e começa a amassá-la. Permanece com os olhos abertos. Sorri...]*

G) Criativo / Não criativo

O sujeito compreende as intervenções da pesquisadora, promovendo uma auto-regulação de suas ações. Ou seja, procura realizar ajustes criativos e compensatórios nesses procedimentos, em uma perspectiva majorante, mantendo a clareza de seus objetivos (Piaget, 1980a-1996). Reconstitui os passos a serem seguidos com pertinência ao contexto que se estabelece.

G) Criativo	Não Criativo
a. Realiza ajustes criativos e compensatórios em suas ações, em uma perspectiva majorante, mantendo a clareza de seus objetivos. b. Reconstitui os passos a serem seguidos com pertinência ao contexto que se estabelece. c. Aceita as intervenções da pesquisadora, promovendo uma auto-regulação de suas ações.	d. Não promove o ajustamento criativo de suas ações, na interação com a pesquisadora. e. Inverte posições, atribuindo à pesquisadora ações fora do contexto. f. Julga informações incompletas como suficientes para sua tomada de decisão.

Ou então faz julgamento de informações incompletas, considerando-as suficientes para sua tomada de decisão. Inverte posições, atribuindo à pesquisadora ações fora do contexto. Assim, não promove, na interação que se estabelece, o ajustamento criativo de suas ações.

VIN brinca alegremente com todas as variáveis que cria, divertindo-se com o contexto que constrói. AND escolhe, com precisão e clareza, o que fazer com a massa que tem nas mãos, realizando a cada momento uma manobra qualitativamente majorante. E FER procura explicar como percebe ter finalizado, de um modo melhor do que fizera antes, seu processo.

> **IIGa (VIN 6;5)** *[Com o apoio em pé na mesa vai puxando a água misturada com argila da mesa, usa o apoio como se fosse uma espátula, ele inventa seus movimentos «nessa bagunça» com bastante criatividade, usa soluções gostosas e divertidas para vivenciá-las. Querendo limpar e sujar mais e mais. Puxa com a madeira a água e joga no chão, passa as mãos sobre a mesa e olha para o chão satisfeito com a grande «meleca».]* (Pesquisadora) – VIN, você já tinha feito brincadeira com a argila assim?

(VIN) – Algumas vezes, já. (Pesquisadora) – Onde? **(VIN)** – Na escola, nos outros lugares.

IIGa (AND 13;8) (Pesquisadora) – Minha sugestão é de que você amasse a argila sem ficar sentado, um pouco. *[Olha para a pesquisadora, fica de pé, respira fundo, amassa a argila, colocando o peso do corpo sobre ela ao amassar. Põe água com a mão direita e amassa num movimento de esparramar. Repete esse movimento de colocar água e esparramar e vai juntando o bloco de argila, espremendo com os dedos, amassando com a palma da mão. Coloca a argila em cima do torno, pega o desenho, olha para ele e continua amassando a argila. Nesse momento a pesquisadora sai do seu lado. AND vai molhando a argila com rápidos movimentos de deslizar dos dedos. Alisa a peça e puxa novamente uma ponta que lembra a cauda de um cometa, pega a espátula e com ela define a forma, tirando o excesso e alisando, deixando o lado oposto maior e mais volumoso, como anteriormente. Gira a peça no torno, alisa, molha bastante, deixando-a bem "lambuzada". Olha para o desenho e, um buraco, sempre deixando o excesso de argila na beirada do torno com uma esteca menor, contorna toda a peça, passa o polegar no lugar que "afundara" de leve com a esteca. Limpa, na beirada do forno, o excesso de argila que ficou na esteca. Usa a esteca também para cavar na parte maior. Faz uma cavidade por dentro, fixa o que tirou, na parede interna dessa cavidade do lado esquerdo. Nessa nova construção, AND repetiu o formato que ia ao encontro de sua idéia inicial, só não repetindo a maneira de executar. Sem fazer a espiral, foi fazendo uma cavidade maior com a esteca, deixando o outro lado novamente mais fino, como a cauda de um cometa. Ele fica um pouco mais volumoso, como o corpo de uma baleia.*

IIGa (FER 16;0) porque depois eu percebi desse jeito não está bom, desse jeito está ficando uma coisa estranha. Aí eu fechei, que é melhor fechar ele, que eu achei que estava errado, faltando, aí fiz certo. (Pesquisadora) – Certo ou errado, ou melhor ou pior, qual era o sentimento? **(FER)** – Eu acho que o melhor e o pior ficou... não de ser pior assim de ficar ruim, mas de ficar melhor do que estava antes. Não é que estava ruim, mas também desse jeito ficou melhor do que antes. (Pesquisadora) – Dá para falar em aprimorar? **(FER)** – Isso, isso.

CAR procura explicitar suas dificuldades e também as possíveis saídas para os impasses que se apresentam. RIC realiza ações precisas e pertinentes ao contexto.

IIGb (CAR 11;1) Você não gosta da sensação? *[CAR deixa aquele rolinho e pega um outro tanto de massa.]* **(CAR)** – Porque você não está com a mão aqui, né, Cris. Depois para isso sair da minha mão vai ser um pouco difícil. *[CAR continua a enrolar a massa. Demostra estar gostando do que faz, não está produzindo sincinesias.]* (Pesquisadora) – Ah! a gente lava, tem buchinha, sabonete e você está até com as unhas cortadas, que você até contou. **(CAR)** – É, mas algumas não estão. *[CAR termina o novo rolinho, pega o anterior que está sobre a mesa e procura montá-lo um sobre o outro, entremeando-os. Um deles se parte, ela olha para a pesquisadora]* **(CAR)** – Quebrou.

IIGb (RIC 38;9) *[Pega uma esteca e faz uma marca na figura que modelou. Usa da esteca para obter os resultados que deseja, na pequena carranca que vai modelando. Sua ação é precisa e trabalha com agilidade. Experimenta ver se ficou "bem" colocando-a sobre a proa do barco. Analisa e passa um pouco de água em suas mãos, como que para amaciá-las... pega novamente a esteca e faz um furo no fundo, próximo à proa, inserindo a pequena figura no local que preparou. Pega mais um pouquinho de argila e modela o "cabelo" da carranca, acrescentando com maestria esse tanto de massa já modelado ao objeto que estava construindo. Pega mais um pouquinho, bem pouquinho mesmo,* *de argila e prepara uma bolinha. Depois prepara outra. Faz um furo na cabeça da carranca e, em seguida, outro. Desliza a bolinha pelo dedos, de modo a alongá-la, formando um pequeno chifre que coloca no orifício que preparara para ele. Faz o mesmo com seu par. Pega a esteca para dar acabamento, apertando aqui e ali, conforme julga necessário.]*

VIN descreve, com pertinência, a qualidade de sua experiência interna.

IIGc (VIN 6;5) E essa coisa boa que você sente no fundo do seu coração, é o quê? Tem que nome? **(VIN)** – No meu? (Pesquisadora) – Hum, hum. **(VIN)** – Nome? (Pesquisadora) – Hum, hum. **(VIN)** – Qual é? (Pesquisadora) – É. O teu nome não, eu estou falando essa coisa boa que você sente no fundo do seu coração, é o que? Que sentimento é? **(VIN)** – Eu sinto uma coisa boa. (Pesquisadora) – Sente uma coisa boa? **(VIN)** – Sinto uma coisa muito boa, uma coisa muito boa que está acontecendo agora, nesse momento bom.

GUI escuta a sugestão da pesquisadora e explora as propriedades da massa, auto-regulando as ações.

IIGc (GUI 7;3) (Pesquisadora) – Você pode enfiar um dedinho, você pode enfiar outro, você pode sentir, você pode bater a massa. *[GUI sustenta a massa com uma das mãos e introduz o dedo indicador direito nela, em seguida usa o polegar direito para penetrá-la. Apóia o dorso da mão na mesa, enquanto continua a comprimir a totalidade da massa que tem nas mãos. Aperta com força, sustentando a massa com a mão esquerda e fazendo força com a palma da mão direita. Solta a massa sobre a mesa e procura penetrá-la agora com todos os dedos da mão direita. Aperta com força, fazendo uso da palma de sua mão direita. Nota-se a participação de seu corpo nesse movimento, de modo que ele possa colocar mais força em sua ação. Pega a massa e a levanta, continuando a girá-la antes de dar mais uma forte amassada...*

Refaz esse movimento por três vezes, sendo que, a cada novo "amassar", GUI coordena um movimento diferente: aperta com ambas as mãos, em seguida refaz essa ação, mas com maior "encaixe" de seus dedos, que se entrelaçam, e depois amassa predominantemente com a mão direita. Segura a massa com a mão direita e "bate" nela com a esquerda por duas vezes. Aperta agora predominantemente com a esquerda, usando o apoio da mesa para perfurá-la com o polegar direito. Realiza três movimentos seguidos de girar a massa e apertar os dedos das duas mãos na região que parece ser o "meio" da massa.

ARI parece permanecer centrado em uma experiência de caráter negativo. E AND parece buscar formas para elaborar seus sentimentos.

IIGd (ARI 11;4) (Pesquisadora) – Aqui, no seu projeto. Que tipo de decisão você tem de tomar? **(ARI)** – ...? (Pesquisadora) – Por exemplo? **(ARI)** – É ruim quando você vê que não dá para fazer uma coisa que você queria fazer. (Pesquisadora) – Quer dizer, é ruim perceber que não dá para fazer e aí qual é a decisão? **(ARI)** – O que eu posso fazer. (Pesquisadora) – E aí nessa hora qual é a sua estratégia? O que você resolve? Que você não pode fazer, tudo bem, mas de que jeito você resolve essa questão? **(ARI)** – É, aí eu vejo que não dá e não tento mais fazer. Eu tento fazer outra coisa.

IIGd (AND 13;8) Então o que você sente? **(AND)** – Não é uma raiva muito grande, mas eu fico com raiva. (Pesquisadora) – Você fica irritado? **(AND)** – Um pouco. *[O pedaço de argila virou um bloco volumoso, com forma cilíndrica, que AND enrola sobre a mesa, com a palma da mão. Em seguida, AND o coloca em pé e bate nas duas pontas. Depois deita o cilindro, prensa-o com as duas mãos e o coloca de pé novamente.]*

VIN está sensivelmente e perturbado com a experiência e procura colocar a pesquisadora "em cheque", em relação aos sentimentos que emergem.

IIGe (VIN 6;5) (Pesquisadora) – Você quer que eu faça o meu coração daquela cor? E o que que você vai fazer com ele? *[A pesquisadora dá o seu pedaço de argila que estava amassando com um formato de coração para VIN]* **(VIN)** – Uma bola. *[Ele pega e faz uma bola esfregando as mãos na argila.]* (Pesquisadora) – Por que você quer que eu faça o meu coração? *[A pesquisadora pega a argila marrom, bate à sua frente, pega o fio de corte, corta um pedaço menor e trabalha, modela com as mãos elevadas no ar.]* **(VIN)** – Para ver como é que você se sente. (Pesquisadora) – E como você acha que eu me sinto? **(VIN)** – Dessa vez eu sou o psicólogo. *[VIN segura a bola dentro da mão direita fechada. Com os dedos da mão direita, limpa os dedos da mão esquerda, dedos e unhas.]* (Pesquisadora) – Como é que você sente? **(VIN)** – Bom.

VIN imagina que a pesquisadora possui a capacidade de saber o que se passa em seu interior. BRU mantém seu trabalho sem ousar solicitar uma mudança no que não está gostando de fazer.

IIGf (VIN 6;5) (Pesquisadora) – Não sei, me conta. Como é que eu vou saber de que jeito é se está na tua cabeça? **(VIN)** – Você não pode imaginar? *[VIN trabalha rápido, empolgado com o pedaço de argila apoiado sobre a mesa. Coça o rosto com os ombros. Levanta a argila no ar e aperta os lados, a argila neste momento encontra-se com um formato arredondado. Ele espreme os lábios enquanto modela. Apóia de novo a argila na mesa e aperta os dedos nela.]*

IIGf (BRU 7;8) Você gosta de trabalhar com os olhos fechados? *[BRU faz que "não" com a cabeça e continua a amassá-la.]* **(BRU)** – Não. *[Amassa com as duas mãos, fazendo certa força, pois a argila está um pouco "dura".]*

H) Receptivo / Não receptivo

O sujeito constrói sua ação a partir de uma interação cooperativa que estabelece com a pesquisadora, dentro de uma circularidade dialética (Piaget, 1980a-1996). Permanece receptivo à coordenação das ações feita pela pesquisadora.

Ou então, constrói sua ação a partir de uma relação competitiva entre ele e o "si próprio", projetado na figura da pesquisadora. Permanece não receptivo à sua coordenação das ações.

H) Receptivo	Não receptivo
a. Constrói sua ação a partir de uma interação cooperativa com a pesquisadora, dentro de uma circularidade dialética. b. É receptivo à coordenação das ações feita pela pesquisadora. c. Recebe, de forma parcial, as orientações da pesquisadora.	d. Constrói sua ação a partir de uma relação competitiva entre ele e o "si próprio" projetado na figura da pesquisadora. e. Não é receptivo à coordenação das ações feita pela pesquisadora. f. Demonstra pseudodependências resistentes.

AND constrói sua ação, evoluindo nas interações que realiza com a massa. BEL interage com a pesquisadora, aprofundando seu gesto a cada nova intervenção. CED descreve sua experiência, vivida em um nível transformacional de consciência.

IIHa (AND 13;8) (Pesquisadora) – Minha sugestão é de que você amasse a argila sem ficar sentado, um pouco. *[Olha para a pesquisadora, fica de pé, respira fundo, amassa a argila, colocando o peso do corpo sobre ela ao amassar. Põe água com a mão direita e amassa num movimento de esparramar (...) vai molhando a argila com rápidos movimentos de deslizar dos dedos. Alisa a peça e puxa novamente uma ponta que lembra a cauda de um cometa, pega a espátula e com ela define a forma (...). Gira a peça no torno (...). Olha para o desenho (...). Usa a esteca também para cavar na parte maior. (...) AND repetiu o formato que ia ao encontro de sua idéia inicial, só não repetindo a maneira de executar. Sem fazer a espiral, foi fazendo uma cavidade maior* *com a esteca, deixando o outro lado novamente mais fino, como a cauda de um cometa. Ele fica um pouco mais volumoso, como o corpo de uma baleia.]*

IIHa (BEL 14;5) (Pesquisadora) – Quando você sentir que ela já está num ponto bom de trabalhar, feche os olhos e explore um pouco mais, procurando manter o contato com a sua sensação. *[BEL sorri e fecha os olhos. Ajeita o corpo enquanto mantém as mãos repousadas sobre a argila.]* (Pesquisadora) – Vendo assim que tipo de sensação ou de sentimento esse contato evoca em você. *[BEL toca a argila de um lado e de outr o... com as mãos espalmadas.]* (Pesquisadora) – Uma coisa assim de amassar, continuar amassando, experimentando, mas dessa vez, estando mais atenta a essa coisa da sensação e do sentimento que a argila evoca dentro de você. *[BEL inicia movimentos semelhantes aos que realizava ao explorar a massa anteriormente. Aperta uma das extremidades e a puxa com todos os dedos. Penetra a massa com um dedos, e depois com outro. Gira a massa e experimenta, aperta aqui e ali...]*

IIHa (CED 37;7) (CED) – E aí eu não conseguia perceber se de fato a minha mente que criava o movimento do elefante, da figura, ou se eu que me movimentava, me movia ao redor dela, mas, na verdade, a sensação era de uma coisa cinematográfica, colorida, muito rica, né, que eu não questionei em nenhum momento com a razão, quando aquilo se projetou para mim era a imagem que era o projeto, eu não perguntei se era aquilo mesmo, nem teve uma segunda imagem, me veio nítida, muito rica em detalhes e a sensação era de que estava naquele momento se revelando algo muito importante como símbolo para mim compreender uma porção de coisas.

DAN descreve seu jeito de vivenciar o processo, e AND partilha seus sentimentos e suas dificuldades.

IIHb (DAN 9;10) (Pesquisadora) – Era importante para você tentar fazer igual? **(DAN)** – Podia mudar se eu quisesse, mas eu quis fazer igual porque foi isso que eu pensei. (Pesquisadora) – Quis ser fiel ao que você pensou. **(DAN)** – Porque você pediu para fazer o que eu pensei e não o que eu não pensei.

IIHb (AND 13;8) Então, o que você sente? **(AND)** – Não é uma raiva muito grande, mas eu fico com raiva. (Pesquisadora) – Você fica irritado? **(AND)** – Um pouco.

FER explicita como "aproveitava" as sugestões da pesquisadora, nos procedimentos que escolhia realizar.

IIHc (FER 16;0) (Pesquisadora) – Você criou algum jeito de fazer assim, que você percebe que foi o seu jeito de ir pensando ou modelando, ou realizando. **(FER)** – Eu acho que foi uma coisa na minha cabeça que foi formulando né. Aí eu fui pensando assim, que está assim aqui, como é que eu posso fazer? Bom, se eu pegar uma pedaço de uma argila e amassar mais ou menos, uma parede assim, se eu fizer isso eu acho que vai ficar certo. Se eu fizer mais ou menos assim, colocar aqui e emoldurar assim, passando o dedo, porque quando passa o dedo na argila ela vai montando uma na outra, eu acho que vai ficar o que eu espero. Aí saiu, eu coloquei, dei uma amassadinha, coloquei aqui e fui emoldurando, até ficar do jeito que eu queria.

ARI parece competir consigo mesmo, explicitando o que acha que pode ou não realizar com a argila que tem em suas mãos.

IIHd (ARI 11;4) (ARI) – É para eu fazer isso aqui, assim? *[Aponta para o desenho e para a escultura já começada na argila.]* (Pesquisadora) – Isso. **(ARI)** – Mas é difícil de fazer isso aqui. *[Mexe na escultura já começada, envolvendo-a com a mão esquerda.]* (Pesquisadora) – Ah, mas você faz do teu jeito. **(ARI)** – Ah, mas mais parecido do que se eu for fazer diferente. (Pesquisadora) – Quer tentar? **(ARI)** – Não sei, acho que eu não consigo. *[Mexe na* *cabeça da escultura com os dedos, aparentando estar inseguro para começar a realizar (executar) o que desenhou.]* (Pesquisadora) – Ah, será? Tente. Se ele ficar pior, você muda o projeto. **(ARI)** – E aí eu vou ter que fazer de novo. Prefiro continuar isso. *[Coça o nariz.]*

ARI expondo seu não-entendimento, e talvez sua não-receptividade, para com relação ao que está sendo sugerido pela pesquisadora.

IIHe (ARI 11;4) Desenhe a idéia e a imagem que você tinha na sua cabeça. **(ARI)** – Como assim? (Pesquisadora) – Aqui. *[ARI abre os olhos. A pesquisadora aproxima uma folha e um lápis do seu lado direito.]* **(ARI)** – Como que eu vou fazer? Ainda não entendi. *[ARI afasta a escultura para o lado esquerdo, retira alguns pedaços de argila dos dedos, pega a folha e o lápis.]* (Pesquisadora) – Primeiro, você vai desenhar a imagem da sua cabeça, aquela idéia. **(ARI)** – Com os olhos fechados? *[Olha para a pesquisadora.]* (Pesquisadora) – Não, com os olhos abertos, não é? Lembra o que você viu? **(ARI)** – Aqui ou na minha cabeça? *[Aponta para a escultura.]* (Pesquisadora) – Na cabeça. Na sua cabeça. **(ARI)** – Eu estava pensando em fazer... Cadê a borracha? *[Debruça na mesa para pegar a borracha.]* (Pesquisadora) – Não precisa de borracha. *[A pesquisadora se aproxima de ARI]* **(ARI)** – Ah, mas ficou ruim. *[ARI apaga seu desenho, um traço. Apóia a borracha na mesa e continua seu desenho. Apóia o lápis mais uma vez e continua a desenhar com a mão direita, enquanto a mão esquerda se apóia sobre a mesa, segurando o papel. Desenha um boneco com cabelos.]*

BRU parece ter dentro de si a necessidade de fazer o que a pesquisadora lhe sugere, porém não se permite questionar ou dialogar sobre o que lhe desagrada. Já CAR relata seus devaneios, talvez explicitando pseudodependências que insistem em permanecer durante o processo.

IIHf (BRU 7;8) Você gosta de trabalhar com os olhos fechados? *[BRU faz que "não" com a cabeça e continua a amassá-la.]* **(BRU)** – Não. *[Amassa com as duas mãos, fazendo certa força, pois a argila está um pouco "dura".]*

IIHf (CAR 11;1) – Aquela moça bonita. *[CAR pega a massa e, alisando-a, parece dar-lhe uma forma arredondada]* **(CAR)** – Não sei, eu fiquei conversando com ela e aí ela veio embora e agora ela apareceu, sabia? *[CAR mexe o corpo, vira a cabeça para o lado, esticando parte do corpo, sorri]* (Pesquisadora) – E o que ela lhe falou? *[CAR volta a olhar a argila e pega o trabalho da mesa. Continua a alisá-lo e modelá-lo]* **(CAR)** – Ela ficou perguntando alguma coisa.(Pesquisadora) – Que tipo de coisa? *[CAR mexe o corpo, sorri, coloca o trabalho na mesa]* **(CAR)** – Como é que está em casa... eu quero que você me fale! Mas daí ela foi embora de novo, feia... e sei lá.

Relações com o(s) objeto(s)

Em nossa pesquisa, essas relações dizem respeito ao modo como o sujeito manipula a massa de argila que tem em suas mãos, ou como representa graficamente sua experiência ao desenhar. Ou seja, à maneira como demonstra sua forma de vivenciar esse contato (com a argila e o desenho – objetos de nossa investigação).

Por vezes, o sujeito assume uma conduta qualquer que reconhecemos como um procedimento que o desvia do foco da proposta. Nesse momento ele age de maneira pouco consciente, sem demostrar envolvimento e atenção para com o material.

O foco de sua ação exprime sua habilidade para com as propriedades que constituem o material. A relação de intimidade ou de afastamento que determinam uma conduta investigativa para com as possibilidades que o objeto apresenta são determinantes da qualidade de ação que realiza. Sua organização e respeito para com esse objeto também delimitam o modo como estabelece os procedimentos, na construção de seu processo.

A competência do sujeito em utilizar a argila para realizar o projeto que está idealizando se expressa nos procedimentos e estratégias que leva a efeito, e na conseqüente adequação desses às suas metas e propósitos (Macedo, 1999). Sua abertura e criatividade para desenhar o projeto também explicitam seus modos de sentir e de pensar.

Quando utiliza, de forma ideal, o material para resolver seu problema, demostrando seu aprendizado para com o objeto, de acordo com as propriedades que ele possui, expressa uma relação compartilhada com ele, pois a intimidade do conhecimento que tem internalizado, age de maneira a ser propulsora do caminho a seguir.

Na interação com o objeto, o sujeito expressa o conhecimento que possui sobre o material. Por vezes, sua competência em manipulá-lo vem de longo exercício de habilidades durante aulas de artes ou brincadeiras entre amigos. Por outro lado, há pessoas que nem se lembram quando foi a última vez que tiveram a oportunidade de modelar com argila ou de desenhar.

Nossa pesquisa infere que há um *saber fazer* presente em cada ser humano (Piaget, 1908-1996), no que diz respeito a tal material. Nesse sentido, os esquemas cognitivos que são acionados como rotinas primitivas, e os procedimentos (Saada-Robert, 1991-1996a, 1992-1996b, 1994) expressam sempre o caráter intrínseco a esses esquemas. Nossa intenção aqui é explicitar algumas formas em que eles se manifestam, durante a progressão observada nos processos de modelagem com argila em geral, ou durante o ato de desenhar.

Para tanto, foram levantadas quatro categorias de valores e operações afetivo-cognitivas que reúnem as relações estabelecidas pelo sujeito com o(s) objeto(s):

A) Reflexivo / Automatizado
B) Cuidadoso / Descuidado
C) Respeita / Não respeita
D) Desapegado / Apegado
E) Investigador / Não investigador
F) Previdente / Não previdente
G) Observador / Não observador
H) Interativo / Não interativo

Abaixo, encontra-se a descrição mais detalhada de cada uma dessas subcategorias, com os respectivos exemplos elucidativos dos conceitos que as caracterizam.

A) Reflexivo / Automatizado

A pessoa demostra reflexão em relação ao objeto argila ou apenas age de forma automatizada. Manipula a argila sem estar atenta a ela, aos detalhes do que se transforma no decorrer do processo. Observa ou não o que faz, busca novos procedimentos ou apenas os repete. É estudioso do que ele pode proporcionar ou age sem vínculo com o conhecimento possível de ser construído no processo acerca do material.

A) Reflexivo	Automatizado
a. Observa o que faz, buscando novos procedimentos. b. Reflete em relação ao objeto argila ou desenho; atento às mudanças que ele sofre no decorrer do processo. c. É estudioso e comprometido com o que o objeto pode lhe proporcionar.	d. Apenas repete procedimentos, sem observá-los com atenção. e. Age de forma automatizada; sem estar atento às transformações do objeto. f. Age sem vínculo com o possível conhecimento a ser construído no processo.

VIN utiliza com maestria o fio de corte, buscando novos maneiras de utilizá-lo. BEL demonstra sua versatilidade em utilizar a argila.

IIIAa (VIN) (VIN) – Pode usar? *[Aponta para as ferramentas e pega o fio de corte, cortando um pedaço pequeno de argila da superfície de cima.]* (Pesquisadora) – Pode. **(VIN)** – Assim. *[Olha para a pesquisadora após o movimento de cortar, coloca o pedaço que cortou em cima da argila de novo e corta novamente um pedaço maior, tira, põe sobre a mesa e corta, dando voltas com o fio de corte, enrolando o fio na argila, cortando mais pedaços.*

Tira e corta outro pedaço de argila que está trabalhando, pega o fio de corte e corta esse pedaço que colocou ao lado, enrolando o fio nele, fica com um outro pedaço mais fino e modela afinando, parte em dois. Apóia o fio de corte, fazendo marcas com ele na argila]. (p. 39)

IIIAa (BEL 14;5) *[BEL pega a massa e começa a modelá-la. Levanta da mesa ao mesmo tempo em que trabalha adequando seus movimentos à sua intenção. Abre a massa de um lado, depois de outro, diminuindo sua espessura, ao mesmo tempo em que vai preparando duas "pontas" para algo que lembra uma concha com duas pontas ou um barquinho... Trabalha com a totalidade da massa, modelando suas partes. Realiza movimentos precisos, parece que a massa r esponde ao que ela quer demarcar. É bastante clara a facilidade com que BEL modela, desse lado e do outro, e a versatilidade de seus movimentos. Trabalha ora com os dedos, ora com o polegar de uma mão ou de outra, ora com a palma da mão. Parece saber o resultado que o gesto propicia à massa. Repousa-a sobre a mesa e puxa um pouco aqui... pressiona ali... afunda o dedo acolá... Gira o trabalho para verificar como está, e vira sua outra face. Trabalha agora desse outro lado, procurando alongar mais a escultura. Molha a mão esquerda e continua a modelar. Realiza agora movimentos mais sutis, ou seja, alisa a superfície, ou então trabalha com dois dedos para deixar tal resultado na massa... Gira em ângulo reto, procurando trabalhar uma outra parte de sua escultura. Seus movimentos são ágeis, e seus dedos participam mais da r ealização do resultado "final". Por exemplo: começa a alisar com o indicador direito e continua com o polegar esquerdo. Há continuidade e coordenação nos movimentos que executa para modelar. Sustenta a peça meio tombada para alisar com a outra mão. Trabalha a forma em suas diferentes propriedades: largura, espessura, comprimento.]*

DAN descreve sua experiência, atenta às sutis mudanças que sentiu e constatou.

IIIAb (DAN 9;10) (Pesquisadora) – Lembra, no comecinho, quando eu pedi para você pegar a argila e você só sentir a argila, você lembra o que você sentiu? **(DAN)** – *[Pensa um pouco, virando um pouco os olhos para os lados. Pega um pedaço de argila ao seu lado, aperta com as duas mãos e dá uma risada gostosa.]* Eu senti que é gostoso pegar. *[Fica um pouco séria e continua mexendo no pedaço de argila que pegou e amassa, apertando-o suspenso nas suas mãos. Empurra o canto do lábio com a língua.]* Eu senti uma coisa mole, uma coisa que com o tempo vai ficando dura, uma coisa eu... é fácil desmanchar e fazer de novo. (p. 85)

AND expressa cuidado e atitude reflexiva, ao interagir com o objeto como que "escutando-o". BEL trabalha a massa até que atinja uma plasticidade que reconhece, ao dizer que ela "está mais macia".

IIIAb (AND 13;8) (Pesquisadora) – Quando você quiser, quando você estiver pronto, eu vou pedir para você abrir os olhos e dar uma olhadela no seu trabalho. *[Segura o lado esquerdo do bloco com a mão esquerda e, com o polegar direito, vai empurrando argila para a parte côncava. A peça não está muito firme, AND percebe isso, e leva argila para a partes finas, conforme vai sentindo necessidade.]* (Pesquisadora) – Só uma olhadela. *[Exercita um pouco os dedos da mão direita no ar, enquanto a esquerda continua apoiada no lado esquerdo. Depois executa um movimento de cavar a parte côncava, com os quatro dedos, deixando o polegar livre]*. (p. 135)

IIIAb (BEL 14;5) *Em um desses movimentos, BEL gira no ar a massa, para pegá-la na posição que deseja antes de batê-la novamente sobre a mesa. Aperta agora um pouco da massa que está na parte externa, fazendo uso de todos os dedos da mão direita e em seguida da esquerda. Seus movimentos são precisos* *e intencionais. Há rapidez e ritmo presentes, enquanto aperta a parte externa da massa, ao mesmo tempo em que a vai rotando, de modo a poder apertá-a em diferentes pontos. (...) Faz movimentos bem distintos, que parecem ter em vista a totalidade da massa, pois eles são feitos em diferentes partes de seu exterior. Levanta a massa com ambas as mãos, gira 45º e bate. Sente como ela está "puxando um pouco de uma de suas pontas". Levanta, gira e bate, mais uma vez e outra... num total de sete vezes. Amassa agora, usando mais as mãos por inteiro, ou seja, amassa com os dedos e a palma da mão como suporte. Aperta, amassando mais algumas vezes. Olha para a pesquisadora e sorri.]* **(BEL)** – Ela está mais macia agora.

DIE mantém-se em busca de uma forma e BEL demonstra conhecer com certa intimidade as propriedades da massa. Já ANA compartilha suas idéias e imagens evocadas a partir da resistência que a massa lhe oferece.

IIIAc (DIE 9;9) ...qual a sua intenção? **(DIE)** – Ah, em deixar retinho, em deixar certinho. *[Apóia novamente a argila na mesa e pressiona o trapézio com as palmas das mãos, pressionando todos os lados. Pega outro pedaço de argila que está ao lado do seu já modelado e leva para suas mãos e começa a modelar, fazendo uma minhoca gorda, puxando as pontas e esmagando no meio. Bate esse pedaço por todos os lados na mesa, achatando e também pressionando com a palma da mão. Busca uma forma, com intenção. Eleva novamente o pedaço de argila e o alisa "de compridinho" no meio e achatado nas pontas.]*

IIIAc (BEL 14;5) *[BEL aperta a massa de um lado e de outro. Procura ir "amaciando-a" ainda sobre a mesa. Percebe-se a variedade de movimentos exploratórios dessa massa, agora levando em conta diferentes partes que a constituem. BEL aperta de um lado e de outro, puxa um pouco de massa desse e daquele lado. Trabalha alternando uma mão e a outra em movimentos* *claramente definidos]* (Pesquisadora) – Se você quiser bater nela, amassando... *[BEL aproxima sua mão esquerda da água, molha e retorna ao seu trabalho.* (Pesquisadora) – Está dura? **(BEL)** – Seca. *[BEL amassa com ambas as mãos, apertando de um lado e de outro com ritmo e coordenação. Puxa um pouco de massa ao apertá-la, em seguida manipula a massa imediatamente ao lado, deslocando apenas um pouco as mãos, de modo a dar continuidade a seu movimento, procede dessa maneira, realizando movimentos em vários pontos da massa. Demonstra saber explorar suas diferentes partes. De um lado e de outro, em cima, e na extensão da área externa/ interna da massa.]*

IIIAc (ANA 32;8) Tem alguma imagem? *[ANA sorri e eleva o corpo que estava curvado, solto sobre a mesa, acompanhando os movimentos de amassar a argila.]* **(ANA)** – Não. A idéia continua assim... fazendo pão-de-queijo. Essa imagem continua, mas vem uma coisa, o amarelo da massa. Quando você põe os ovos fica meio amarelada, mas o que eu gosto é da resistência. De repente ela resiste ali, mas eu amasso. *[Pára de amassar a argila, deixando-a parada e amassa novamente, pegando o pedaço de argila elevado no ar, com a mão direita apóia a massa novamente na mesa.]* **(ANA)** – Às vezes gruda assim na mão por causa da farinha. Dá aquele desespero. *[Cola as mãos na argila, depois solta-a, abrindo a palma das mãos e volta a tocá-la: amassando, elevando o bloco nas mãos, amassando e girando no ar.]*

ARI tenta trabalhar a massa, mas apenas repete seus procedimentos, aparentemente sem observá-los com atenção.

IIIAd (ARI 11;4) *[A parte de baixo do bloco está mais grossa, ARI aperta e afina, do meio do bloco para cima, a peça entorta novamente, ARI a segura, traz novamente e a deixa reta, aperta toda a parte grossa, prendendo-a na base de madeira. Depois, puxa a argila para baixo com os dedos. A parte de cima, a mais fina, entorta um pouco para baixo.]*

ARI procura estar relativamente atento ao seu trabalho, mas demonstra estar ainda preso ao que se passa ao redor.

IIIAe (ARI 11;4) *[ARI continua executando seu trabalho. Coça o nariz novamente, mexe um pouco o nariz sem colocar as mãos nele. Pega outro pedaço de argila e confecciona uma bola, girando o pedaço de argila na palma das mãos. Comprime bem a bola, prendendo-a com as duas mãos. Depois, com os polegares, fixa-a no topo da escultura, puxando argila de cima para baixo e vice-versa. Olha para o gravador ao seu lado. Prende firmemente a "cabeça" de sua escultura ao corpo; agora sua peça está bem mais rija (a pesquisadora volta para o seu lado). ARI levanta, lava as mãos e volta.]* (Pesquisadora) – Quando você fica com a mão suja de argila, isso o incomoda? **(ARI)** – Um pouco. Quando eu vou-me coçar um pouco é difícil.

AND parece apenas brincar com a massa, e ANA conduz seu processo sem, efetivamente, permitir-se "viajar" nele.

IIIAf (AND 13;8) Então, tente manter o contato com a sua sensação e com a massa, é muito importante. *[Amassa e perfura a argila com o os dedos, formando buracos. Puxa uma parte da argila para o topo desse bloco em que está trabalhando e desliza os dedos até em cima, formando uma parte mais fina. Faz um orifício, depois, empurrando um pouco de argila para cima, torna a fechar o buraco.]*

IIIAf (ANA 32;8) *(ANA, no desenvolver de sua execução, consegue ler claramente suas sensações, seus sentimentos, mas parece que é um pouco difícil para ela entrar no "viajar" do material, deixar-se levar pelas possibilidades que ele pr oporciona: é ela quem conduz o material.*

B) Cuidadoso / Descuidado

A pessoa organiza o espaço e os materiais com que trabalha, ou simplesmente não o faz. Trabalha com lógica, estabelecendo certo encadeamento de suas ações ou faz sem pensar. Seu procedimento ou demostra que cuida para fazer o melhor uso dos possíveis que têm à sua frente (Piaget, 1980a-1996), ou que não se apercebe das possibilidades e age sem consciência e de forma descuidada. Aprofunda sua ação ou é superficial no movimento que realiza.

B) Cuidadoso	Descuidado
a. Procura fazer o melhor uso dos possíveis que tem à sua frente; aprofunda sua ação. b. Trabalha com lógica, encadeando suas ações. c. Organiza o espaço e os materiais com que trabalha.	d. Não se apercebe das possibilidades; age sem consciência e de forma descuidada e superficial. e. Faz sem pensar, de forma aleatória. f. Não organiza o espaço nem os materiais com que trabalha.

AND e FER observam sua peça e cuidam para aprimorá-la, aprofundando sua ação.

IIIBa (AND 13;8) ... eu vou pedir para você abrir os olhos e dar uma olhadela no seu trabalho. *[Segura o lado esquerdo do bloco com a mão esquerda e, com o polegar direito, vai empurrando argila para a parte côncava. A peça não está muito firme, AND percebe isso, e leva argila para as partes finas, conforme vai sentindo necessidade.]* (Pesquisadora) – Só uma olhadela. *[Exercita um pouco os dedos da mão direita no ar, enquanto a esquerda continua apoiada no lado esquerdo. Depois executa um movimento de cavar a parte côncava, com os quatro dedos, deixando o polegar livre.]*

IIIBa (FER 16;0) *[FER está agregando, dentro da peça, o pedaço de massa que cortou. Trabalha com bastante cuidado. Olha atentamente cada detalhe. Seus movimentos são precisos e delicados. Nota-se o aprimoramento da forma à medida que aperta* *aqui ou ali. Trabalha com uma mão e outra, conforme deseja realizar algo. Ou então com as duas mãos simultaneamente. Agrega um novo pedaço de massa no interior da peça, construindo uma espécie de divisória.]*

DIE e BEL manipulam a massa, estabelecendo uma sucessão de movimentos encadeados de acordo com uma lógica procedimental.

IIIBb (DIE 9;9) Qual a sua intenção? **(DIE)** – Ah, em deixar retinho, em deixar certinho. *[Apóia novamente a argila na mesa e pressiona o trapézio com as palmas das mãos, pressionando todos os lados. Pega outro pedaço de argila que está ao lado do seu, já modelado, e leva para suas mãos e começa a modelar, fazendo uma minhoca gorda, puxando as pontas e esmagando no meio. Bate esse pedaço por todos os lados na mesa, achatando e também pressionando com a palma da mão. Busca uma forma, com intenção. Eleva novamente o pedaço de argila e o alisa "de compridinho" no meio e achatando nas pontas.]*

IIIBb (BEL 14;5) *[BEL aperta a massa de um lado e de outro. Procura ir "amaciando-a" ainda sobre a mesa. Percebe-se a variedade de movimentos exploratórios dessa massa, agora levando em conta diferentes partes que a constituem. BEL aperta de um lado e de outro, puxa um pouco de massa desse e daquele lado. Trabalha alternando uma mão e a outra em movimentos claramente definidos.]*

VIN é extremamente delicado e preciso em seu movimento, realizando-o com organização e consciência.

IIIBc (VIN 6;5) *[Trabalha a argila com as duas mãos na parte de cima deste formato ovalado, apertando com todos os dedos apoiados, alisa a parte da frente trabalhando delicadamente com os dois dedões, empurra um pouco a argila para o meio. Seus movimentos são delicados, cuidadosos. Cada movimento e ação que faz na argila parece que nem vai se transformar, de tão delicados que são neste momento, mas se transforma e com os de-*

dões afunda os olhos, puxa argila para cima com os indicadores, fazendo o nariz, trabalha neste formato arredondado, num bloco único, sem acrescentar argila, apenas moldando, afundando e puxando com os dedos.]

ARI tenta dar uma forma à massa, que parece "não obedecer", ou seja, ele age de forma descuidada com o que o objeto lhe "responde".

IIIBd (ARI 11;4) *[A parte de baixo do bloco está mais grossa, ARI aperta e afina, do meio do bloco para cima, a peça entorta novamente, ARI a segura, traz novamente e a deixa reta, aperta toda a parte grossa, prendendo-a na base de madeira. Depois puxa a argila para baixo com os dedos. A parte de cima, a mais fina, entorta um pouco para baixo].*

ARI realiza várias tentativas para chegar à forma que pretende, de maneira aleatória, e aparentemente não obtém o resultado que deseja.

IIIBe (ARI 11;4) *[Retira a cabeça da escultura, desprendendo-a do resto do corpo, põe ao lado e termina de descolar toda a escultura do apoio de madeira, deita a peça sobre a mesa e com os dedos puxa a argila para a parte de baixo, do meio para baixo. Olha em volta em busca de ferramentas e pega uma de ferro arredondada na ponta e começa a "esculpir" sua peça escultura na parte de baixo, na parte que era a mais grossa. Faz nela um giro completo, retirando pedaços de argila.]* (Pesquisadora) – Se você precisar de mais argila eu vou buscar, está bem? *[Levanta o bloco de argila colocando em pé a parte debaixo, a que está mais fina, vira novamente mudando de lado a parte fina para cima e bate a parte mais grossa na mesa, deixando-a ainda mais grossa. Eleva nas mãos e bate na palma da mão esquerda, segurando com a mão direita. Apóia a peça na base de madeira e gruda toda a volta, empurrando com a espátula e depois com os dedos. Endireita a parte de cima, que estava um pouco caída, deixando novamente um bloco comprido e fino.]*

CAR está tão presa a seus movimentos e conflitos, que mal chega a segurar a argila, apenas passa-a de uma mão para a outra. Ela não tem, ainda, consciência do espaço ao seu redor.

IIIBf CAR (11;1) *[Movimenta a cabeça para trás, procurando retirar o cabelo dos olhos, ou da frente do rosto, mexe o corpo, talvez por um leve estremecimento. Passa a argila de uma mão para a outra, amassando com os todos os dedos de uma vez a massa, para então passá-la para a outra mão. Repete esse movimento por nove vezes, sempre acompanhado do corpo, que também está participando da ação.]*

C) Respeitoso / Não respeitoso

A pessoa mantém seu envolvimento, concentrando-se ou não para realizar o trabalho. Trabalha com limpeza ou mergulha na bagunça, com desordem (o que se revela por suas ações). Sua atitude demostra respeito ou não com o objeto que manipula, investigando possibilidades e explorando suas propriedades (Piaget, 1980a-1996). Por outro lado, pode apenas tentar adaptar o objeto ao que desejaria realizar, sem levar em conta o que ele lhe permite fazer.

C) Respeitoso	Não Respeitoso
a. Investiga possíveis e explora as propriedades do objeto. b. Respeita o objeto, reconhecendo os limites que ele lhe propõe. c. Mantém seu envolvimento, trabalhando com limpeza e concentração.	d. Tenta adaptar o objeto ao que deseja realizar, sem levar em conta o que ele lhe permite fazer. e. Mergulha na desordem, não respeitando o objeto em si. f. Mantém-se distante, demostrando um não envolvimento com o objeto.

CED investiga possibilidades e as aplica imediatamente, expressando sua experiência.

IIICa (CED 37;7) *[Pega outro papel e desenha com a argila que ficou concentrada em suas mãos, conforme foi trabalhando; pede mais papel enquanto desenha, muito empolgado, não querendo perder a inspiração, ou melhor, aproveitando esse momento de inspiração e grande envolvimento com o trabalho; molha as mãos e desenha mais sobre o papel, faz o contorno do desenho com lápis. Pega outro papel e, com as duas mãos apoiadas sobre ele, começa pintando com os polegares simultaneamente, depois com os outros dedos, fazendo o mesmo desenho nos dois lados: um formato arredondado. Depois, põe as mãos na argila que está na madeira, umedece mais um pouco as mãos, volta para o desenho, puxando uma parte reta para baixo entre esses dois formatos arredondados. Torna a "sujar" as mãos na argila e as umedece. Quando volta ao desenho, faz dois riscos grossos abaixo dos formatos arredondados e ao lado da parte reta, depois pega o grafite e com ele redesenha todo o contorno que fizera com os dedos umedecidos na argila.]*

ARI trabalha com as estecas, demonstrando reconhecer o que pode fazer para obter o resultado que deseja. Nesse momento, pode, inclusive, falar sobre suas dificuldades e seus próprios limites. Já BEL escolhe cuidadosamente a posição da massa para jogá-la, e, assim, trabalhar sua totalidade para que fique mais plástica.

IIICb (ARI 11;4) (Pesquisadora) – Em que momentos você se percebe sentindo dúvida? **(ARI)** – Nenhum. *[ARI pega um pedaço da argila que está ao seu lado, faz uma minhoquinha fina, esfregando a argila na palma das mãos. Olha para as ferramentas que estão ao seu lado esquerdo e pega uma esteca de madeira do seu lado direito. Risca sua peça na lateral, mais ou menos no meio, fazendo um orifício, onde vai fixar a minhoca que confec-*

cionou. Depois empurra girando um pouco a minhoca.] (Pesquisadora) – Em nenhum momento você sentiu dúvida? **(ARI)** – Não. (Pesquisadora) – É ruim sentir dúvida? **(ARI)** – Um pouco. (Pesquisadora) – Por quê? **(ARI)** – Porque tem que ficar pensando. (Pesquisadora) – Então, é ruim sentir dúvida ou ter de ficar pensando? **(ARI)** – Ah, sentir dúvida. *[Corta a minhoca que fixou com a esteca de madeira e ferro nas pontas, deixando-a de um tamanho menor.]*

IIICb (BEL 14;5) *[Demonstra ter a intenção de trabalhar a totalidade da massa em sua dimensão espacial. Gira-a em 360º novamente e joga-a por mais quatr o vezes, alterando a posição da massa em suas mãos a cada nova investida, de modo que o baque aconteça em uma outra parte dela. Em um desses movimentos, BEL gira no ar a massa, para pegá-la na posição que deseja, antes de batê-la novamente sobre a mesa...]*

VIN mantém-se envolvido na tarefa, trabalhando para realizar o que deseja. BEL trabalha sua massa com concentração e cuidado.

IIICc (VIN 6;5) (VIN) – Você poderia me ajudar, por favor? *[Com os dedos, mexe nas argilas que estão à sua frente. Pensa um pouco, virando os olhos. Pega um pedaço de argila e faz uma minhoca no ar; parte ao meio, ficando com um pedaço em cada mão.]*

IIICc (BEL 14;5) (Pesquisadora) – Está dura? **(BEL)** – Seca. *[BEL amassa com ambas as mãos, apertando de um lado e de outro com ritmo e coor denação. Puxa um pouco de massa ao apertá-la, em seguida manipula a massa imediatamente ao lado, deslocando apenas um pouco as mãos, de modo a dar continuidade a seu movimento; procede dessa maneira, realizando movimentos em vários pontos da massa. Demonstra saber explorar suas diferentes partes.*

De um lado e de outro, em cima, e na extensão da área externa/ interna da massa.]

VIN trabalha para fazer da massa exatamente o que deseja. Já ARI tenta adaptá-la ao que pretende modelar.

IIICd (VIN 6;5) *[Olha bastante para a bola, desliza o dedo, afasta um pouco, vira a bola para olhá-la de todos os lados. Trabalha com as pontas dos dedos e os braços bem erguidos. Mostra para a câmera, dizendo que é uma bola, e põe em cima do torno ao lado do dinossauro e do peixe...]*

IIICd (ARI 11;4) Procure transformar essa idéia em uma imagem, ainda com os olhos fechados. Você pode fazer isso? **(ARI)** – Posso. [*Ainda com os olhos fechados, bate na parte grossa da peça com a lateral da palma da mão esquerda, segura a parte fina que está entortando com a mão direita, deixando-a reta e bem comprida.]*

CAR estabelece algumas relações bastante distantes do processo, como se estivesse mergulhada em sua desordem interior. Já ARI parece não respeitar seu próprio processo, explicitando suas crenças, mas sem se apropriar delas.

IIICe (CAR 11;1) – Qual é a sensação quando você deixa cair assim? **(CAR)** – De estatelar no chão, de machucar ela. (Pesquisadora) – Qual é o sentimento? **(CAR)** – Que essa argila é uma coitada. Coitada, imagine se alguém me pegasse e começasse a me jogar no chão assim. *[CAR continua batendo a massa.]* (Pesquisadora) – Você machuca a massa? **(CAR)** – É. (Pesquisadora) – Mas a argila fica macia. Quanto mais você bate ela, ela fica mais gostosa de trabalhar. Ela poderia assumir todas as formas possíveis. Você não acha que é uma experiência boa? **(CAR)** – É bom, mas depois parece que dá para machucar, é como meu primo, pode até comer. (Pesquisadora) – Como te comer? *[CAR continua batendo a massa, vira-a para um* *lado e bate. Pega e bate agora de um outro lado.]* **(CAR)** – Ah! colocando na boca.

IIICe (ARI 11;4) Qual foi o sentido de você tomar essa decisão? **(ARI)** – De fazer a cabeça menor. Por que ficou melhor assim. (Pesquisadora) – E o que você sente nessa hora? **(ARI)** – Inteligência. *[Pega uma ferramenta que está um pouco mais longe, à sua esquerda, e escreve no chapéu, YW.]* (Pesquisadora) – O que você pensa é que você fez uma coisa inteligente, legal. Mas o que você sente na hora em que você olha e fala que ficou melhor? **(ARI)** – Nada. (Pesquisadora) – Não sente nada? **(ARI)** – Não. *[Solta a esteca ao lado direito sobre o torno.]*

AND manipula a massa procurando construir seu envolvimento com ela, algo que está ainda por iniciar-se.

IIICf (AND 13;8) (Pesquisadora) – Então, tente manter o contato com a sua sensação e com a massa, é muito importante. *[Amassa e perfura a argila com o os dedos, formando buracos. Puxa uma parte da argila para o topo desse bloco em que está trabalhando e desliza os dedos até em cima, formando uma parte mais fina. Faz um orifício, depois, empurrando um pouco de argila para cima, torna a fechar o buraco.]*

D) Desapegado / Apegado

A pessoa age com liberdade interior e busca ou não alternativas, de acordo com as respostas que o objeto lhe proporciona. É apegada aos padrões "anteriores", ou seja: continua repetindo a ação, independentemente da resposta que o objeto lhe dá (Piaget, 1980a-1996); ou dialoga com ele de modo a "ouvir" o que tem a lhe dizer. É perspicaz quanto às sutis respostas desse objeto; ou age de maneira indiferenciada, sem levar em conta o que a ação lhe traz como retorno. É desapegado de seus próprios padrões e jeitos de fazer, traçando novos caminhos, ou não.

D) Desapegado	Apegado
a. Dialoga com o objeto, ouvindo o que ele tem a dizer; é perspicaz diante de suas respostas. b. Age com liberdade interior, buscando alternativas, a partir das respostas do objeto. c. É desapegado de seus próprios "padrões", traçando novos caminhos.	d. Age de maneira indiferenciada, não levando em conta o que a ação lhe traz como retorno. e. É apegado aos seus próprios "padrões", mantendo-os de qualquer maneira. f. É apegado aos seus "padrões" anteriores, apenas repetindo suas ações.

AND mantém uma atitude de interação contínua com o objeto argila, realizando movimentos que demonstram estar absolutamente atento ao que a massa lhe "conta". Já CED se envolve profundamente no registro plástico de seu trabalho, encontrando, inclusive, novas formas de interagir com ele no diálogo sutil que se estabelece entre ambos.

IIIDa (AND 13;8) ... quando você estiver pronto, eu vou pedir para você abrir os olhos e dar uma olhadela no seu trabalho. *[Segura o lado esquerdo do bloco com a mão esquerda e, com o polegar direito, vai empurrando argila para a parte côncava. A peça não está muito firme, AND percebe isso, e leva argila para a partes finas, conforme vai sentindo necessidade.]* (Pesquisadora) – Só uma olhadela. *[Exercita um pouco os dedos da mão direita no ar, enquanto a esquerda continua apoiada no lado esquerdo. Depois executa um movimento de cavar a parte côncava, com os quatro dedos, deixando o polegar livre.]*

IIIDa (CED 37;7) *[Pega outro papel e desenha com a argila que ficou concentrada em suas mãos, conforme foi trabalhando; pede mais papel, enquanto desenha, muito empolgado, não querendo perder a inspiração, ou melhor, aproveitando esse momento de* *inspiração e grande envolvimento com o trabalho; molha as mãos e desenha mais sobre o papel, faz o contorno do desenho com lápis. Pega outro papel e, com as duas mãos apoiadas sobre ele, começa pintando com os polegares simultaneamente, depois com os outros dedos, fazendo o mesmo desenho nos dois lados: um formato arredondado. Depois, põe as mãos na argila que está na madeira, umedece mais um pouco as mãos, volta para o desenho, puxando uma parte reta para baixo entre esses dois formatos arredondados. Torna a "sujar" as mãos na argila e as umedece. Quando volta ao desenho, faz dois riscos grossos abaixo dos formatos arredondados e ao lado da parte reta, depois pega o grafite e com ele redesenha todo o contorno que fizera com os dedos umedecidos na argila.*

VIN parece estar muito envolvido na ação de cortar a argila com o fio, experimentando, de muitas formas, interagir com esses objetos. BEL expressa seu envolvimento e liberdade ao amassar a argila; cada movimento que contrói indica uma interação contínua com o objeto.

IIIDb (VIN 6;5) (VIN) – Pode usar? *[Aponta para as ferramentas e pega o fio de corte, cortando um pedaço pequeno de argila da superfície de cima.]* (Pesquisadora) – Pode. **(VIN)** – Assim. *[Olha para a pesquisadora após o movimento de cortar, coloca o pedaço que cortou em cima da argila de novo e corta novamente um pedaço maior, tira, põe sobre a mesa e corta, dando voltas com o fio de corte, enrolando o fio na argila, cortando mais pedaços. Tira e corta outro pedaço de argila que está trabalhando, pega o fio de corte e corta esse pedaço que colocou ao lado, enrolando o fio nele, fica com um outro pedaço mais fino e modela afinando, parte em dois. Apóia o fio de corte, fazendo marcas com ele na argila.]*

IIIDb (BEL 14;5) (BEL) – Hum, hum... sorrindo. (Pesquisadora) – Fica melhor, não fica? *[BEL consente com a cabeça e bate mais uma vez a massa, aperta-a, faz uma rotação de 360º no ar;*

antes de batê-la contra a mesa. Depois aperta-a, penetrando com os polegares da mão direita e em seguida da esquerda. Molha a mão direita e volta a amassar a argila de diferentes modos: usando os todos dedos, ou então a palma das mãos, "puxando" um pouco de massa para um lado, depois um outro tanto para o lado imediatamente contíguo, apertando aqui e ali. Faz movimentos bem distintos, que parecem ter em vista a totalidade da massa, pois eles são feitos em diferentes partes de seu exterior. Levanta a massa com ambas as mãos, gira 45º e bate. Sente como ela está "puxando um pouco de uma de suas pontas". Levanta, gira e bate, mais uma vez e outra... num total de sete vezes. Amassa agora usando mais as mãos por inteiro, ou seja, amassa com os dedos e a palma da mão como suporte. Aperta, amassando mais algumas vezes. Olha para a pesquisadora e sorri.] **(BEL)** – Ela está mais macia agora. *[BEL levanta a massa mais uma vez e a joga sobre a mesa. Faz uma rotação e a joga... repetindo essa ação mais duas vezes. Amassa mais um pouco.]*

Ao adaptar seu movimento a uma exploração da massa em suas diferentes "partes", BEL demonstra sua abertura para os novos procedimentos.

IIIDc (BEL 14;5) (Pesquisadora) – Está dura? **(BEL)** – Seca. *[BEL amassa com ambas as mãos, apertando de um lado e de outro com ritmo e coordenação. Puxa um pouco de massa ao apertá-la, em seguida manipula a massa imediatamente ao lado, deslocando apenas um pouco as mãos, de modo a dar continuidade a seu movimento, procede dessa maneira, realizando movimentos em vários pontos da massa. Demonstra saber explorar suas diferentes partes. De um lado e de outro, em cima, e na extensão da área externa/ interna da massa.]*

ARI tenta fazer com que a massa permaneça do jeito que deseja, porém não observa suas propriedades. Já ANA parece tão apegada à intenção de ser precisa em suas percepções, que mantém uma certa indiferenciação qualitativa em sua atitude.

IIIDd (ARI 11;4) *[A parte de baixo do bloco está mais gr ossa, ARI aperta e afina, do meio do bloco para cima; a peça entorta novamente, ARI a segura, traz novamente e a deixa reta, aperta toda a parte grossa, prendendo-a na base de madeira . Depois puxa a argila para baixo com os dedos. A parte de cima, a mais fina, entorta um pouco para baixo.]*

IIIDd (ANA 32;8) (Pesquisadora) – Isso era o que estava acontecendo; e qual era o sentimento? **(ANA)** – Eu estava superbem, Cris. Eu tinha um sentimento de paz, de tranqüilidade, uma coisa assim de suavidade, de estar suave, leve, leveza, apesar do material ser bruto; tanto que, na hora em que eu comecei a mexer, eu estava meio só com a mão, ele exigiu o corpo inteiro. Apesar dele ser bruto eu estava leve. *[Balança o corpo.]* (Pesquisadora) – E na hora em que você se lembrou do pão-de-queijo? **(ANA)** – Aí, me deu uma fome. Eu falei; ai meu Deus, que delícia. Hum... meu pão-de-queijo. Eu geralmente não gosto do meu pão-de-queijo porque tem pessoas na minha família que fazem os pães melhores do que eu, mas eu faço assim, aquelas bolinhas, e o povo come... Então naquela do pão-de-queijo me deu fome mesmo, aquela coisa de estar lembrando dele. E isso, Cris, é uma coisa de estar vendo meio de cima. Uma coisa meio distanciada e de estar vendo lá dentro, *[olha para dentro da peça, olha de longe, afasta o corpo, olha para a pesquisadora].*

CAR mantém sua posição, independentemente do que está sendo conversado entre ela e a pesquisadora. ARI, por sua vez, parece querer escolher atitudes sempre inteligentes, o que lhe impede de ser espontâneo e desapegado.

IIIDe (CAR 11;1) – Qual é a sensação quando você deixa cair assim? **(CAR)** - De estatelar no chão, de machucar ela. (Pesquisadora) – Qual é o sentimento? **(CAR)** – Que essa ar gila é uma coitada. Coitada, imagine se alguém me pegasse e começasse a me jogar no chão assim. *[CAR continua batendo a massa.]*

(Pesquisadora) – Você machuca a massa? **(CAR)** – É. (Pesquisadora) – Mas a argila fica macia. Quanto mais você bate ela, ela fica mais gostosa de trabalhar. Ela poderia assumir todas as formas possíveis. Você não acha que é uma experiência boa? **(CAR)** – É bom, mas depois parece que dá para machucar, é como meu primo, pode até comer. (Pesquisadora) – Como te comer? *[CAR continua batendo a massa, vira-a para um lado, e bate. Pega e bate agora de um outro lado.]* **(CAR)** – Ah! colocando na boca.

IIIDe (ARI 11;4) Qual foi o sentido de você tomar essa decisão? De fazer a cabeça menor. **(ARI)** – Por que ficou melhor assim. (Pesquisadora) – E o que você sente nessa hora? **(ARI)** – Inteligência. *[Pega uma ferramenta que está um pouco mais longe, à sua esquerda, e escreve no chapéu, YW.]* (Pesquisadora) – O que você pensa é que você fez uma coisa inteligente, legal. Mas o que você sente na hora em que você olha e fala que ficou melhor? **(ARI)** – Nada. (Pesquisadora) – Não sente nada? **(ARI)** – Não. *[Solta a esteca ao lado direito sobre o torno.]*

CAR apenas repete seus movimentos, mantendo-se preso a eles.

IIIDf (CAR 11;1) *CAR mexe a cabeça para um lado e para outro, enquanto pega um pouco de argila, passando-a de uma para outra mão rapidamente. Movimenta a cabeça para trás, procurando retirar o cabelo dos olhos, ou da frente do rosto, mexe o corpo, talvez por um leve estremecimento. Passa a argila de uma mão para a outra, amassando com os todos os dedos de uma vez a massa, para então passá-la para a outra mão. Repete esse movimento por nove vezes, sempre acompanhado do corpo, que também está participando da ação. Coloca a argila sobre a mesa e começa a amassá-la. Permanece com os olhos abertos. Sorri.]*

E) Investigador / Não investigador

O sujeito promove uma investigação minuciosa em relação às propriedades do material que tem nas mãos, tirando conclusões a partir da descoberta dos possíveis desse objeto. Assim, infere possibilidades em relação a seu uso, as quais experimenta e redimensiona a cada passo, escolhendo o que e quando fazer, no decorrer de seu projeto (Piaget, 1980a-1996).

Ou, então, produz automatizações nas relações ligadas às condições intrínsecas ao objeto (Piaget, 1980a-1996), negando possibilidades de uso do material argila. Dessa forma, toma decisões impensadas sem levar em conta as suas propriedades.

E) Investigador	Não investigador
a. Infere possíveis e redimensiona o uso do material, escolhendo o que e quando fazer, no processo. b. Realiza inferências conduzidas pela descoberta dos possíveis que o objeto lhe apresenta. c. Investiga minuciosamente as propriedades do material.	d. Toma decisões impensadas sem levar em conta as propriedades do objeto. e. Nega possibilidades de uso do material. f. Produz automatizações nas relações ligadas às condições intrínsecas ao objeto argila/ desenho.

FER e RIC inferem possibilidades à medida que constroem seu projeto, escolhendo, com cuidado, o que fazer a cada momento, enquanto CED descreve os elementos que desencadearam novos procedimentos, durante seu processo.

IIIEa (FER 16;0) *[FER está amassando o pedaço de argila sobre a mesa. Olha cuidadosamente os lugares que aperta com vigor. Levanta a massa e trabalha-a suspensa no ar. Seus movimentos são pequenos e precisos. A massa está sendo modelada em suas laterais (ou pontas), sempre com movimentos simétricos e simultâneos de ambas as mãos.]*

IIIEa (RIC 38;9) ...*[Parece estar totalmente absorvido pelo trabalho que realiza. Escolhe a posição de um braço e do outro.*

"Puxa" um pé e o outro em seguida. Dá mais alguns retoques. Olha o resultado, observa o barco e coloca seu barqueiro dentro dele. Pega mais um pouco de argila e prepara um "pau-remo", com movimentos de enrolar... usando um pouco de água para chegar ao resultado que deseja. Coloca o remo nas mãos de seu barqueiro e o arruma, percebe que precisa alongá-lo mais um pouco. Retira e o levanta, para em seguida recolocá-lo nos braços do barqueiro, de modo que ele esteja na posição que imaginou. Olha, observa, e, com rapidez, chega ao que pretende.]

IIIEa (CED 37;7) E o desenho, como eu disse anteriormente, ele me ajudou a dar um pouco mais de forma para a forma, e a forma me ajudava a desenhar em ângulos diferentes.

ARI reflete sobre seu processo enquanto encontra novas articulações no uso da argila. À medida que a manipula a massa, BEL parece ir descobrindo as possibilidades desse material, promovendo, assim a integração de suas parcelas mínimas.

IIIEb (ARI 11;4) (Pesquisadora) – Em que momentos você se percebe sentindo dúvida? **(ARI)** – Nenhum. *[ARI pega um pedaço da argila que está ao seu lado, faz uma minhoquinha fina, esfregando a argila na palma das mãos. <u>Olha para as ferramentas que estão ao seu lado esquerdo e pega uma esteca de madeira do seu lado direito. Risca sua peça na lateral, mais ou menos no meio, fazendo um orifício, onde vai fixar a minhoca que confeccionou.</u> Depois empurra, girando um pouco a minhoca.]* (Pesquisadora) – Em nenhum momento você sentiu dúvida? **(ARI)** – Não. (Pesquisadora) – É ruim sentir dúvida? **(ARI)** – Um pouco. (Pesquisadora) – Por quê? **(ARI)** – Porque tem que ficar pensando. (Pesquisadora) – Então, é ruim sentir dúvida ou ter de ficar pensando? **(ARI)** – Ah, sentir dúvida. *[Corta a minhoca que fixou com a esteca de madeira e ferro nas pontas, deixando-a de um tamanho menor.]*

IIIEb (BEL 14;5) ... *[Produz agora, por sete vezes, movimentos ritmados de bater a massa, ao mesmo tempo que a gira um pou-*

co, perfazendo uma rotação completa da massa. Demonstra ter a intenção de trabalhar a totalidade da massa em sua dimensão espacial. Gira-a em 360º novamente e a joga por mais quatro vezes, alterando a posição da massa em suas mãos a cada nova investida, de modo que o baque aconteça em uma outra parte dela. Em um desses movimentos, BEL gira no ar a massa, para pegá-la na posição que deseja antes de batê-la novamente sobre a mesa. Aperta agora um pouco da massa que está na parte externa, fazendo uso de todos os dedos da mão direita e em seguida da esquerda. Seus movimentos são precisos e intencionais. Há rapidez e ritmo presentes, enquanto aperta a parte externa da massa, ao mesmo tempo em que a vai rotando, de modo a poder apertá-a em diferentes pontos. Gira para um lado, e depois gira para outro, em uma direção perpendicular à anterior. Continua a amassá-la com agilidade.]

AND procura uma idéia, dentre as possibilidades que se apresentam. E BEL parece "procurar" uma determinada qualidade nas propriedades que a massa pode ter.

IIIEc (AND 13;8) (AND) – Estou pensando, vêm várias idéias, mas eu não gosto de nenhuma. *[Não pára de mexer no bloco de argila enquanto fala.]* (Pesquisadora) – Que tipo de idéia está vindo por enquanto? **(AND)** – Uma caveira, um rádio, uma cachorra, um CD, uma águia, uma caverna, água... (Pesquisadora) – Então, não é que você não tenha nenhuma idéia, é mais que você não gosta da idéia que vem. **(AND)** – Hum, hum.

IIIEc (BEL 14;5) *[BEL aperta a massa de um lado e de outro. Procura ir "amaciando-a" ainda sobre a mesa. Percebe-se a variedade de movimentos exploratórios dessa massa, agora levando em conta diferentes partes que a constituem. BEL aperta de um lado e de outro, puxa um pouco de massa desse e daquele lado. Trabalha alternando uma mão e a outra em movimentos claramente definidos.]*

ARI trabalha com sua massa, procurando construir sua imagem: parece que ela não "responde" tão facilmente ao seu manuseio.

IIIEd (ARI 11;4) Procure transformar essa idéia em uma imagem, ainda com os olhos fechados. Você pode fazer isso? **(ARI)** – Posso. [*Ainda com os olhos fechados, bate na parte grossa da peça com a lateral da palma da mão esquerda, segura a par te fina que está entortando com a mão dir eita deixando-a r eta e bem comprida.*]

GUI procura uma forma de sustentação para a peça que produz, sem compreender totalmente as propriedades da massa. Já ARI parece negar as possibilidades de utilização que ela pode oferecer-lhe.

IIIEe (GUI 7;3) [*Alisa um pouco a lateral... faz alguns movimentos bem cuidadosos, aparentemente para aprimorar a forma que está diante dele. Procura equilibrar o "bocal" do microfone, levantando-o levemente com a mão esquerda, enquanto trabalha sua sustentação com a mão direita. Procura soltar o "bocal," que tomba... ele tenta de novo, sempre trabalhando a sustentação.*]

IIIEe (ARI 11;4) (ARI) – É para eu fazer isso aqui, assim? [*Aponta para o desenho e para a escultura já começada na argila.*] (Pesquisadora) – Isso. **(ARI)** – Mas é difícil de fazer isso aqui. [*Mexe na escultura já começada, envolvendo-a com a mão esquerda.*] (Pesquisadora) – Ah, mas você faz do teu jeito. **(ARI)** – Ah, mas mais parecido do que se eu for fazer diferente. (Pesquisadora) – Quer tentar? **(ARI)** – Não sei, acho que eu não consigo. [*Mexe na cabeça da escultura com os dedos, aparentando estar inseguro para começar a realizar (executar) o que desenhou.*] (Pesquisadora) – Ah, será? Tente. Se ele ficar pior, você muda o projeto. **(ARI)** – E aí eu vou ter que fazer de novo. Prefiro continuar isso. [*Coça o nariz.*]

ANA procura ter uma ação mais investigadora com relação à massa, mas também realiza movimentos automatizados ao passá-la de uma mão para outra.

IIIEf (ANA 32;8) Eu a convido então a abrir os olhos e dar uma olhadela em seu trabalho; observe a sua massa nesse momento, como ela se apresenta. **(ANA)** – Muito bem amassada. *[Abre os olhos, deixa as mãos ao lado do bloco de argila sem tocá-la. Pega o bloco nas mãos, passa de uma mão para a outra e fica olhando para a argila com o corpo curvado sobre ela.]* (Pesquisadora) – Mas enquanto massa, o que ela lhe sugere? O que você gostaria de continuar... **(ANA)** – Que ela fosse terminada. Que ela tivesse uma forma como eu comecei a fazer. *[Mostra as bolas que confeccionou.]*

F) Previdente / Não previdente

O sujeito prevê situações que se organizam sucessivamente quando da escolha de procedimentos que realiza (Piaget, 1980a-1996). Ou seja, exercita possibilidades de uso procedimental da argila, antecipando opções de procedimentos condizentes com ele, para a realização de seu projeto.

Ou então, não prevê situações de sucessão hierárquica na escolha de procedimentos (Piaget, 1980a-1996). Por vezes, até compreende as variáveis procedimentais em relação ao objeto argila, mas não as coordena em direção à construção de seu projeto.

F) Previdente	Não previdente
a. Prevê situações que se organizam sucessivamente na escolha de procedimentos. b. Antecipa escolhas de procedimentos condizentes com o objeto, para realizar seu projeto. c. Exercita possibilidades de uso procedimental do objeto.	d. Não prevê situações de sucessão hierárquica na escolha de procedimentos. e. Compreende as variáveis procedimentais em relação ao objeto, mas não as coordena em direção ao seu projeto. f. Manipula o material sem explorar suas possibilidades.

AND escolhe claramente o que fazer e em que momento, de modo a poder preparar a massa e realizar seu projeto. Já BEL coordena sua ação, demonstrando realmente saber o que pretende realizar com a argila.

IIIFa (AND 13;8) (Pesquisadora) – Minha sugestão é de que você amasse a argila sem ficar sentado, um pouco. *[Olha para a pesquisadora, fica de pé, respira fundo, amassa a argila, colocando o peso do corpo sobre ela ao amassar. Põe água com a mão direita e amassa num movimento de esparramar. Repete esse movimento de colocar água e esparramar e vai juntando o bloco de argila, espremendo com os dedos, amassando com a palma da mão. Coloca a argila em cima do torno, pega o desenho, olha para ele e continua amassando a argila. (...) AND vai molhando a argila com rápidos movimentos de deslizar dos dedos. Alisa a peça e puxa novamente uma ponta que lembra a cauda de um cometa, pega a espátula e com ela define a forma, tirando o excesso e alisando, deixando o lado oposto maior e mais volumoso, como anteriormente. Gira a peça no torno, alisa, molha bastante, deixando-a bem "lambuzada". Olha para o desenho e, com uma esteca menor, contorna toda a peça, passa o polegar no lugar que "afundara" de leve com a esteca. Limpa, na beirada do torno, o excesso de argila que ficou na esteca. Usa a esteca também para cavar na parte maior um buraco, sempre deixando o excesso de argila na beirada do torno. Faz uma cavidade por dentro, fixa o que tirou, na parede interna dessa cavidade do lado esquerdo. Nessa nova construção, AND repetiu o formato que ia ao encontro de sua idéia inicial, só não repetindo a maneira de executar. Sem fazer a espiral, foi fazendo uma cavidade maior com a esteca, deixando o outro lado novamente mais fino, como a cauda de um cometa. Ele fica um pouco mais volumoso, como o corpo de uma baleia.]*

IIIFa (BEL 14;5) *[BEL pega a massa e começa a modelá-la. Levanta da mesa ao mesmo tempo em que trabalha adequando* *seus movimentos à sua intenção. Abre a massa de um lado, depois de outro, diminuindo sua espessura, ao mesmo tempo em que vai preparando duas "pontas" para algo que lembra uma concha com duas pontas ou um barquinho... Trabalha com a totalidade da massa, modelando suas partes. Realiza movimentos precisos, parece que a massa responde ao que ela quer demarcar É bastante clara a facilidade com que BEL modela, desse lado e do outro, e a versatilidade de seus movimentos . Trabalha, ora com os dedos, ora com o polegar de uma mão ou de outra, ora com a palma da mão. Parece saber o resultado que o gesto propicia à massa. Repousa-a sobre a mesa e puxa um pouco aqui... pressiona ali... afunda o dedo acolá... Gira o trabalho para verificar como está, e vira sua outra face. Trabalha agora desse outro lado, procurando alongar mais a escultura. Molha a mão esquerda e continua a modelar. Realiza agora movimentos mais sutis, ou seja, alisa a superfície, ou então trabalha com dois dedos para deixar tal resultado na massa... Gira em ângulo reto, procurando trabalhar uma outra parte de sua escultura. Seus movimentos são ágeis, e seus dedos participam mais da realização do resultado "final". Por exemplo: começa a alisar com o indicador direito e continua com o polegar esquerdo. Há continuidade e coordenação nos movimentos que executa para modelar. Sustenta a peça meio tombada para alisar com a outra mão. Trabalha a forma em suas diferentes propriedades: largura, espessura, comprimento.*

AND procura uma idéia que lhe agrade concretizar com a sua massa, e BEL explicita que está em busca de uma argila mais macia e, portanto, melhor para modelar.

IIIFb (AND 13;8) ? **(AND)** – Estou pensando vem várias idéias, mas eu não gosto de nenhuma. *[Não pára de mexer no bloco de argila enquanto fala.]* (Pesquisadora) – Que tipo de idéia está vindo por enquanto? **(AND)** – Uma caveira, um rádio, uma cachorra, um CD, uma águia, uma caverna, água...

IIIFb (BEL 14;5) *[Faz movimentos bem distintos, que par ecem ter em vista a totalidade da massa, pois eles são feitos em diferentes partes de seu exterior. Levanta a massa com ambas as mãos, gira 45º e bate. Sente como ela está "puxando um pouco de uma de suas pontas". Levanta, gira e bate, mais uma vez e outra... num total de sete vezes. Amassa, agora usando mais as mãos por inteiro, ou seja, amassa com os dedos e a palma da mão como suporte. Aperta, amassando mais algumas vezes. Olha para a pesquisadora e sorri.]* **(BEL)** – Ela está mais macia agora.

DIE experimenta trabalhar com a argila de diferentes maneiras. Já ARI exercita as possibilidades de uso da massa.

IIIFc (DIE 9;9) (Pesquisadora) – Em que você pensa quando você bate assim? *[DIE com o corpo meio de frente para a pesquisadora, bate umas das pontas da argila na mesa, olha meio cabisbaixo e pensa na resposta, sempre mexendo na argila. Mexe um pouco mais devagar, mas não pára, olha para a pesquisadora com um rápido olhar.]* **(DIE)** – Como assim? Qual é a minha intenção?

IIIFc (ARI 11;4) *[ARI pega um pedaço da argila que está ao seu lado, faz uma minhoquinha fina, esfregando a argila na palma das mãos. Olha para as ferramentas que estão ao seu lado esquerdo e pega uma esteca de madeira do seu lado direito. Risca sua peça na lateral, mais ou menos no meio, fazendo um orifício, onde vai fixar a minhoca que confeccionou. Depois empurra girando um pouco a minhoca.]* (...) *[Corta a minhoca que fixou com a esteca de madeira e ferro nas pontas, deixando-a de um tamanho menor.]*

ARI expressa a dificuldade que sente em escolher os procedimentos adequados à realização do seu projeto.

IIIFd (ARI 11;4) (ARI) – É para eu fazer isso aqui, assim? *[Aponta para o desenho e para a escultura já começada na argila.]* (Pesquisadora) – Isso. **(ARI)** – Mas é difícil de fazer isso aqui. *[Mexe na* *escultura já começada, envolvendo-a com a mão esquerda.]* (Pesquisadora) – Ah, mas você faz do teu jeito. **(ARI)** – Ah, mas mais parecido do que se eu for fazer diferente. (Pesquisadora) – Quer tentar? **(ARI)** – Não sei, acho que eu não consigo. *[Mexe na cabeça da escultura com os dedos, aparentando estar inseguro para começar a realizar (executar) o que desenhou.]* (Pesquisadora) – Ah, será? Tente. Se ele ficar pior, você muda o projeto. **(ARI)** – E aí eu vou ter que fazer de novo. Prefiro continuar isso. *[Coça o nariz.]*

VIN trabalha em seu projeto mas se distancia dele, envolvendo-se com a água e com a bagunça sobre a mesa. GUI tem dificuldade em coordenar sua ação para que a peça se "sustente" de pé. Já AND tem dificuldade em aproximar o seu desenho do projeto que modela.

IIIFe (VIN 6;5) *[Desliza a escultura no apoio de madeira arrastando de um lado para o outro; solta-a e ela desliza sozinha. Tira o apoio, põe para o lado, levanta com um pouco de dificuldade o apoio de madeira e joga a água que está neste apoio dentro do copo.]* (Pesquisadora) – Já? **(VIN)** – Há quanto tempo. (Pesquisadora) – Há quanto tempo? **(VIN)** – Não sei, mas a Etelvina sabe. (Pesquisadora) – Quem é a Etelvina? **(VIN)** – Minha namorada. *[Com o apoio em pé na mesa vai puxando a água misturada com argila da mesa, usa o apoio como se fosse uma espátula, ele inventa seus movimentos «nessa bagunça» com bastante criatividade, usa soluções gostosas e divertidas para vivenciá-las. Querendo limpar e sujar mais e mais. Puxa com a madeira a água e joga no chão, passa as mãos sobre a mesa e olha para o chão, satisfeito com a grande «meleca».]*

IIIFe (GUI 7;3) *[GUI começa a trabalhar em sua peça. Ela está sobre a mesa. Envolve o "centro" com a mão esquer da e alisa a parte superior com a direita. O centro começa a ficar muito "fino" para o peso das extremidades, e a parte de cima começa a "cair". Ele parece tentar soltar a par te que está colada na placa... mas não consegue. Olha... e vê que a parte de cima está caindo.]*

IIIFe (AND 13;8) (Pesquisadora) – Não ver o desenho é bom? **(AND)** – Porque daí eu vou ficar menos irritado. (Pesquisadora) – Se você não vir o desenho, você vai seguir o quê? **(AND)** – Vou seguir o que eu sinto. (Pesquisadora) – Então siga o que você sente. Bater a argila ajudou a conectar no que você sente? **(AND)** – Um pouco.

CAR e ANA manipulam a argila sem explorar suas possibilidades.

IIIFf (CAR 11;1) *[Passa a argila de uma mão para a outra, amassando com os todos os dedos de uma vez a massa, para então passá-la para a outra mão. Repete esse movimento por nove vezes, sempre acompanhado do corpo, que também está par ticipando da ação.]*

IIIFf (ANA 32;8) *[Abre os olhos, deixa as mãos ao lado do bloco de argila sem tocá-la. Pega o bloco nas mãos, passa de uma mão para a outra e fica olhando para a argila com o corpo curvado sobre ela.]*

G) Observador / Não observador

O sujeito observa as diferenças constitutivas propostas pelo objeto para esboçar objetivos e programas. Deduz resultados a partir de duas condições simultâneas, realizando transformações em sua ação (Piaget, 1980a-1996).

G) Observador	Não observador
a. Infere resultados a partir de duas condições simultâneas, realiza transformações em sua ação. b. Observa as mudanças no objeto, articulando-as com seu projeto c. Observa as diferenças constitutivas do objeto para esboçar objetivos e programas.	d. Mantém a mesma conduta, independentemente da resposta do objeto. e. Não observa as mudanças no objeto, mantendo-as desarticuladas de seu projeto. f. Não leva em consideração a constituição material do objeto e procura adequá-lo aos seus objetivos e programas.

Ou então, não leva em consideração a constituição material do objeto argila e assim procura adequá-lo aos seus objetivos e programas. Por vezes, mantém e repete a mesma conduta, independentemente da resposta dada pelo objeto.

AND infere resultados a partir da imagem que tem em sua "tela mental" e da massa que manipula. CED mantém o contato com suas sensações enquanto executa seu projeto.

IIIGa (AND 13;8) – Já está com a imagem? *[Com a mão esquerda, ajudada pela direita, desprende, com bastante dificuldade, a peça do apoio de madeira, e a peça se parte. Mas AND fixa-a novamente, pois segurando-a nas mãos, conseguiu controlar a rachadura.]* **(AND)** – Eu estou. (Pesquisadora) – Então deixe ela aqui por enquanto. *[Apoiando a peça elevada na mão esquerda, AND gira-a com a mão direita e continua a trabalhar o formato côncavo. A peça vai-se fechando um pouco, mudando de forma.]*

IIIGa (CED 37;7) Procure trabalhar a argila, permanecendo atento às suas modificações, sentindo as nuanças, percebendo as entradas, na forma como ela vai-se constituindo. *[Levanta um pouco a orelha esquerda do elefante, umedece as mãos no potinho de água e passa por toda a parte de trás da cara do elefante. CED está bem concentrado no executar do seu trabalho e atento não só à execução como também às suas sensações, aquelas que o material lhe proporciona.]*

BEL observa as mudanças da massa, explicita que consegue deixá-la mais macia. CED aponta a sutil diferença entre trabalhar diretamente tocando a massa, e fazê-lo com a esteca.

IIIGb (BEL 14;5) *[Faz movimentos bem distintos, que parecem ter em vista a totalidade da massa, pois eles são feitos em diferentes partes de seu exterior. Levanta a massa com ambas as mãos, gira 45º e bate. Sente como ela está "puxando um pouco de uma de suas pontas". Levanta, gira e bate, mais uma vez e outra... num total de sete vezes. Amassa, agora usando mais as mãos por inteiro, ou seja, amassa com os dedos e a palma da mão como suporte. Aperta,* *amassando mais algumas vezes. Olha para a pesquisadora e sorri.]* **(BEL)** – Ela está mais macia agora. *[BEL levanta a massa mais uma vez e a joga sobre a mesa. Faz uma rotação e a joga... repetindo essa ação mais duas vezes. Amassa mais um pouco.]*

IIIGb (CED 37;7) . (Pesquisadora) – E então, qual foi a diferença do seu olhar? **(CED)** – Foi a de não interferir demais, porque, enquanto eu tocava, a sensação me ajudava muito a dar forma e, com o instrumento, eu já fiquei um pouco mais distante, então a relação se modificou um pouquinho.

ARI explicita sua percepção acerca do que seja "sentir dúvida", com uma atitude bem definida quanto ao procedimento a ser realizado. BEL trabalha a massa, sentindo o quanto ela está seca e, portanto, amassando-a para que fique mais maleável. Define, assim, um objetivo e trabalha em sua direção.

IIIGc (ARI 11;4) (Pesquisadora) – Em que momentos você se percebe sentindo dúvida? **(ARI)** – Nenhum. *[ARI pega um pedaço da argila que está ao seu lado, faz uma minhoquinha fina, esfregando a argila na palma das mãos. Olha para as ferramentas que estão ao seu lado esquerdo e pega uma esteca de madeira do seu lado direito. Risca sua peça na lateral, mais ou menos no meio, fazendo um orifício, onde vai fixar a minhoca que confeccionou. Depois empurra, girando um pouco a minhoca.]* (Pesquisadora) – Em nenhum momento você sentiu dúvida? **(ARI)** – Não. (Pesquisadora) – É ruim sentir dúvida? **(ARI)** – Um pouco. (Pesquisadora) – Por quê? **(ARI)** – Porque tem que ficar pensando. (Pesquisadora) – Então, é ruim sentir dúvida ou ter de ficar pensando? **(ARI)** – Ah, sentir dúvida. *[Corta a minhoca que fixou com a esteca de madeira e ferro nas pontas, deixando-a de um tamanho menor.]*

IIIGc (BEL 14;5) (Pesquisadora) – Está dura? **(BEL)** – Seca. *[BEL amassa com ambas as mãos, apertando de um lado e de outro com ritmo e coordenação. Puxa um pouco de massa ao apertá-la, em seguida manipula a massa imediatamente ao lado,* *deslocando apenas um pouco as mãos, de modo a dar continuidade a seu movimento; procede dessa maneira, realizando movimentos em vários pontos da massa. Demonstra saber explorar suas diferentes partes. De um lado e de outro, em cima, e na extensão da área externa/ interna da massa.]*

GUI mantém sua conduta de "sustentar" o eixo da peça com sua mão, sem de dar conta de que ele está muito fino e, portanto, não tem estrutura para suportar o peso das extremidades. ARI expressa sua dificuldade e também que não deseja tentar novamente, caso não tenha sucesso. Ambos permanecem na conduta que lhes é familiar.

IIIGd (GUI 7;3) *[GUI começa a trabalhar em sua peça. Ela está sobre a mesa. Envolve o "centro" com a mão esquerda e alisa a parte superior com a direita. O centro começa a ficar muito "fino" para o peso das extremidades, e a parte de cima começa a "cair". Ele parece tentar soltar a par te que está colada na placa... mas não consegue. Olha... e vê que a parte de cima está caindo.]*

IIIGd (ARI 11;4) (ARI) – É para eu fazer isso aqui, assim? *[Aponta para o desenho e para a escultura já começada na argila.]* (Pesquisadora) – Isso. **(ARI)** – Mas é difícil de fazer isso aqui. *[Mexe na escultura já começada, envolvendo-a com a mão esquerda.]* (Pesquisadora) – Ah, mas você faz do teu jeito. **(ARI)** – Ah, mas mais parecido do que se eu for fazer diferente. (Pesquisadora) – Quer tentar? **(ARI)** – Não sei, acho que eu não consigo. *[Mexe na cabeça da escultura com os dedos, aparentando estar inseguro para começar a realizar (executar) o que desenhou.]* (Pesquisadora) – Ah, será? Tente. Se ele ficar pior, você muda o projeto. **(ARI)** – E aí eu vou ter que fazer de novo. Prefiro continuar isso. *[Coça o nariz.]*

AND está trabalhando a massa sem, aparentemente, ter presente a intenção de um projeto. Seus movimentos são apenas exploratórios.

IIIGe (AND 13;8) *[Senta e começa a mexer na argila, amassando, enrolando e apertando os dedos nela e deixando novamente uma placa esparramada. Levanta a madeira para despregar o bloco de* *argila, vira para o outro lado, alisando, trabalhando-a na palma da mão. Coloca água e alisa com movimentos bem rápidos.]*

ARI aceita a idéia de transformar sua imagem em um projeto, mas manipula a argila um pouco "sem controle"; talvez suas ações estejam desarticuladas com o que pretende realizar.

IIIGf (ARI 11;4) Procure transformar essa idéia em uma imagem, ainda com os olhos fechados. Você pode fazer isso? **(ARI)** – Posso. *[Ainda com os olhos fechados, bate na parte grossa da peça com a lateral da palma da mão esquerda, segura a parte fina que está entortando com a mão direita deixando-a reta e bem comprida.]*

H) Interativo / Não interativo

Para o sujeito, os obstáculos que se apresentam são transitórios, parte integrante do processo. Ele compreende a interação com o objeto, na dialética de sua circularidade, e promove sua utilização dentro de suas melhores possibilidades naquele momento (Piaget, 1980a-1996). Realiza composições complexas, considerando todas as propriedades que o material argila lhe impõe.

H) Interativo	Não interativo
a. Realiza composições complexas, considera todas as propriedades que o objeto lhe impõe. b. Compreende a interação com o objeto, na dialética de sua circularidade, promovendo sua utilização dentro de suas melhores possibilidades para o momento. c. Considera os obstáculos transitórios, parte integrante do processo.	d. Realiza compensações parciais e desarticuladas das propriedades do objeto, na realização de seu projeto. e. Mantém sua ação na busca de dependências que não existem. f. Permanece preso aos obstáculos e às dificuldades que o objeto lhe impõe.

Ou então, permanece preso aos obstáculos e às dificuldades que o objeto argila lhe impõe. Mantém sua ação na busca de dependências que não existem, realizando compensações parciais e desarticuladas das propriedades do material (Piaget, 1980a-1996).

CED e RIC modelam com concentração, envolvimento e maestria em seus gestos.

IIIHa (CED 37;7) *[Com uma postura bem reta, o corpo não se movimenta, mas parece em harmonia com suas ações, movimenta bastante as mãos, desenvolvendo seu trabalho, está completamente envolvido de corpo e alma na sua execução, no sentir seu trabalho. Apóia de novo a mão direita na mesa, segurando a escultura com a mão esquerda e modela a or elha, inclinando um pouco a tromba para baixo...]*

IIIHb (RIC 38;9) *[Desliza as mãos alternadamente, realizando movimentos coordenados e ritmados, que apontam para um resultado mais preciso na peça que está sendo modelada. Gentilmente utiliza as pontas dos dedos, coordenando seu movimento de modo a moldar na argila as "pontinhas" da proa/popa. Observa um e outro ao mesmo tempo, fazendo movimentos paralelos e simétricos de modo a aprimorar o resultado obtido até então.]*

AND interage com o objeto que produz, utilizando-o dentro de suas melhores possibilidades. RIC descreve a complexidade de elementos presentes em seu processo.

IIIHb (AND 13;8) – Já está com a imagem? *[Com a mão esquerda, ajudada pela direita, desprende, com bastante dificuldade, a peça do apoio de madeira, e a peça se parte. Mas AND fixa-a novamente, pois segurando-a nas mãos, conseguiu controlar a rachadura.]* **(AND)** – Eu estou. (Pesquisadora) – Então deixe ela aqui por enquanto. *[Apoiando a peça elevada na mão esquerda, AND gira-a com a mão direita e continua a trabalhar o formato côncavo. A peça vai-se fechando um pouco, mudando de forma.]*

IIIHb (RIC 38;9) (RIC) – É, eu enxergava, de olho fechado e mexendo o barco, estava nítido. Uma imagem completamente nítida e eu teria feito acho que assim, só não teria feito a carranca, o resto eu teria feito de olho fechado, com a mesma realização, com a mesma... enfim, com a mesma... com a mesma coisa gostosa de ter feito isso aqui. Não teria feito diferença. Até interessante ter ficado um pouquinho mais com o olho fechado, porque me aproximou mais desse sensível. O olho fechado me ajudou, sabe, a pegar a textura, a ficar mais ligado nas sensações. (Pesquisadora) – Você acha que, mantendo esse sensível, você, isso te ajudava, te atrapalhava, te alimentava. O que acontecia em termos dessa imagem, em termos de você poder concretizar o seu projeto? Eu queria que você explicasse um pouco da passagem da sensação para a idéia, da idéia para a imagem e da imagem para o projeto. **(RIC)** – Então, a sensação estava superfértil, húmus puro, porque me abria possibilidades que, que deixavam a imagem melhor. Assim, a imagem como ela sur giu muito rápido desse cara, assim a idéia do barco, desse cara eu queria fazer, eu queria fazer um... e ... mas então assim, uma coisa mais preconcebida acabada, sem surpresa, muito fiel à imagem e aí... engraçado você estar falando isso, a sensação, essa sensibilidade, essa sensação me ajudava a deixar a imagem mais surpreendente, mais possível, mais mágica, mesmo, e não aquela coisa acabadinha que estava lá... tá?

DIE explicita sua intenção e trabalha na direção dela, parece viver cada momento como parte de um processo. AND procura manter-se no processo, encontrando nos "obstáculos" pistas para que possa dar continuidade ao que deseja realizar, portanto, para conseguir realizar o projeto.

IIIHc (DIE 9;9) ... qual a sua intenção? **(DIE)** – Ah, em deixar retinho, em deixar certinho. *[Apóia novamente a argila na mesa e pressiona o trapézio com as palmas das mãos, pressionando todos os lados. Pega outro pedaço de argila que está ao lado do* *seu, já modelado, e leva para suas mãos e começa a modelar, fazendo uma minhoca gorda, puxando as pontas e esmagando no meio. Bate esse pedaço por todos os lados na mesa, achatando e também pressionando com a palma da mão. Busca uma forma, com intenção. Eleva novamente o pedaço de argila e o alisa "de compridinho" no meio e achatado nas pontas.]*

IIIHc (AND 13;8) (AND) – Estou pensando vem várias idéias, mas eu não gosto de nenhuma. *[Não pára de mexer no bloco de argila enquanto fala.]* (Pesquisadora) – Que tipo de idéia está vindo por enquanto? **(AND)** – Uma caveira, um rádio, uma cachorra, um CD, uma águia, uma caverna, água... (Pesquisadora) – Então, não é que você não tenha nenhuma idéia, é mais que você não gosta da idéia que vem. **(AND)** – Hum, hum.

Ao tentar manter o eixo de sua peça, GUI realiza compensações parciais. Já CAR procura uma idéia para que a massa não se quebre, pois parece não saber o que fazer.

IIIHd (GUI 7;3) *[GUI olha as ferramentas, enquanto segura seu halteres que está meio caído... Continua trabalhando na parte central. Não a solta...]*

IIIHd (CAR 11;1) CAR) – Tá quebrando. *[CAR olha obliquamente para a pesquisadora]* (Pesquisadora) – O que você pode fazer para não quebrar? Se você precisar você pode usar aquelas estecas para alguma coisa. *[CAR olha para o lado, observando as ferramentas que a pesquisadora oferece, e volta a olhar para o seu trabalho. Movimenta a cabeça, como que pensando com o movimento.]*

ARI parece permanecer preso a suas pseudodependências e AND demonstra seu receio em desconectar-se do que sente, caso mantenha o contato visual com seu desenho.

IIIHe (ARI 11;4) (ARI) – É para eu fazer isso aqui, assim? *[Aponta para o desenho e para a escultura já começada na argila.]*

(Pesquisadora) – Isso. **(ARI)** – Mas é difícil de fazer isso aqui. *[Mexe na escultura já começada, envolvendo-a com a mão esquerda.]* (Pesquisadora) – Ah, mas você faz do teu jeito. **(ARI)** – Ah, mas mais parecido do que se eu for fazer diferente. (Pesquisadora) – Quer tentar? **(ARI)** – Não sei, acho que eu não consigo. *[Mexe na cabeça da escultura com os dedos, aparentando estar inseguro para começar a realizar (executar) o que desenhou.]* (Pesquisadora) – Ah, será? Tente. Se ele ficar pior, você muda o projeto. **(ARI)** – E aí eu vou ter que fazer de novo. Prefiro continuar isso. *[Coça o nariz.]*

IIIHe (AND 13;8) – Não ver o desenho é bom? **(AND)** – Porque daí eu vou ficar menos irritado. (Pesquisadora) – Se você não vir o desenho, você vai seguir o quê? **(AND)** – Vou seguir o que eu sinto. (Pesquisadora) – Então siga o que você sente. Bater a argila ajudou a conectar no que você sente? **(AND)** – Um pouco. (Pesquisadora) – Então bate mais um pouquinho. **(AND)** – Está bom.

ARI parece estar tentando dialogar com o objeto argila, sem muito sucesso, pois ele lhe "escapa" das mãos.

IIIHf (ARI 11;4) Procure transformar essa idéia em uma imagem, ainda com os olhos fechados. Você pode fazer isso? **(ARI)** – Posso. [*Ainda com os olhos fechados, bate na parte grossa da peça com a lateral da palma da mão esquerda, segura a parte fina que está entortando com a mão direita deixando-a reta e bem comprida.]*

Relação com a tarefa

As relações com a tarefa estão ligadas tanto ao desempenho do sujeito no decorrer da realização de seu projeto quanto aos processos internos que o vinculam àquilo que ele se propõe a fazer, e que o mantêm conectado – ou não – à sua meta, mesmo quando diante de empecilhos ou dificuldades.

Em se considerando a dimensão dos valores, é a energética que mantém o vínculo do sujeito com cada etapa do processo, em direção a um fazer, ou não, "o seu melhor". Essa energética tem relação com a tolerância à frustração de não obter o resultado imediatamente e, portanto, precisar suportar o processo em todas as suas etapas. Está ligada também, também, à responsabilidade de assumir uma tarefa e de procurar realizá-la, buscando possibilidades de êxito diante dos fatos que se apresentam.

A cada momento do processo, o sujeito significa sua ação, sustentando seu fazer de maneira a enfrentar desafios e construir caminhos para a realização daquilo que se propõe a executar. Todo um *saber fazer* é evocado,de modo a se construírem procedimentos que permitam atingir a meta almejada.

Podemos dizer que os sujeitos mobilizam toda a sua competência para realizar a tarefa (Macedo, 1999, 2000; Perrenoud, 1999a, 1999b) que lhe é proposta: em nossa pesquisa, criar e realizar seu projeto com argila.

A competência evocada para que a tarefa seja realizada possui um componente estrutural: as aquisições que o sujeito já possui e lhe dão suporte. No caso desta pesquisa, a "exigência" é que trabalhe com a argila em contexto de projeto. E o componente funcional se manifesta na aplicação do conhecimento que o sujeito possui para realizar a tarefa no contexto que propomos dentro de uma *Oficina Criativa*.

Procuramos observar como o sujeito responde às situações que se apresentam no decorrer do processo: se corrige sua ação ou simplesmente a repete, tentando fazê-la preencher sua necessidade. Se promove um ajustamento espontâneo por intuição ou por "ensaio e erro". Se estabelece diferenciação entre suas ações, de modo a promover equilíbrio diante dos desequilíbrios advindos das perturbações presentes em determinados momentos do processo. E, ainda, se estabelece compensações a partir das contradições presentes nos resultados alcançados (Piaget, 1980a-1996).

Enfim, nossa intenção é observar as coordenações que os sujeitos estabelecem para resolver a situação-problema que têm diante de si: seu projeto (Piaget, 1980-1996; Macedo, 1999, 2000).

Levantamos quatro categorias de valores e operações afetivo-cognitivas que reúnem, segundo nossa interpretação, as relações estabelecidas pelo sujeito com a tarefa que realiza:

A) Curioso / Apático
B) Disciplinado / Indisciplinado
C) Presente / Ausente
D) Tranqüilo / Inquieto
E) Construtivo / Não construtivo
F) Articulador / Não articulador
G) Autônomo / Não autônomo
H) Auto-regulador / Não regulador

Procedemos, agora, à descrição mais detalhada de cada uma dessas subcategorias, bem como os fragmentos de nossos protocolos, de modo a explicitar os atributos de cada uma delas.

A) Curioso / Apático

A pessoa demostra curiosidade ou apatia para investir na realização do que se propõe fazer. Procura enfrentar desafios ou não, mantendo-se na proposta ou se distanciando dela. É caprichoso e esforçado, mantendo vivo o espírito de investigação, ou "faz de qualquer jeito", sem nenhum cuidado, demonstrando não ter envolvimento suficiente. Parece agir com displicência em relação à tarefa em si, sendo desleixado com o que produz. Demonstra dedicação e entrega ou permanece perdido, agindo de maneira reservada e distante.

A) Curioso	Apático
a. Demonstra curiosidade para investir no que faz, enfrentando desafios e mantendo-se na proposta.	d. Parece estar apático e distante do processo, desistindo com rapidez diante de problemas.
b. Demonstra dedicação e entrega ao trabalho.	e. Permanece perdido e age de maneira reservada e distante.
c. É caprichoso e esforçado, mantendo vivo o espírito de investigação.	f. Demonstra estar pouco comprometido com a tarefa; é desleixado.

AND investe em sua tarefa, buscando sua competência para enfrentar os desafios que se apresentam. CED chega a se surpreender com o próprio desempenho, no decorrer do seu processo.

IVAa (AND 13;8) *[Com todos os dedos nas laterais do bloco de argila, vai deslizando os polegares de baixo para cima e de cima para baixo, empurrando e acentuando a parte côncava de cima, que está ficando muito fina e pesando um pouco para trás. Com o polegar esquerdo e depois com o direito, empurra a argila da parte de baixo para dentro da parte côncava, aumentando-a um pouco, e assim controla a forma, que fica com a parede mais grossa. Segura a parte de trás com a mão esquerda e assim firma mais a parte côncava, para que não caia.]* (Pesquisadora) – <u>E então, quando vem uma idéia de que você não gosta, o que você sente</u>? **(AND)** – <u>Eu tento procurar uma idéia que eu goste</u>. (Pesquisadora) – Mas o que você sente? Qual é o sentimento dentro de você? **(AND)** – Ah, não sei. Eu vou fazer uma concha. *[Com as duas mãos apoiadas na parte de baixo do seu trabalho, sente todo o formato da peça que vem executando, com a mão esquerda apoiada no lado esquerdo. Com a mão direita, trabalha a parte côncava; simultaneamente alisa as laterais e a parte de trás. Faz um movimento de cavar na parte da frente do bloco de argila. Leva os pedaços que vai retirando, para a parte superior, côncava, e os prende lá.]*

IVAa (CED 37;7) (CED) – É, então naquele momento eu estava bem presente, sentindo aquela massa ainda sem forma, sem nenhuma representação de coisa alguma, a não ser da terra tocando as mãos. Então, era como que um momento de incubação de algo que estava em meu inconsciente esperando um pequeno sinal para se expressar, à medida que você deu essa abertura, porque eu estava bem receptivo, bem aberto né, isso começou de uma forma muito dinâmica, tão dinâmica que eu entendo como uma expansão de consciência naquele momento porque, pela primeira vez, eu pude tocar com as mãos algo que era exclusividade – digamos assim – de um plano mental. Então, a imagem criada na tela mental pode ser tocada e simultaneamente modelada, à medida que a argila na minha mão foi desenhando e criando a forma que a mente expressava; então isso foi uma coisa mágica, que trouxe para mim, eu traria uma palavra como um poder de tocar nesse plano que para mim é sempre inatingível.

CAR expressa sua "entrega" ao processo e FER, sua dedicação íntegra, na construção de um processo que trouxe para o plano da realidade algo vivido, em princípio, como ilusão. BEL, por sua vez, atende à sugestão da pesquisadora com dedicação e entrega.

IVAb (CAR 11;1) *[CAR observa a massa que tem em suas mãos, procurando reconhecer pequenas marcas que os dedos efetuam nela ao pegá-la. Mostra para a pesquisadora o que está fazendo, e descobrindo ao explorar desse outro jeito a massa.]* **(CAR)** – Assim a gente consegue ver bem os riscos e assim não, tá vendo? *[CAR faz um movimento com os dedos para demostrar o que está explicando.]*

IVAb (FER 16;0) E qual o sentimento que vinha? **(FER)** – Quando eu estava com o olho fechado assim era tipo um suspense porque eu estava mexendo e não sabia o que estava acontecendo. Era um suspense de uma coisa assim de eu mexer..., o que que será que está acontecendo? Como será que está a argila? Quando eu apertava, se ela crescia, se ela entrava nos meus dedos assim... é, acho que é isso, uma novidade, tipo de um suspense. (Pesquisadora) – E na hora em que você abriu os olhos? **(FER)** – De que eu tinha feito o mesmo que eu estava pensando, no sentido de realidade. O que eu pensei era real mesmo, estava acontecendo mesmo, não foi uma ilusão. O que eu pensei, o que antes era suspense, tornou realidade.

IVAb (BEL 14;5) (Pesquisadora) – Eu a convido agora, BEL, a pegar essa argila, mantendo os olhos fechados, a pegar essa argila que você tem na sua frente e começar a amassá-la. Uma coisa assim de senti-la de uma forma bem... de sentir, de explorar, de mexer com ela. Não sei se é muito, não sei se você quer um pouco mais, ou menos... *[BEL aproxima ambas as mãos da massa que está à sua frente e começa a manipulá-la.]* **(BEL)** – Não. Tá bom. *[BEL aperta de um lado e de outro a massa, usando as mãos com coordenação e aparente intenção. As mãos r ealizam um movimento com todos os dedos que apertam e "puxam" a massa ao mesmo tempo em que a palma da mão dá sustentação para esse movimento. Em seguida "puxa" um outro tanto de massa e realiza uma exploração com movimentos semelhantes.]*

BRU é caprichosa e mantém vivo seu espírito investigador a cada gesto com que modela a argila.

IVAc (BRU 7;8) *[Concorda, com a cabeça.]* (Pesquisadora) – Para concretizar esse seu projeto. Você quer? *[BRU já está com a massa nas mãos e trabalha modelando-a. Rapidamente "puxa" a argila de um dos lados para formar uma orelha. Utiliza as duas mãos, coordenando os movimentos dos dedos com precisão. Modela em seguida a outra orelha. Ao mesmo tempo em que observa, suas mãos tocam suave e precisamente a massa. Par ece que ela vai definindo, assim, quanto deve apertá-la ou não, para obter o resultado que deseja. Faz agora uso das palmas das duas mãos, que comprimem simultaneamente a orelha direita, de modo* *a chegar à modelagem da forma desejada. Realiza o mesmo movimento na outra orelha. Pressiona com precisão os polegares, de modo a marcar os olhos. O movimento de ambas as mãos é rápido, simultâneo e certeiro. "Puxa" um pouco de argila para modelar o nariz e deslizar o indicador sobre o local onde deseja marcar a boca, definindo-a. Ajeita pequenos detalhes. Pega mais um pouquinho de massa (daquela manipulada pela pesquisadora) e prepara com rapidez um bigode. Coloca-o, trabalhando sempre com a coordenação dos movimentos de ambas as mãos. Observa... dá alguns "toques" em alguns locais da figura. Aperta com ambas as mãos, uma em cada orelha, como para definir melhor seu contorno. Olha para a figura modelada e em seguida para a pesquisadora, fazendo um sinal com a cabeça para demostrar que tinha terminado.]*

CAR parece estar distante e com dificuldade em estabelecer contato com o material.

IVAd (CAR 11;1) (Pesquisadora) – Você não quer experimentar? *[CAR olha para a pesquisadora para responder, fecha os olhos e joga a cabeça para trás, começando a amassar o que tem nas mãos.]* **(CAR)** – Pode ser. *[CAR faz dois movimentos e abre os olhos. Olha para o lado, mexe o pescoço e a cabeça enquanto amassa.]* (Pesquisadora) – Feche os olhos e entre em contato com esse material e se você quiser colocar um pouquinho de água na argila, você pode. *[Coloca o cabelo atrás da orelha esquerda e depois da direita. Volta os olhos para a argila à sua frente, amassando-a sem parar].*

ARI permanece às voltas com seu objeto, que resiste a suas tentativas de modelar. Já AND mantém uma atitude reservada, de certo modo distante do que a experiência evoca em seu interior.

IVAe (ARI 11;4) (ARI) – Dá para usar a outra plataforma? *[ARI tira os pedaços de argila da base de madeira, a pesquisadora traz outra base para mais perto e ele coloca a argila sobre ela na* *mesa com ajuda de uma espátula. Desprende a escultura da base em cima do torno e a coloca na mesma base, mais ao centro. A escultura tomba, ARI a segura e endireita com uma espátula de madeira, fixando a parte de baixo, segurando com a mão direita, e com a mão esquerda segura a escultura.]* (Pesquisadora) – Dá. **(ARI)** – Vou tirar a cabeça por enquanto. *[Com a espátula de madeira e ferro nas pontas corta a cabeça da escultura e a coloca ao lado, em cima do torno.]*

IVAe (AND 13;8) Fique de pé, perto da cadeira, fique de pé para bater. *[AND fica em pé, bate a argila na mesa. Dá um sorriso, olhando meio de lado para a pesquisadora, joga a argila sem muita força, timidamente, com a mão direita, sobre a mesa. Olha de novo para a pesquisadora, com um puxar de olhos e dá uma risada. O pote de água que está em cima da mesa e as ferramentas "pulam", e a pesquisadora segura-os nas mãos. AND levanta a madeira para despregar o pedaço de argila. Como não consegue fazê-lo com as mãos, usa uma espátula grande de ferro. A argila cai sobre a mesa, AND fixa novamente na madeira. Bate três vezes seguidas com a argila grudada na madeira. AND não demonstra seus sentimentos nas batidas, não consegue ficar muito solto nos movimentos. Pára um pouco, entorta a madeira para conseguir despregar a argila. Acrescenta pedaços de argila que estão ao seu lado no bloco. Pega um papel que caiu no chão.]*

CAR parece pouco comprometida com o processo, pois procura desviar-se do diálogo com a pesquisadora.

IVAf (CAR 11;1) – Aquela moça bonita. *[CAR pega a massa e, alisando-a, parece dar-lhe uma forma arredondada]* **(CAR)** – Não sei, eu fiquei conversando com ela e aí ela veio embora e agora ela apareceu, sabia? *[CAR mexe o corpo, vira a cabeça para o lado, esticando parte do corpo, sorri]* (Pesquisadora) – E o que ela lhe falou? *[CAR volta a olhar a argila e pega o trabalho da mesa. Continua a alisá-lo e modelá-lo]* **(CAR)** – Ela ficou perguntando alguma coisa.(Pesquisadora) – Que tipo de coisa? *[CAR mexe o corpo, sorri, coloca o trabalho na mesa]* **(CAR)** – Como é que está em casa.... eu quero que você me fale! Mas daí ela foi embora de novo, feia... e sei lá.

B) Disciplinado / Indisciplinado

A pessoa estabelece prioridades, agindo com precisão, perseverança e decisão. É meticulosa e disciplinada, compensando desequilíbrios que se apresentam. Ou então, age com indecisão e indisciplina, fazendo de modo displicente, distanciando-se da tarefa ou até abandonando-a, permanecendo perturbado durante o processo.

B) Disciplinado	Indisciplinado
a. Compensa desequilíbrios que se apresentam.	d. Permanece perturbado durante o processo.
b. Estabelece prioridades, agindo com precisão, perseverança e decisão.	e. Age com indecisão e indisciplina, realizando "de qualquer jeito" a tarefa.
c. É meticuloso e disciplinado.	f. Distancia-se da tarefa ou até a abandona.

GUI se posiciona com tranqüilidade diante da proposta da pesquisadora. CAR encara o desafio da tarefa que realiza, com sucesso, alavancando toda sua competência em produzir o objeto que idealizou. CED, ao manter-se com alegria e integridade, dentro do que a pesquisadora está sugerindo-lhe explicita sua disciplina interna.

IVBa (GUI 7;3) (Pesquisadora) – Agora, será que você gostaria de transformar essa sua idéia em um projeto? Em um projeto que você gostaria de tentar construir, fazer. Você quer? *[GUI ouve o que está sendo proposto. Mexe um pouco no seu trabalho... coça o nariz rapidamente...]* **(GUI)** – Sim.

IVBa (CAR 11;1) (Pesquisadora) – O meu convite é que você construa o seu projeto. Tente descobrir novas estratégias, outros jeitos. *[CAR pega um pouco de massa e enrola com rapidez e certa precisão de movimento.]* **(CAR)** – Vai ser difícil, mas vamos nessa. (Pesquisadora) Não tem problema se for difícil! Veja como é que você pode articular o seu movimento e a sua construção para você poder concretizar o seu projeto. CAR, eu posso ajudar no que você precisar, se você precisar. *[CAR continua enrolando a massa. Forma um círculo com ela, gruda as duas extremidades, faz um novo rolinho menor, que anexa em uma das pontas. Faz outro que coloca do outro lado, simetricamente posicionado. Faz um terceiro e o coloca no "meio", entre os dois anteriores. Faz um quarto.. e completa os quatro lados. Agora prepara uma "minhocona" que enfia em uma das pontas, e em outra. O que fica para o alto, ela ajeita rapidamente, adequando o material ao que pretende fazer, deixa um certo círculo formado para o alto. Prepara um novo rolinho, que introduz nesse círculo anterior. Observa e retira o rolinho desse lugar. Pega um pouco de água e molha o trabalho, dentro do "círculo" que receberá o novo rolinho. Trabalha com as duas mãos, coordenando seu movimento com precisão e intenção. Usa de seus dedos, discriminando o resultado que eles podem deixar na argila. Usa o dedo mínimo, para dar um certo acabamento dentro do círculo onde irá introduzir o novo rolinho, que ela suspende no ar, olha, "mede" e enrola um pouco mais. Alisa e introduz no círculo que preparara para recebê-lo. Molha novamente a mão esquerda e refaz o procedimento, agora em outra "alça-círculo", na qual introduz aquele mesmo rolinho.]*

IVBa (CED 37;7) (CED) – O primeiro momento em que eu vi o projeto concreto, foi quando você disse para abrir um pouquinho os olhos. Então foi uma surpresa, foi um prazer muito grande que eu tive de ver que aquilo correspondia exatamente àquilo que estava no mental, que em um momento eu tive um pouco de receio de não estar conseguindo fazer exatamente o que estava no mental. Quando abri os olhos, foi uma surpresa muito agradável. É, vinha aquilo... é como se tivesse visto um nenezinho, que eu tinha engravidado.

DAN e AND definem sua prioridade e trabalham para realizá-la.

IVBb (DAN 9;10) (Pesquisadora) – Era importante para você tentar fazer igual? **(DAN)** – Podia mudar se eu quisesse, mas eu quis fazer igual porque foi isso que eu pensei. (Pesquisadora) – Quis ser fiel ao que você pensou. **(DAN)** – Porque você pediu para fazer o que eu pensei, e não o que eu não pensei. *[Pega um pedaço pequeno de argila, mexe nele com as duas mãos. Põe de lado e apóia o braço esquerdo na mesa, apoiando o resto.]*

IVBb (AND 13;8) (Pesquisadora) – E então, quando vem uma idéia de que você não gosta, o que você sente? **(AND)** – Eu tento procurar uma idéia que eu goste. (Pesquisadora) – Mas o que você sente? Qual é o sentimento dentro de você? **(AND)** – Ah, não sei. Eu vou fazer uma concha. *[Com as duas mãos apoiadas na parte de baixo do seu trabalho, sente todo o formato da peça que vem executando, com a mão esquerda apoiada no lado esquerdo. Com a mão direita, trabalha a parte côncava; simultaneamente alisa as laterais e a parte de trás. Faz um movimento de cavar na parte da frente do bloco de argila. Leva os pedaços que vai retirando, para a parte superior, côncava, e os prende lá.]*

BRU é meticulosa e disciplinada em modelar seu projeto, e BEL, em preparar a massa para ser modelada.

IVBc (BRU 7;8) *[Concorda, com a cabeça.]* (Pesquisadora) – Para concretizar esse seu projeto. Você quer? *[BRU já está com a massa nas mãos e trabalha modelando-a. Rapidamente "puxa" a argila de um dos lados para formar uma orelha. Utiliza as duas mãos, coordenando os movimentos dos dedos com pr ecisão. Modela em seguida a outra orelha. Ao mesmo tempo em que ober-*

va, suas mãos tocam suave e precisamente a massa. Par ece que ela vai definindo, assim, quanto deve apertá-la ou não, para obter o resultado que deseja . Faz agora uso da palma das duas mãos, que comprimem simultaneamente a orelha direita, de modo a chegar à modelagem da forma desejada. Realiza o mesmo movimento na outra orelha. Pressiona com precisão os polegares, de modo a marcar os olhos. O movimento de ambas as mãos é rápido, simultâneo e certeiro. "Puxa" um pouco de argila para modelar o nariz e deslizar o indicador sobre o local onde deseja marcar a boca, definindo-a. Ajeita pequenos detalhes. Pega mais um pouquinho de massa (daquela manipulada pela pesquisadora) e prepara com rapidez um bigode. Coloca-o, trabalhando sempre com a coordenação dos movimentos de ambas as mãos. Observa... dá alguns "toques" em alguns locais da figura. Aperta com ambas as mãos, uma em cada orelha, como para definir melhor seu contorno. Olha para a figura modelada e em seguida para a pesquisadora, fazendo um sinal com a cabeça para demostrar que tinha terminado.]

IVBc (BEL 14;5) *[BEL aperta a massa de um lado e de outro. Procura ir "amaciando-a" ainda sobre a mesa. Percebe-se a variedade de movimentos exploratórios dessa massa, agora levando em conta difer entes par tes que a constituem . BEL aperta de um lado e de outro, puxa um pouco de massa desse e daquele lado. Trabalha alternando uma mão e a outra, em movimentos claramente definidos.]* (Pesquisadora) – Se você quiser bater nela, amassando... *[BEL aproxima sua mão esquerda da água, molha e retorna ao seu trabalho.* (Pesquisadora) – Está dura? **(BEL)** – Seca. *[BEL amassa com ambas as mãos, apertando de um lado e de outro com ritmo e coordenação. (...) Demonstra saber explorar suas diferentes partes. De um lado e de outro, em cima, e na extensão da ár ea externa/ interna da massa.]*

VIN expressa seu conflito e aparenta estar um pouco em desequilíbrio. Já ARI procura soluções para os desequilíbrios que se apresentam enquanto AND procura não demonstrar seus sentimentos e sua perturbação interna.

IVBd (VIN 6;5) *[VIN olha para a câmera.]* **(VIN)** – Dentro de sua casa tem goteira? (Pesquisadora) – Não. **(VIN)** – Na casa da minha tia Célia tem. *[Olha para a pesquisadora, dando uma risada e passa seu trabalho, seu peixe de uma mão para a outra, apertando.]* (Pesquisadora) – Ah é! Como é que você pensa para poder fazer o peixe do jeito que você está fazendo? **(VIN)** – Tem que ficar muito lindo. (Pesquisadora) – Tem? **(VIN)** – Uma coisa boa. *[Pega pedaços pequenos de argila e acrescenta no peixe.]*

IVBd (ARI 11;4) (ARI) – Dá para usar a outra plataforma? *[ARI tira os pedaços de argila da base de madeira, a pesquisadora traz outra base para mais perto e ele coloca a argila sobre ela na mesa com ajuda de uma espátula. Desprende a escultura da base em cima do torno e a coloca na mesma base, mais ao centro. A escultura tomba, ARI a segura e endireita com uma espátula de madeira, fixando a parte de baixo, segurando com a mão direita, e com a mão esquerda segura a escultura.]* (Pesquisadora) – Dá. **(ARI)** – Vou tirar a cabeça por enquanto. *[Com a espátula de madeira e ferro nas pontas corta a cabeça da escultura e a coloca ao lado, em cima do torno.]*

IVBd (AND 13;8) *[AND fica em pé, bate a argila na mesa, ele se dá um sorriso, olhando meio de lado para a pesquisadora, joga a argila sem muita força, timidamente, com a mão direita, sobre a mesa. Olha de novo para a pesquisadora, com um puxar de olhos e dá uma risada. (...) AND levanta a madeira para despregar o pedaço de argila. Como não consegue fazê-lo com as mãos, usa uma espátula grande de ferro. A argila cai sobre a mesa, AND* *fixa novamente na madeira. Bate três vezes seguidas com a argila grudada na madeira. AND não demonstra seus sentimentos nas batidas, não consegue ficar muito solto nos movimentos. Pára um pouco, entorta a madeira para conseguir despregar a argila. Acrescenta pedaços de argila que estão ao seu lado no bloco. Pega um papel que caiu no chão.]*

ARI age com indecisão, expressando seu limite pessoal.

IVBe (ARI 11;4) (ARI) – É para eu fazer isso aqui, assim? *[Aponta para o desenho e para a escultura já começada na argila.]* (Pesquisadora) – Isso. **(ARI)** – Mas é difícil de fazer isso aqui. *[Mexe na escultura já começada, envolvendo-a com a mão esquerda.]* (Pesquisadora) – Ah, mas você faz do teu jeito. **(ARI)** – Ah, mas mais parecido do que se eu for fazer diferente. (Pesquisadora) – Quer tentar? **(ARI)** – Não sei, acho que eu não consigo. *[Mexe na cabeça da escultura com os dedos, aparentando estar inseguro para começar a realizar (executar) o que desenhou.]* (Pesquisadora) – Ah, será? Tente. Se ele ficar pior, você muda o projeto. **(ARI)** – E aí eu vou ter que fazer de novo. Prefiro continuar isso. *[Coça o nariz]*.

VIN parece distanciar-se da idéia de projeto com argila, envolvendo-se na "grande brincadeira" que cria ao seu redor.

IVBf (VIN 6;5) (VIN) – Eu coloquei uma goteira. Você não precisa... (Pesquisadora) – Posso secar? **(VIN)** – Deixa assim, tá tão legal. *[Puxa a água para o chão, fica olhando cair, pula do banco, vai embaixo da mesa e limpa o chão com o pano, torce o pano no pote de água, passa água de um pote para o outro e torce novamente o pano no pote.]*

C) Presente / Ausente

A pessoa aprende rapidamente, pois, ao estabelecer prioridades, demonstra lucidez e consciência em sua ação.

C) Presente	Ausente
a. Age com ética e tolerância, sendo leal a seus próprios valores. b. Sabe priorizar, permanecendo presente, concentrado e atento. c. Aprende rapidamente, demonstrando consciência e lucidez de ação.	d. Age desvinculado de seus valores, demonstrando intolerância e distanciamento ético. e. Apresenta uma postura de ausência, sua ação é obscura e aleatória. f. Aprende lentamente, agindo com alienação e de forma desatenta.

Permanece presente, concentrada e atenta. Ou então aprende lentamente, agindo com certa alienação e de forma desatenta. Sua postura é de alienação e sua ação é obscura e aleatória, ausente.

Encontramos AND, que se mantém leal aos seus próprios valores, mesmo sentindo dificuldade em manter o contato com a tarefa. Já CED explicita sua integridade ao "voar com os pés no chão" ao soltar a imaginação, mantendo sua integridade.

> **IVCa (AND 13;8)** (Pesquisadora) – E então, quando vem uma idéia de que você não gosta, o que você sente? **(AND)** – Eu tento procurar uma idéia que eu goste. (Pesquisadora) – Mas o que você sente? Qual é o sentimento dentro de você? **(AND)** – Ah, não sei. Eu vou fazer uma concha. *[Com as duas mãos apoiadas na parte de baixo do seu trabalho, sente todo o formato da peça que vem executando, com a mão esquerda apoiada no lado esquerdo. Com a mão direita, trabalha a parte côncava; simultaneamente alisa as laterais e a parte de trás. Faz um movimento de cavar na parte da frente do bloco de argila. Leva os pedaços que vai retirando, para a parte superior, côncava, e os prende lá.]*

> **IVCa (CED 37;7) (CED)** – Cooperação né. Uma coisa amorosa curiosamente foi isso, quer dizer, como se todo o meu ser tivesse naquele momento um foco bem direcionado para me revelar algo, e esse algo foi assim de sair das coisas concretas, físicas, né, e,

apesar de estar mergulhado nelas, como é tocar a ar gila, né, eu posso voar, eu posso-me tornar muito leve. Foi essa sensação e é esse conceito que eu posso trazer agora.

CAR preocupa-se com os elementos ao seu redor, procurando cuidar para poder realizar o que pretende.

IVCb (CAR 11;1) (Pesquisadora) – Amasse, amasse ou a gente pode bater. *[CAR olha para a pesquisadora]* **(CAR)** – Como? (Pesquisadora) – Batendo. *[CAR levanta toda a massa, batendo-a sobre a mesa, algumas vezes.]* (Pesquisadora) – Aqui. Talvez você queira ficar de pé. *[CAR se levanta e joga a massa com mais força.]* **(CAR)** – Vai cair. *[CAR aponta para os objetos que estão sobre a mesa.]* (Pesquisadora) – Se cair, caiu. *[CAR olha para a pesquisadora, como se quisesse avisar o que pretendia fazer.]* **(CAR)** – Eu vou jogar forte. (Pesquisadora) – Pode jogar. Joga. *[CAR joga a massa sobre a mesa e sorri.]*

BRU permanece atenta e concentrada, demonstrando lucidez em sua ação.

IVCc (BRU 7;8) (Pesquisadora) – O que você gostaria de fazer com essa massa? *[BRU levanta a massa com a mão e faz agora um movimento "de preparar uma bola", apoiando a massa na mão esquerda e fazendo o movimento circular com a mão direita.]* (Pesquisadora) – Será que tem alguma idéia que vem à sua cabeça, à sua mente, ainda antes de abrir os olhos. *[BRU faz que "sim" com a cabeça, enquanto dá um leve sorriso.]* (Pesquisadora) – Tem alguma idéia? *[BRU continua a manipular a massa e a demonstrar que está realizando o que está sendo sugerido.]*

ARI parece sentir certa intolerância para consigo mesmo: chega mesmo desmerecer sua competência para aprender.

IVCd (ARI 11;4) (ARI) – É para eu fazer isso aqui, assim? *[Aponta para o desenho e para a escultura já começada na argila.]* (Pesquisadora) – Isso. **(ARI)** – Mas é difícil de fazer isso aqui. *[Mexe na escultura já começada, envolvendo-a com a mão es-*

querda.] (Pesquisadora) – Ah, mas você faz do teu jeito. **(ARI)** – Ah, mas mais parecido do que se eu for fazer diferente. (Pesquisadora) – Quer tentar? **(ARI)** – Não sei, acho que eu não consigo. *[Mexe na cabeça da escultura com os dedos, aparentando estar inseguro para começar a realizar (executar) o que desenhou.]* (Pesquisadora) – Ah, será? Tente. Se ele ficar pior, você muda o projeto. **(ARI)** – E aí eu vou ter que fazer de novo. Prefiro continuar isso. *[Coça o nariz.]*

ARI parece desenvolver uma ação aleatória, dentre as possibilidades que a argila permite. E AND não demonstra seus sentimentos.

IVCe (ARI 11;4) (ARI) – Dá para usar a outra plataforma? *[ARI tira os pedaços de argila da base de madeira, a pesquisadora traz outra base para mais perto e ele coloca a argila sobre ela na mesa com ajuda de uma espátula. Desprende a escultura da base em cima do torno e a coloca na mesma base, mais ao centro. A escultura tomba, ARI a segura e endireita com uma espátula de madeira, fixando a parte de baixo, segurando com a mão direita, e com a mão esquerda segura a escultura.]* (Pesquisadora) – Dá. **(ARI)** – Vou tirar a cabeça por enquanto. *[Com a espátula de madeira e ferro nas pontas corta a cabeça da escultura e a coloca ao lado, em cima do torno.]*

IVCe (AND 13;8)... *[AND não demonstra seus sentimentos nas batidas, não consegue ficar muito solto nos movimentos. Pára um pouco, entorta a madeira para conseguir despregar a argila.]*

CAR age com certa alienação, procurando disfarçar seus conflitos.

IVCf (CAR 11;1) ...começe a amassar, amassar a argila assim sentindo bastante como é que é amassar essa argila *[CAR volta a cabeça para a pesquisadora e a olha]*, *[CAR olha disfarçadamente para a câmera, mexendo a cabeça com um movimento mais circular. O corpo acompanha o movimento.]*... o que você tem na mão? *[CAR sorri enquanto mexe os ombros um pouco para baixo]* **(CAR)** – Uma argila. *[CAR fala, rindo de minha pergunta. O* *som de sua voz é quase um desabafo, pois o seu ritmo é forte, intenso, rápido e abafado no início – as duas primeiras sílabas – continua manipulado a massa de um lado para o outro...]*

D) Tranquilo / Inquieto

A pessoa expressa prazer ou desprazer e inquietação em viver o processo. É paciente ou impaciente com desacertos. Age com tranqüilidade, respeitando seu tempo de fazer, ou então permanece inquieta, resolvendo rapidamente a tarefa como se pretendesse apenas livrar-se dela. Sua respiração é pausada, expressando um ritmo natural de construção do processo, ou então respira de maneira superficial e acelerada, o que faz com que o ar não penetre em seu corpo em um plano mais profundo.

D) Tranqüilo	Inquieto
a. Age com tranqüilidade e respeita seu tempo de fazer; sua respiração é pausada, expressando um ritmo natural de construção do processo. b. É paciente com desacertos. c. Expressa prazer em viver o processo.	d. Fica inquieto, resolvendo rapidamente a tarefa como que para se livrar dela. e. É impaciente com os desacertos f. Expressa desprazer e inquietação em vivenciar o processo.

DIE e BEL iniciam o processo com tranqüilidade e desprendimento. CED explicita seu respeito e envolvimento com o desenrolar do processo.

IVDa (DIE 9;9) *[Durante o trabalho de sopro na 7ª cervical, DIE manteve uma atitude receptiva ao trabalho, aparentando estar relaxado, com a cabeça, braços e tronco soltos. (o telefone tocou uma vez). Quando terminou o sopro, após um deslizar de mãos da pesquisadora pelos seus braços e um abraço, DIE respira bem fundo, parecendo relaxar um pouco mais.]*

IVDa (BEL 14;5) (Pesquisadora) – Eu a convido agora BEL, a pegar essa argila, mantendo os olhos fechados, (...) começar a amassá-la. (...) de sentir, de explorar, de mexer com ela. Não sei se é muito, não sei se você quer um pouco mais, ou menos... *[BEL aproxima ambas as mãos da massa que está à sua frente e começa a manipulá-la.]* **(BEL)** – Não. Tá bom. *[BEL aperta de um lado e de outro a massa, usando as mãos com coor denação e aparente intenção. As mãos realizam um movimento com todos os dedos que apertam e "puxam" a massa ao mesmo tempo em que a palma da mão dá sustentação para esse movimento. Em seguida "puxa" um outro tanto de massa e realiza uma exploração com movimentos semelhantes.]*

IVDa (CED 37;7) (CED) – E aí eu não conseguia perceber se de fato a minha mente que criava o movimento do elefante, da figura, ou se eu que me movimentava, me movia ao redor dela, mas, na verdade, a sensação era de uma coisa cinematográfica, colorida, muito rica né, que eu não questionei em nenhum momento com a razão; quando aquilo se projetou, para mim, era a imagem que era o projeto, eu não perguntei se era aquilo mesmo, nem teve uma segunda imagem, me veio nítida, muito rica em detalhes e a sensação era de que estava naquele momento se revelando algo muito importante como símbolo para mim compreender uma porção de coisas.

CAR parece procurar ser paciente com seus desacertos, descrevendo seu processo como se pretendesse também apropriar-se dele.

IVDb (CAR 11;1) Qual é a idéia nova que surgiu? *[CAR tem um pouco de massa em suas mãos, que aperta meio "assim"...]* **(CAR)** – Ainda não surgiu. *[CAR sorri, com o corpo e a cabeça...]* (Pesquisadora) – Ah, Pode! O que você tem vontade de fazer? *[CAR mantém os mesmos movimentos.]* **(CAR)** – Ainda não sei ainda. (Pesquisadora) – O que você estava pensando quando eu a convidei a imaginar algo, a ter uma idéia e a tornar essa idéia um projeto, uma imagem, o que aconteceu... na sua cabeça? *[CAR deixa a argila na mesa e procura fazer o movimento que reproduz o que viu. Usa os dois braços, que movimenta desenhando no ar várias linhas interconectadas.]* **(CAR)** – Veio um montão de linhas de elástico que começou a se juntar. (Pesquisadora) – Começou a enxergar um monte de linhas? **(CAR)** – É, assim... assim. *[CAR pega uma de suas "minhocas" e mostra, concretizando o que enxergara.]* (p. 111). (Pesquisadora) – E como é que você pode tentar fazer aqui o que veio na sua cabeça? **(CAR)** – Tentando. Tenho que tentar para ver se dá. Não deu. (Pesquisadora) – Você gostaria de tentar de novo? **(CAR)** – Fazer o que de novo? (Pesquisadora) – Já tentou duas vezes? **(CAR)** – Já. (Pesquisadora) – Como é que você foi, tentando da primeira e da segunda? **(CAR)** – A primeira saiu uma droga e a segunda ia sair, só que não saiu uma droga, saiu pior que uma droga e ficou ruim. Tudo. *[A pesquisadora diz que tinha achado bonito, o movimento para cá e para lá... diz que tinha achado interessante]* (Pesquisadora) – Você quer tentar de novo? **(CAR)** – A última vez.

BEL expressa prazer em viver o processo ao manipular a massa com desprendimento.

IVDc (BEL 14;5) *[BEL aperta a massa de um lado e de outro. Procura ir "amaciando-a" ainda sobre a mesa. Percebe-se a variedade de movimentos exploratórios dessa massa, agora levando em conta diferentes partes que a constituem. BEL aperta de um lado e de outro, puxa um pouco de massa desse e daquele lado. Trabalha alternando uma mão e a outra em movimentos claramente definidos.]* (Pesquisadora) – Se você quiser bater nela, amassando... *[BEL aproxima sua mão esquerda da água, molha e retorna ao seu trabalho.* (Pesquisadora) – Está dura? **(BEL)** – Seca. *[BEL amassa com ambas as mãos, apertando de um lado e de outro com ritmo e coordenação. Puxa um pouco de massa ao apertá-la, em seguida manipula a massa imediatamente ao lado, deslocando apenas um pouco as mãos, de modo a dar continuidade a seu movimento, procede dessa maneira, realizando movi-*

mentos em vários pontos da massa. Demonstra saber explorar suas diferentes partes. De um lado e de outro, em cima, e na extensão da área externa/ interna da massa.]

CAR e ANA demonstram sua inquietação.

IVDd (CAR 11;1) (Pesquisadora) – Você não quer experimentar? *[CAR olha para a pesquisadora para responder, fecha os olhos e joga a cabeça para trás, começando a amassar o que tem nas mãos.]* **(CAR)** – Pode ser. *[CAR faz dois movimentos e abr e os olhos. Olha para o lado, mexe o pescoço e a cabeça enquanto amassa.]* (Pesquisadora) – Feche os olhos e entre em contato com esse material e se você quiser colocar um pouquinho de água na argila, você pode. *[Coloca o cabelo atrás da orelha esquerda e depois da direita. Volta os olhos para a ar gila à sua fr ente, amassando-a sem parar]*. (Pesquisadora) – Mas eu vou pedir para você desenhar o que você viu. **(CAR)** (Pesquisadora) – Na minha cabeça ou aqui? *[CAR aponta para a cabeça e depois para o trabalho sobre a mesa. Faz um movimento agora com todo o corpo, demostrando certa tensão, ou seja, percebe-se claramente uma contração em seus ombros]* (Pesquisadora) – Na cabeça. *[CAR mostra as mãos que estão sujas, olhando para a pesquisadora, como se perguntasse se poderia usar as mãos sem precisar lavá-las.]* (Pesquisadora) – Pode fazer com a mão suja, não tem problema. *[CAR pega o lápis e debruça todo o corpo sobre a mesa, começando a desenhar]* (Pesquisadora) – Transforme a sua idéia em um desenho. *[CAR desenha, demostrando "saber" o que quer desenhar.]* **(CAR)** – É mais ou menos isso! *[CAR movimenta a mão direita aberta e espalmada, para um lado e para o outro, demostrando o que está falando. A cabeça e o corpo acompanham esse movimento.]*

IVDd (ANA 32;8) ... observe a sua massa nesse momento como ela se apresenta. **(ANA)** – Muito bem amassada. *[Abre os olhos, deixa as mãos ao lado do bloco de argila sem tocá-la. Pega o bloco nas mãos, passa de uma mão para a outra e fica olhando para a argila* *com o corpo curvado sobre ela.]* (Pesquisadora) – Mas enquanto massa, o que ela lhe sugere? O que você gostaria de continuar... **(ANA)** – Que ela fosse terminada. Que ela tivesse uma forma como eu comecei a fazer. *[Mostra as bolas que confeccionou.]*

ARI expressa sua impaciência e AND, o conflito desencadeado pelos possíveis desacertos.

IVDe (ARI 11;4) (ARI) – É para eu fazer isso aqui, assim? *[Aponta para o desenho e para a escultura já começada na argila.]* (Pesquisadora) – Isso. **(ARI)** – Mas é difícil de fazer isso aqui. *[Mexe na escultura já começada, envolvendo-a com a mão esquerda.]* (Pesquisadora) – Ah, mas você faz do teu jeito. **(ARI)** – Ah, mas mais parecido do que se eu for fazer diferente. (Pesquisadora) – Quer tentar? **(ARI)** – Não sei, acho que eu não consigo. *[Mexe na cabeça da escultura com os dedos, aparentando estar inseguro para começar a realizar (executar) o que desenhou.]* (Pesquisadora) – Ah, será? Tente. Se ele ficar pior, você muda o projeto. **(ARI)** – E aí eu vou ter que fazer de novo. Prefiro continuar isso. *[Coça o nariz.]*

IVDe (AND 13;8) Fique de pé, perto da cadeira, fique de pé para bater. *[AND fica em pé, bate a argila na mesa, ela se Dá um sorriso, olhando meio de lado para a pesquisadora, joga a argila sem muita força, timidamente, com a mão direita, sobre a mesa. Olha de novo para a pesquisadora, com um puxar de olhos e dá uma risada. O pote de água que está em cima da mesa e as ferramentas "pulam" e a pesquisadora segura-os nas mãos. AND levanta a madeira para despregar o pedaço de argila. Como não consegue fazê-lo com as mãos, usa uma espátula grande de ferro. A argila cai sobre a mesa, AND fixa novamente na madeira. Bate três vezes seguidas com a argila grudada na madeira. AND não demonstra seus sentimentos nas batidas, não consegue ficar muito solto nos movimentos. Pára um pouco, entorta a madeira para conseguir despr egar a argila.*

VIN expressa sua inquietação interna em viver o processo, que procura equilibrar mesmo se surpreendendo com o resultado.

IVDf (VIN 6;5) *[Cai um pedaço de argila dentro do copo, arrasta o copo para a beirada da mesa, põe a mão direita dentro e cai água para fora. Dá uma risada, olha para a água no chão.]* (Pesquisadora) – O quê que essa água caindo tem a ver com o nosso dinossauro? **(VIN)** – Nada. E só uma coisa. Agora tem que ficar bem bonita essa mesa. *[Põe as argilas de lado, levanta o apoio de madeira e põe a água que está no apoio de madeira para dentro do copo. Passa as mãos no apoio de madeira. Coloca o pedaço de argila, a minhocona, no apoio, bate nele esparramando um pouco.]* **(VIN)** – Eu vou pintar o nosso dinossauro. Aqui é tinta e aqui ele vai ser pintado. Nossa! Tá caindo uma chuva!

E) Construtivo / Não construtivo

O sujeito investiga possíveis, levando em conta diferentes variáveis. Discrimina os procedimentos que melhor se acomodam às necessidades de seu projeto. Descobre a conservação a partir de compensações e de transformações (Piaget, 1980a-1996).

Ou então, age de forma quase descoordenada, sem estar consciente dos possíveis procedimentos necessários para a realização de seu projeto. Mantém sua ação centrada na manutenção de esquemas que reproduz, simplesmente.

E) Construtivo	Não construtivo
a. Descobre a conservação a partir de compensações e de transformações. b. Discrimina os procedimentos que melhor se adaptam às necessidades do seu projeto. c. Investiga possíveis, levando em conta diferentes variáveis.	d. Mantém sua ação centrada em esquemas que apenas reproduz. e. Age de forma quase descoordenada, sem estar consciente dos procedimentos para a realização de seu projeto. f. Age de forma exploratória, desvinculado das necessidades de seu projeto.

AND explicita suas compensações durante seu processo de autorregulação. BEL coordena seus movimentos, conservando e transformando a massa que modela para a realização de seu projeto. Já CED explicita sua transformação em um nível mais elevado, vivida no nível de um morfismo (Piaget, 1980a).

IVEa (AND 13;8) (AND) – Eu estava fazendo um buraco, ele foi crescendo, eu pensei numa caverna, daí quando eu pensei numa concha eu pensei em enrolar, a parede já tinha, então eu quebrei uma parte da parede e fui fazendo como aqui. (Pesquisadora) – Você fazia isso tudo muito rápido. Como é que estava acontecendo, no que diz respeito às imagens na sua mente? **(AND)** – Primeiro eu estava pensando em várias coisas, daí quando eu pensei numa concha, tinha um buraco grande, aí eu fui puxando esse buraco *[gira o dedo no ar para demonstrar a parte côncava e aponta o seu trabalho pronto]*, fui puxando as paredes, tentando fazer uma coisa só. (Pesquisadora) – Você sabia que estava reforçando as paredes? **(AND)** – Sabia. Depois eu pensei que a concha era enrolada, então eu enrolei a argila que era uma caverna *[Olha para a pesquisadora]* (Pesquisadora) – Que era uma caverna e que virou o quê? **(AND)** – Uma concha.

IVEa (BEL 14;5) *[BEL pega a massa e começa a modelá-la. Levanta da mesa ao mesmo tempo em que trabalha, adequando seus movimentos à sua intenção. Abre a massa de um lado, depois de outro, diminuindo sua espessura, ao mesmo tempo em que vai preparando duas "pontas" para algo que lembra uma concha com duas pontas ou um barquinho... Trabalha com a totalidade da massa, modelando suas partes. Realiza movimentos precisos, parece que a massa responde ao que ela quer demarcar É bastante clara a facilidade com que BEL modela, desse lado e do outro, e a versatilidade de seus movimentos. Trabalha ora com os dedos, ora com o polegar de uma mão ou de outra, ora com a palma da mão. Parece saber o resultado que o gesto propi-*

cia à massa. Repousa-a sobre a mesa e puxa um pouco aqui... pressiona ali... afunda o dedo acolá... Gira o trabalho para verificar como está, e vira sua outra face. Trabalha agora desse outro lado, procurando alongar mais a escultura. Molha a mão esquerda e continua a modelar. Realiza agora movimentos mais sutis, ou seja, alisa a superfície, ou então trabalha com dois dedos para deixar tal resultado na massa... Gira em ângulo reto, procurando trabalhar uma outra parte de sua escultura. Seus movimentos são ágeis, e seus dedos participam mais da realização do resultado "final". Por exemplo: começa a alisar com o indicador direito e continua com o polegar esquerdo. Há continuidade e coordenação nos movimentos que executa para modelar . Sustenta a peça meio tombada para alisar com a outra mão. Trabalha a forma em suas diferentes propriedades: largura, espessura, comprimento.

IVEa (CED 37;7) (CED) – Não, eu acho que, eu entendo assim como uma coisa mais incrível da experiência, foi assim, chegar a tocar o espaço que é intocável, compreender que as linguagens se complementam quando teu ser precisa e quer de fato expressar algo muito essencial, que está ali guardado, esperando o momento para se manifestar.

BRU trabalha modelando, feliz em reconhecer que seus procedimentos repercutem positivamente. AND explicita suas intenções e relata seus procedimentos para realizar o seu projeto.

IVEb (BRU 7;8) (BRU) – É uma cabeça. *[Sorri, "orgulhosa", e mantém a modelagem da massa. Trabalha com ambas as mãos, alternadamente, em uma ação claramente intencional.]*

IVEb (AND 13;8) (AND) – Um projeto, como eu faria isso, isso? (Pesquisadora) É. Aí você vai poder modificar tanto aquela sua primeira imagem, acrescentando novas coisas, transformando, modificando, para depois poder realizar essa idéia, esse projeto com a argila, entende? **(AND)** – Então, como eu vou fazer isso aqui. (Pesquisadora) – Isso. **(AND)** – Eu faria um quadrado de argila, depois eu enrolaria esse quadrado e formaria uma concha. *[Vai falando e mostrando na folha de papel como desenharia, sem riscá-lo; primeiro um quadrado, que ele logo desenha no lado esquerdo da folha e uma forma arredondada e longa. No lado direito AND parte côncava, que parece uma concha.]* (Pesquisadora) – Em que aquela sua idéia é diferente da maneira como a argila está nesse momento? Em que ela é parecida, em que ela é diferente? **(AND)** – Mais ou menos o formato é parecido. *[Apóia o lápis na mesa e, girando a peça de argila, demonstra as formas.]*

CAR investiga a possibilidade de trabalhar com o que desequilibra sua ação. FER explicita as diferentes "faces" do objeto que é o seu projeto, que é uma representação de si mesmo.

IVEc (CAR 11;1) CAR) – Tá quebrando. *[CAR olha obliquamente para a pesquisadora]* (Pesquisadora) – O que você pode fazer para não quebrar? Se você precisar você pode usar aquelas estecas para alguma coisa. *[CAR olha para o lado, observando as ferramentas que a pesquisadora oferece e volta a olhar para o seu trabalho. Movimenta a cabeça, como que pensando com o movimento.]* **(CAR)** – Calma aí, que eu acho que eu tive uma idéia. *[CAR aponta uma esteca.]* **(CAR)** – Essa aqui.

IVEc (FER 16;0) . (FER) – Vou desenhar sob vários ângulos assim, tá? *[FER se coça com os cotovelos.]* (Pesquisadora) – Pode ser. *[FER desenha com cuidado. É interessante notar que a forma da argila lembra a forma da parte superior de seu corpo...]*

GUI procura equilibrar sua peça, mas demonstra não poder compreender alguns elementos presentes nesse desafio, apenas repetindo o que pode tentar realizar.

IVEd (GUI 7;3) *[Alisa um pouco a lateral... faz alguns movimentos bem cuidadosos, aparentemente para aprimorar a forma que está diante dele. Procura equilibrar o "bocal" do microfone, levantando-a levemente com a mão esquerda, enquanto trabalha* *sua sustentação com a mão direita. Procura soltar o "bocal" que tomba... ele tenta de novo, sempre trabalhando a sustentação.]*

ARI tenta dar sustentação a seu trabalho, sem muita consciência das possibilidades.

IVEe (ARI 11;4) (ARI) – Dá para usar a outra plataforma? *[ARI tira os pedaços de argila da base de madeira, a pesquisadora traz outra base para mais perto e ele coloca a argila sobre ela na mesa com ajuda de uma espátula. Desprende a escultura da base em cima do torno e a coloca na mesma base, mais ao centro. A escultura tomba, ARI a segura e endireita com uma espátula de madeira, fixando a parte de baixo, segurando com a mão direita, e com a mão esquerda segura a escultura.]*

VIN age de forma apenas exploratória, desvinculando-se de seu projeto.

IVEf (VIN 6;5) (VIN) – Eu gosto de ver a água caindo. *[Cai um pedaço de argila dentro do copo, arrasta o copo para a beirada da mesa, põe a mão direita dentro e cai água para fora. Dá uma risada, olha para a água no chão.]* (Pesquisadora) – O quê que essa água caindo tem a ver com o nosso dinossauro? **(VIN)** – Nada. E só uma coisa. Agora tem que ficar bem bonita essa mesa. *[Põe as argilas de lado, levanta o apoio de madeira e põe a água que está no apoio de madeira para dentro do copo. Passa as mãos no apoio de madeira. Coloca o pedaço de argila, a minhocona, no apoio, bate nele esparramando um pouco.]* **(VIN)** – Eu vou pintar o nosso dinossauro. Aqui é tinta e aqui ele vai ser pintado. Nossa! Tá caindo uma chuva!

F) Articulador / Não articulador

O sujeito constrói possíveis, levantando hipóteses que confirma ou não, estabelecendo compensações. Regula sua ação, antecipando aspectos significativos. Projeta o conjunto, incorporando detalhes ainda não programados. Descobre simetrias em seu projeto e regula suas ações a partir delas. Enfim, articula todas as informações que possui em direção à realização de seu projeto (Piaget, 1980a-1996).

Ou então, constrói possíveis simplesmente levantando hipóteses, sem buscar sua confirmação. Não regula sua ação com antecipações significativas, ou seja, não observa simetrias nem estabelece correspondências. Enfim, não articula as informações que possui em direção à construção de seu projeto (Piaget, 1980a-1996).

F) Articulador	Não articulador
a. Projeta o conjunto, incorporando detalhes não programados; descobre simetrias que usa para regular suas ações. b. Regula sua ação, antecipando e articulando aspectos significativos. c. Constrói possíveis, levantando hipóteses que confirma ou não, fazendo compensações.	d. Não observa nem articula as informações que possui em direção à construção de seu projeto. e. Não regula sua ação com antecipações significativas. f. Constrói possíveis simplesmente levantando hipóteses, sem buscar sua confirmação.

AND e BEL trabalham a massa na construção da forma, estabelecendo prioridades e incorporando detalhes não programados, regulando com tranqüilidade suas ações. Enquanto CED descobre simetrias na metáfora que representa sua experiência.

IVFa (AND 13;8) *[... AND vai molhando a argila com rápidos movimentos de deslizar dos dedos. Alisa a peça e puxa novamente uma ponta que lembra a cauda de um cometa, pega a espátula e com ela define a forma, tirando o excesso e alisando, deixando o lado oposto maior e mais volumoso, como anteriormente. Gira a peça no torno, alisa, molha bastante, deixando-a bem "lambuzada". Olha para o desenho e, com uma esteca menor, contorna toda a peça, passa o polegar no lugar que "afundara" de leve com a esteca. Limpa, na beirada do torno, o excesso de argila que ficou na esteca. Usa a esteca também para cavar na parte* *maior um buraco, sempre deixando o excesso de argila na beirada do torno. Faz uma cavidade por dentro, fixa o que tir ou, na parede interna dessa cavidade do lado esquerdo. Nessa nova construção, AND r epetiu o formato que ia ao encontr o de sua idéia inicial, só não repetindo a maneira de executar. Sem fazer a espiral, foi fazendo uma cavidade maior com a esteca, deixando o outro lado novamente mais fino, como a cauda de um cometa . Ele fica um pouco mais volumoso, como o corpo de uma baleia.]*

IVFa (BEL 14;5) *...Abre a massa de um lado, depois de outro, diminuindo sua espessura, ao mesmo tempo em que vai preparando duas "pontas" para algo que lembra uma concha com duas pontas ou um barquinho... Trabalha com a totalidade da massa, modelando suas partes. Realiza movimentos pr ecisos, parece que a massa responde ao que ela quer demarcar É bastante clara a facilidade com que BEL modela, desse lado e do outro, e a versatilidade de seus movimentos. Trabalha ora com os dedos, ora com o polegar de uma mão ou de outra, ora com a palma da mão. Parece saber o resultado que o gesto propicia à massa. Repousa-a sobre a mesa e puxa um pouco aqui... pressiona ali... afunda o dedo acolá... Gira o trabalho para verificar como está, e vira sua outra face. Trabalha agora desse outro lado, procurando alongar mais a escultura. Molha a mão esquerda e continua a modelar. Realiza agora movimentos mais sutis, ou seja, alisa a superfície, ou então trabalha com dois dedos para deixar tal resultado na massa... Gira em ângulo reto, procurando trabalhar uma outra parte de sua escultura. Seus movimentos são ágeis, e seus dedos participam mais da realização do resultado "final". Por exemplo: começa a alisar com o indicador direito e continua com o polegar esquerdo. Há continuidade e coordenação nos movimentos que executa para modelar. Sustenta a peça meio tombada para alisar com a outra mão. Trabalha a forma em suas difer entes propriedades: largura, espessura, comprimento .]*

IVFa (CED 37;7) (CED) – Acho que está bom! A modelagem está pronta, só vou fazer mais um desenho. *[Com o grafite, desenha o elefante de costas. Põe o desenho pronto ao lado dos outros, pega a esteca de madeira, acentua os olhos e o vão do rosto entre a tromba. Em outra folha de papel escreve: "Elefante, ele fonte para ser leve borboleta." Assina e suspira dizendo:]* – Tá lindo!

BRU e AND regulam sua ação, antecipando e articulando aspectos significativos.

IVFb (BRU 7;8) *[...O movimento de ambas as mãos é rápido, simultâneo e certeiro. "Puxa" um pouco de argila para modelar o nariz e deslizar o indicador sobre o local onde deseja marcar a boca, definindo-a. Ajeita pequenos detalhes. Pega mais um pouquinho de massa (...) e prepara com rapidez um bigode. Coloca-o, trabalhando sempre com a coordenação dos movimentos de ambas as mãos. Observa... dá alguns "toques" em alguns locais da figura. Aperta com ambas as mãos, uma em cada orelha, como para definir melhor seu contorno. Olha para a figura modelada e em seguida para a pesquisadora, fazendo um sinal com a cabeça para demostrar que tinha terminado.]*

IVFb (AND 13;8) (AND) – Ah, não sei. Eu vou fazer uma concha. *[Com as duas mãos apoiadas na parte de baixo do seu trabalho, sente todo o formato da peça que vem executando, com a mão esquerda apoiada no lado esquerdo. Com a mão direita, trabalha a parte côncava; simultaneamente alisa as laterais e a parte de trás. Faz um movimento de cavar na parte da frente do bloco de argila. Leva os pedaços que vai retirando, para a parte superior, côncava, e os prende lá.]*

DAN e CED constroem possíveis, levantando hipóteses no decorrer do processo.

IVFc (DAN 9;10) (Pesquisadora) – Amassa de um jeito, amassa de outro. Enfia o dedinho assim e vê o que você sente. Explore possibilidades. *[Coloca a argila sobre a mesa e introduz quatro* *dedos da mão direita, segurando-os com a mão esquerda. Vai perfurando com o dedo indicador. Eleva novamente o pedaço pequeno que está trabalhando, reparte em dois, segura um pedaço em cada mão, apertando. Junta novamente e amassa com as duas mãos, com um movimento, girando a argila nas duas mãos como se fosse fazer uma bola, primeiro lentamente, depois mais rapidamente. Coloca novamente sobre a mesa e introduz o dedo indicador no pedaço de massa, faz movimentos com as pontas dos dedos. Apertando, eleva outra vez a argila, que parte em duas. Põe-na sobre a mesa, sempre trabalhando com as pontas dos dedos.]*

IVFc (CED 37;7) *...Passa a mão umedecida pel as orelhas, que deixa com uma textura bastante lisa, depois umedece a tromba também e, com os dedos, vai sentindo o rosto do elefante, sempre acertando o movimento que quer dar às orelhas, deixando-as afastadas da cabeça como as do personagem "Dumbo", (de abano)...]*

GUI não articula as informações que a própria argila já lhe deu, e continua afunilando o eixo de seu projeto. CAR parece não poder se desvincular do que a massa evoca em seu universo interno.

IVFd (GUI 7;3) *[Trabalha a estrutura de sustentação do bocal, mas vai afunilando-a, ao mesmo tempo que a base está bem sólida. Tenta mais um pouco, repetindo os mesmos movimentos. Parece conseguir um resultado um pouco melhor... pois "o bocal" permanece um pouco suspenso sem tombar.]*

IVFd (CAR 11;1) (Pesquisadora) – Qual é a sensação quando você deixa cair assim? **(CAR)** – De estatelar no chão, de machucar ela. (Pesquisadora) – Qual é o sentimento? **(CAR)** – Que essa argila é uma coitada. Coitada, imagine se alguém me pegasse e começasse a me jogar no chão assim. *[CAR continua batendo a massa.]* (Pesquisadora) – Você machuca a massa? **(CAR)** – É. (Pesquisadora) – Mas a argila fica macia. Quanto mais você bate ela, ela fica mais gostosa de trabalhar. Ela poderia assumir todas as formas possíveis. Você não acha que é uma experiência boa? **(CAR)** – É bom, mas depois parece que dá para machucar, é como meu primo, pode até comer. (Pesquisadora) – Como te comer? *[CAR continua batendo a massa, vira-a para um lado, e bate. Pega e bate agora de um outro lado.]* **(CAR)** – Ah! colocando na boca.

ARI não antecipa o que poderia ser regulador de sua conduta, e acaba por continuar a tentar repetir as mesmas ações de antes.

IVFe (ARI 11;4) (ARI) – Dá para usar a outra plataforma? *[ARI tira os pedaços de argila da base de madeira, a pesquisadora traz outra base para mais perto e ele coloca a argila sobre ela na mesa com ajuda de uma espátula. Desprende a escultura da base em cima do torno e a coloca na mesma base, mais ao centro. A escultura tomba, ARI a segura e endireita com uma espátula de madeira, fixando a parte de baixo, segurando com a mão direita, e com a mão esquerda segura a escultura.]*

ARI levanta hipóteses que mantém como verdade.

IVFf (ARI 11;4) (Pesquisadora) – Aqui, no seu projeto. Que tipo de decisão você tem de tomar? **(ARI)** – ...? (Pesquisadora) – Por exemplo? **(ARI)** – É ruim quando você vê que não dá para fazer uma coisa que você queria fazer. (Pesquisadora) – Quer dizer, é ruim perceber que não dá para fazer e aí qual é a decisão? **(ARI)** – O que eu posso fazer. (Pesquisadora) – E aí nessa hora qual é a sua estratégia? O que você resolve? Que você não pode fazer, tudo bem, mas de que jeito você resolve essa questão? **(ARI)** – É, aí eu vejo que não dá e não tento mais fazer. Eu tento fazer outra coisa.

G) Autônomo / Não autônomo

O sujeito coordena suas ações a partir dos observáveis que constrói no decorrer do processo, realizando novas combinações. Dirige suas ações para a totalidade do projeto que realiza, encontrando soluções imediatas e rápidas por inferências (Piaget, 1980a-1996).

Ou então, não coordena suas ações a partir dos observáveis, repetindo combinações já realizadas. Direciona suas ações para a construção de partes do todo, independentes do projeto final (Piaget, 1980a-1996).

G) Autônomo	Não autônomo
a. Dirige suas ações para a totalidade do projeto que realiza. b. Coordena suas ações a partir dos observáveis que constrói no decorrer do processo, realizando novas combinações. c. Por inferência, encontra soluções imediatas e rápidas.	d. Dirige suas ações para a construção de partes do todo, independentes do projeto final. e. Não coordena suas ações a partir dos observáveis, repetindo antigas combinações. f. Permanece longo tempo em busca de soluções, que tem dificuldade para encontrar.

FER e RIC aprimoram seu gesto dirigindo suas ações para a totalidade do seu projeto.

IVGa (FER 16;0) *[FER como que abraça toda a argila, elevando-a entre seus dedos em um movimento novo, pois a massa passa por suas mãos, que se fecham, formando o cume de uma montanha, que ele cobre com ambas as mãos, para em seguida girar a massa e trabalhar em sua base.]*

IVGa (RIC 38;9) *[Parece estar totalmente absorvido pelo trabalho que realiza. Escolhe a posição de um braço e do outro. "Puxa" um pé e o outro em seguida. Dá mais alguns retoques. Olha o resultado, observa o barco e coloca seu barqueiro dentro dele. Pega mais um pouco de argila e prepara um "pau-remo", com movimentos de enrolar... usando um pouco de água para chegar ao resultado que deseja. Coloca o remo nas mãos de seu barqueiro e o arruma, percebe que precisa alongá-lo mais um pouco. Retira e o levanta, para em seguida recolocá-lo nos braços do barqueiro, de* *modo que ele esteja na posição pretende. Seus movimentos são precisos e bem coordenados. Parece saber exatamente o que pretende. Pega uma esteca e faz uma marca na figura que modelou. Usa da esteca para obter os resultados que deseja, na pequena carranca que vai modelando. Sua ação é precisa e trabalha com agilidade. Experimenta ver se ficou "bem" colocando-a sobre a proa do barco. Analisa e passa um pouco de água em suas mãos, como que para amaciá-las....]*

VIN e BRU coordenam suas ações a partir dos observáveis que constroem no decorrer do processo. AND descreve as escolhas e suas combinações que constrói para realizar seu projeto.

IVGb (VIN 6;5) Você quer mais argila? **(VIN)** – Hum, hum. *[Faz um movimento afirmativo com a cabeça e olha para onde estão as argilas].* Branca? **(VIN)** – Não, branca não. Pode ser de outra? (Pesquisadora) – Pode. Tem outras cores além de branca, também. **(VIN)** – Aquela. *[Aponta para onde estão as argilas; enquanto a pesquisadora puxa as argilas para perto de VIN, ele se levanta para encontrar as argilas que já estão se aproximando e escolhe a de cor amarela. Coloca ao lado da sua escultura e com as duas mãos desgruda, devagar e com cuidado, a escultura que está executando. Consegue desgrudá-la e põe um pouco mais à frente, mas no mesmo apoio de madeira, cuida da parte da frente modelando os dentes, dois dentes no dinossauro.]*

IVGb (BRU 7;8) *[BRU faz um movimento com a mão esquerda e coça sua lateral rapidamente. Mantém os olhos fechados. Recomeça a apertar a massa, ora com uma mão, ora com outra, alternando o movimento. Pega a massa com uma das mãos, aperta, recoloca sobre a mesa e amassa com a outra mão. Seus movimentos são bem coordenados.]*

IVGb (AND 13;8) (AND) – Eu estava fazendo um buraco, ele foi crescendo, eu pensei numa caverna, daí quando eu pensei numa concha eu pensei em enrolar, a parede já tinha, então eu quebrei uma parte da parede e fui fazendo como aqui. (Pesquisadora) – Você fazia isso tudo muito rápido. Como é que estava acontecendo, no que diz respeito às imagens na sua mente? **(AND)** – Primeiro eu estava pensando em várias coisas, daí quando eu pensei numa concha, tinha um buraco grande, aí eu fui puxando esse buraco *[gira o dedo no ar para demonstrar a parte côncava e aponta o seu trabalho pronto]*, fui puxando as paredes, tentando fazer uma coisa só. (Pesquisadora) – Você sabia que estava reforçando as paredes? **(AND)** – Sabia. Depois eu pensei que a concha era enrolada, então eu enrolei a argila que era uma caverna *[Olha para a pesquisadora]* (Pesquisadora) – Que era uma caverna e que virou o quê? **(AND)** – Uma concha.

VIN aponta o que observa na pesquisadora, explicitando suas inferências. FER descobre soluções sutis para as questões que a massa lhe propõe.

IVGc (VIN 6;5) **(VIN)** – Sabe o que eu já reparei em você? *[Joga a bola de uma mão para a outra.]* (Pesquisadora) – O quê? **(VIN)** – Quando eu vou falar uma coisa, você vai falar outra coisa, daí você interrompe eu. (Pesquisadora) – Então eu te interrompi quando você ia falar o quê? **(VIN)** – Alguma coisa. Posso pegar só um pouquinho d'água? *[A bola cai, ele pega e joga de novo de uma mão para a outra e enrola nas mãos com movimentos giratórios.]* (Pesquisadora) – Acho que chega de água. **(VIN)** – Eu também.

IVGc (FER 16;0) *Movimenta novamente a massa e penetra a argila com os dedos até senti-la na palmas das mãos. Mantém um ritmo suave na coordenação dos movimentos que escolhe realizar. Não refaz o mesmo movimento exatamente como tinha realizado antes, percebe-se uma pequena alteração, que, embora seja pequena, é real – seja na forma de abordar a massa, seja na posição que ela tem sobre a mesa. Trabalha agora quase que descolando-a da prancheta...]*

GUI aponta o que está difícil em seu processo, ou seja, a percepção parcial que tem da questão que se apresenta. CAR demonstra sua compreensão, de maneira parcial, ao levantar questionamentos que procuram apenas confirmar o que é para ser feito.

IVGd (GUI 7;3) Porque você fica com vontade de fazer outra coisa? **(GUI)** – Ó, porque não está dando para fazer. *[GUI mostra que a parte de cima está caindo e não fica mais de pé.]*

IVGd (CAR 11;1) (Pesquisadora) – Mas eu vou pedir para você desenhar o que você viu. **(CAR)** (Pesquisadora) – Na minha cabeça ou aqui? *[CAR aponta para a cabeça e depois para o trabalho sobre a mesa. Faz um movimento agora com todo o corpo, demostrando certa tensão, ou seja, percebe-se claramente uma contração em seus ombros]* (Pesquisadora) – Na cabeça. *[CAR mostra as mãos que estão sujas, olhando para a pesquisadora, como se perguntasse se poderia usar as mãos sem precisar lavá-las.]* (Pesquisadora) – Pode fazer com a mão suja, não tem problema. *[CAR pega o lápis e debruça todo o corpo sobre a mesa, começando a desenhar]* (Pesquisadora) – Transforme a sua idéia em um desenho. *[CAR desenha, demostrando "saber" o que quer desenhar.]* **(CAR)** – É mais ou menos isso! *[CAR movimenta a mão direita aberta e espalmada, para um lado e para o outro, demostrando o que está falando. A cabeça e o corpo acompanham esse movimento.]*

ARI explicita por que deseja manter-se dentro de seus "jeitos de sempre".

IVGe (ARI 11;4) (ARI) – É para eu fazer isso aqui, assim? *[Aponta para o desenho e para a escultura já começada na argila.]* (Pesquisadora) – Isso. **(ARI)** – Mas é difícil de fazer isso aqui. *[Mexe na escultura já começada, envolvendo-a com a mão esquerda.]* (Pesquisadora) – Ah, mas você faz do teu jeito. **(ARI)** – Ah, mas mais parecido do que se eu for fazer diferente. (Pesquisadora) – Quer tentar? **(ARI)** – Não sei, acho que eu não consigo. *[Mexe na cabeça da escultura com os dedos, aparentando estar* *inseguro para começar a realizar (executar) o que desenhou.]* (Pesquisadora) – Ah, será? Tente. Se ele ficar pior, você muda o projeto. **(ARI)** – E aí eu vou ter que fazer de novo. Prefiro continuar isso. *[Coça o nariz.]*

ARI permanece na negação de que pode, sim, sentir dúvida, em um movimento que, por outro lado, explicita que é assim que se sente.

IVGf (ARI 11;4) (Pesquisadora) – Em que momentos você se percebe sentindo dúvida? **(ARI)** – Nenhum. *[ARI pega um pedaço da argila que está ao seu lado, faz uma minhoquinha fina, esfregando a argila na palma das mãos. Olha para as ferramentas que estão ao seu lado esquerdo e pega uma esteca de madeira do seu lado direito. Risca sua peça na lateral, mais ou menos no meio, fazendo um orifício, onde vai fixar a minhoca que confeccionou. Depois empurra girando um pouco a minhoca.]* (Pesquisadora) – Em nenhum momento você sentiu dúvida? **(ARI)** – Não. (Pesquisadora) – É ruim sentir dúvida? **(ARI)** – Um pouco. (Pesquisadora) – Por quê? **(ARI)** – Porque tem que ficar pensando. (Pesquisadora) – Então, é ruim sentir dúvida ou ter de ficar pensando? **(ARI)** – Ah, sentir dúvida. *[Corta a minhoca que fixou com a esteca de madeira e ferro nas pontas, deixando-a de um tamanho menor.]*

H) Auto-regulador / Não regulador

O sujeito programa suas ações desde o início do projeto, articulando-as entre si. Realiza menor número de tentativas para encontrar correspondências entre suas ações e suas intenções. Realiza implicações entre implicações, quase simultâneas e não produz contradições (Piaget, 1980a-1996).

Ou então, não estabelece prioridades na contigüidades das ações que realiza, procedendo a um grande número de tentativas em busca de correspondências entre suas ações e suas intenções. Faz grande número de ações, sem estabelecer correspondência entre elas e seu projeto, produzindo contradições e círculos viciosos (Piaget, 1980a-1996).

H) Auto-regulador	Não regulador
a. Realiza implicações entre implicações, quase simultâneas; não produz contradições. b. Programa suas ações desde o início do projeto, articulando-as. c. Realiza menor número de tentativas para encontrar correspondências entre suas ações e suas intenções.	d. Produz contradições e círculos viciosos em grande número de ações independentes. e. Não estabelece prioridades na contigüidade das ações que realiza. f. Faz muitas tentativas na busca de relacionar suas ações e suas intenções.

AND explicita o nível transformacional do foi se processando quando realizou seu projeto. CED modela, absolutamente dentro do processo em sua totalidade.

IVHa (AND 13;8) (AND) – Eu estava fazendo um buraco, ele foi crescendo, eu pensei numa caverna, daí quando eu pensei numa concha eu pensei em enrolar, a parede já tinha, então eu quebrei uma parte da parede e fui fazendo como aqui. (Pesquisadora) – Você fazia isso tudo muito rápido. Como é que estava acontecendo, no que diz respeito às imagens na sua mente? **(AND)** – Primeiro eu estava pensando em várias coisas, daí quando eu pensei numa concha tinha um buraco grande, aí eu fui puxando esse buraco *[gira o dedo no ar para demonstrar a parte côncava e aponta o seu trabalho pronto]*, fui puxando as paredes, tentando fazer uma coisa só. (Pesquisadora) – Você sabia que estava reforçando as paredes? **(AND)** – Sabia. Depois eu pensei que a concha era enrolada, então eu enrolei a argila que era uma caverna *[Olha para a pesquisadora]* (Pesquisadora) – Que era uma caverna e que virou o quê? **(AND)** – Uma concha.

IVHa (CED 37;7) *[Com uma postura bem reta, o corpo não se movimenta, mas parece em harmonia com suas ações, movimen-*

ta bastante as mãos, desenvolvendo seu trabalho, está completamente envolvido de corpo e alma na sua execução, no sentir seu trabalho. Apóia de novo a mão direita na mesa, segurando a escultura com a mão esquerda e modela a orelha, inclinando um pouco a tromba para baixo...]

BRU parece programar suas ações com cuidado. BEL descreve as articulações que regularam sua ação. CED demontra o cuidado com que realiza seu trabalho.

IVHb (BRU 7;8) Eu vou pedir para você tentar enxergar isso que é a sua idéia, *[BRU recoloca a massa sobre a mesa, manipulando-a.]* transformar ela numa imagem, como se a sua cabeça fosse uma tela, uma tela de televisão ou um quadro *[BRU faz que "sim" com a cabeça enquanto diminui o ritmo do movimento de suas mãos.]* e assim, tente enxergar essa imagem, olhando-a de diferentes lugares. *[BRU sustenta toda a massa apoiada na mesa e realiza um movimento bem determinado com um polegar e depois com o outro, perfurando a massa apenas um pouco.]* (Pesquisadora) – Olhando de um lado e do outro. *[BRU diminui mais um pouco o ritmo de seus movimentos.]* (Pesquisadora) – Será que você consegue imaginar? *[Concorda, com a cabeça. Tem a massa nas mãos. Realiza movimentos mais delicados nela. Apertando um pouco aqui e ali, girando a massa para cá e para lá. Seus movimentos sugerem que ela está consciente de cada marca que seus dedos realizam na massa, à medida que a manipula. Parece "procurar" determinada forma...]*

IVHb (BEL 14;5) (BEL) – É. Era um peixe que estava assim se mexendo... aí eu fui fazendo ele assim... (Pesquisadora) – À medida que você estava fazendo, o que foi acontecendo? Onde estava mais duro, você apertava mais forte, onde estava mais mole você... fala mais. **(BEL)** – Mexia com mais cuidado para não quebrar nada, coloquei um pouco de água onde estava mais duro, para ficar mais fácil de mexer, aí eu fiz esses risquinhos assim, para ele ficar mais bonitinho, o olhinho dele pra ficar mais parecido com um peixe, só que eu não quis fazer a boca. Eu estava, sei lá, eu estava pensando mais assim em fazer, do que pensar se ia ficar bonito ou se ia ficar feio. Eu estava pensando mais na vontade de fazer e não na estética do peixe. (Pesquisadora) – E, dentro da sua vontade de fazer, como é que ela foi acontecendo? Você consegue lembrar? **(BEL)** – Ah!, eu lembrei das minhas aulas de escultura que eu tinha na escola e falei: Nossa, eu nunca fiz um peixe. Eu já fiz gato, já fiz rosto, já fiz tudo, mas nunca fiz um peixe. Aí deu vontade de fazer uma coisa que eu nunca tinha feito antes. (Pesquisadora) – Quer dizer, quando você passou da primeira idéia para um projeto, a vontade que você teve qual foi? **(BEL)** – De experimentar alguma coisa que eu ainda não tinha feito antes. De ver qual é a sensação de fazer uma coisa que eu ainda não tinha feito.

IVHb (CED 37;7) Procure observar essa imagem dentro da sua tela mental sob todos os ângulos, como se estivesse olhando de diferentes pontos de vista. *[Levanta a mão direita, afina a tromba do elefante e abaúla um pouco mais as orelhas. Vira a cara do elefante para a frente da câmera entorta um pouco as orelhas para a frente...]*

GUI procura gentilmente realizar o que está sendo sugerido pela pesquisadora, rapidamente. DAN e AND relatam as correspondências que estabeleceram durante o processo.

IVHc (GUI 7;3) ...ainda com os olhos fechados, você consegue imaginar o que ela lhe dá vontade de fazer? *[GUI faz uma pausa em seus movimentos de modelagem. Sustenta a sua peça com a mão esquerda e levanta levemente a cabeça. Par ece organizar-se para realizar o que a pesquisadora está solicitando.]* (Pesquisadora) – Então imagine, deixe que essa imagem venha para dentro da sua cabeça. *[GUI trabalha em sua peça. Aperta a região central com a mão direita, envolvendo-a por inteiro. Bate a "superfície" de uma das extremidades com a mão direita.]*

IVHc (DAN 9;10) (DAN) – Eu olhei, mas você viu que algumas eu fiz e apaguei assim. Eu olhei e vi qual era a melhor para mim fazer. Qual que parecia mais.

IVHc (AND 13;8) Quando você está trabalhando assim, você enxerga o que você quer fazer? Tente descrever o que acontece dentro da sua cabeça. **(AND)** – Eu enxergo isso aqui maior, cobrindo, eu enxergo uma coisa assim. *[Segura sua peça com a mão esquerda, e, com a direita, mostra seu primeiro desenho. Olha para o desenho e para a peça. Nesse momento sua peça está mais comprida do que anteriormente, com um formato de espiral por dentro e por fora, parecendo um cometa. Trabalhando com a peça nas mãos, gira-a por todos os lados. Puxa a cauda, a parte de trás até cortá-la, põe sobre a mesa e aperta o lugar em que cortou, fazendo o mesmo formato e fecha atrás novamente. Pega o pedaço que cortou, bate nas mãos, fixa-o no meio da peça, alisando e pressionando com todos os dedos; com a palma da mão, umedece seu trabalho com água.]* (Pesquisadora) – Você pode seguir a sua idéia, mas você pode fazer outras coisas. **(AND)** – Aqui não sai o que você quer fazer. (Pesquisadora) – Ah, não sai o que você quer fazer. Como assim? **(AND)** – Eu queria que saísse isso e sai uma coisa diferente. *[Mostra o desenho, apontando com odedo e continua juntando o pedaço que fixou no meio, com a peça erguida no ar. Apóia a peça na mesa e suspende novamente. A forma vai mudando. Aperta a boca, o que faz sumir o formato de espiral, gruda a argila e a aperta, deixando apenas um furo no centro.]* (Pesquisadora) – E então, o que você sente? **(AND)** – Eu sinto vontade de fazer de novo. *[Apóia a argila na mesa, amassa-a, joga-a na mesa com a mão direita, bate, amassa e enrola na madeira sobre a mesa.]* (Pesquisadora) – Você sente vontade de fazer tudo de novo? Você fica com raiva? **(AND)** – Fico.

VIN explicita seu conflito nas contradições que realiza nos movimentos aparentemente independentes dentro da realização de seus projetos.

IVHd (VIN 6;5) (Pesquisadora) – Como foi para você fazer ele? Você lembra como é que a gente foi fazendo? **(VIN)** – Tá gravando? (Pesquisadora) – Eu estou gravando, porque é uma coisa que a gente ia fazer ontem e acabou não fazendo, mas só me conta como é que você pensou cada um deles? **(VIN)** – Pensei pensando. (Pesquisadora) – Pensou pensando como? **(VIN)** – Minha obra de arte. (Pesquisadora) – E quando você fez o peixe ficou muito legal, você ia bem com cuidado com o dedinho, você lembra? **(VIN)** – Porque eu queria fazer uma coisa boa, não uma ruim. (Pesquisadora) – E fazer uma coisa boa significava o quê? **(VIN)** – Uma coisa boa.

ARI não estabelece prioridades na contigüidade das ações que realiza.

IVHe (ARI 11;4) (ARI) – Dá para usar a outra plataforma? *[ARI tira os pedaços de argila da base de madeira, a pesquisadora traz outra base para mais perto e ele coloca a argila sobre ela na mesa com ajuda de uma espátula. Desprende a escultura da base em cima do torno e a coloca na mesma base, mais ao centro. A escultura tomba, ARI a segura e endireita com uma espátula de madeira, fixando a parte de baixo, segurando com a mão direita, e com a mão esquerda segura a escultura.]* (Pesquisadora) – Dá. **(ARI)** – Vou tirar a cabeça por enquanto. *[Com a espátula de madeira e ferro nas pontas corta a cabeça da escultura e a coloca ao lado, em cima do torno.]*

GUI mantém a tentativa de equilibrar seu objeto, fazendo tentativas em busca de relações entre suas ações e suas intenções.

IVHf (GUI 7;3) *[Alisa um pouco a lateral... faz alguns movimentos bem cuidadosos, aparentemente para aprimorar a forma que está diante dele. Procura equilibrar o "bocal" do microfone, levantando-o levemente com a mão esquerda, enquanto trabalha sua sustentação com a mão direita. Procura soltar o "bocal" que tomba... ele tenta de novo, sempre trabalhando a sustentação.]*

9 Resultados

Todos os protocolos foram analisados a partir das categorias observáveis descritas no capítulo 8. Dentre os sujeitos que participaram de nossa pesquisa, analisamos em pormenor as condutas de três sujeitos: VIN (6;5), CAR (11;1) e RIC (38;9).

Escolhemos esses sujeitos por considerarmos que são representativos de um grupo correspondente à sua faixa de desenvolvimento: uma criança, uma adolescente e um adulto.

Observamos a regulação de suas ações no desenrolar das oficinas criativas. Procuramos compreender o equilíbrio majorante dos movimentos sucessivos que ocorrem dentro de um processo de ajustamento evolutivo e criativo das estruturas afetivo-cognitivas. Nossa intenção é diferenciar qualitativamente o desempenho desses sujeitos durante o processo, conforme o seu nível de desenvolvimento.

É relevante relatar que o protocolo do RIC foi analisado paralelamente por duas psicopedagogas e educadoras, que estão desenvolvendo formação em arteterapia. Para analisar os dados desse protocolo, ambas estudaram a fundamentação teórica que embasa nossa pesquisa. Sua análise mostrou-se bastante aproximada àquela realizada pela pesquisadora responsável por este projeto.

A análise microgenética possibilita o recorte das sequências que constituem cada uma das oficinas. Observamos uma relação entre o tipo de experiência vivida pelo sujeito e a qualidade de sua ação, dentro do encadeamento que inferimos, durante nossa análise.

Observamos diferenças nos esquemas de ação presentes no desenrolar de cada oficina, expressas em nossos resultados como etapas da experiência *Oficina Criativa* de cada sujeito.

Trabalhamos com uma escala de medida qualitativa atribuindo uma pontuação a cada categoria analisada, nos atributos que a constituem, relativos a aspectos observados no sujeito durante o processo (Pereira, 1999).

O tratamento estatístico dos dados nos permitiu realizar a mensuração qualitativa da dimensão afetivo-cognitiva presente nas relações que o sujeito estabelece no decorrer da experiência.

Em nosso estudo, procuramos compreender que valores e atitudes permeiam as quatro formas de relação que o sujeito constrói durante *a Oficina Criativa*: consigo mesmo, com a pesquisadora, com o objeto argila e com o projeto que ele cria e realiza.

Trabalhamos, portanto, com os significados que ele atribui a cada gesto que manipula e modela, trabalhando com a argila em direção ao seu projeto. Inferimos que há uma forma pessoal de criar e de construir esse projeto, que expressa o aspecto funcional de sua psique.

Por outro lado, observamos uma estrutura de ação afetivo-cognitiva que sustenta e permite o trânsito de diferentes aspectos internos que energetizam a ação do sujeito que, efetivamente, cria e dá a forma àquilo que até então era apenas um bloco de argila.

Constatamos uma relação entre a freqüência e o tempo ocupados pelo sujeito em cada tipo de seqüência e de subseqüência, segundo as etapas da experiência *Oficina Criativa.*

Foi relevante demarcar, no preparo da planilha para a análise estatística, quando o sujeito estava de olhos abertos ou fechados, pois a experiência interna é qualitativamente diferente, se ele permanece com os olhos abertos ou fechados.

Apresentamos agora o perfil desses sujeitos que escolhemos analisar em pormenor. Preparamos gráficos e tabelas representativos de seu desempenho, estabelecendo relações distintas a partir das variáveis que escolhemos como representativas de nosso objetivo de pesquisa.

Perfil do sujeito VIN (6;5) - Oficina Criativa em 20/01/98

VIN é uma criança ativa, alegre e comunicativa. Gosta de conversar e de descobrir novas brincadeiras. VIN chega para a atividade curioso com todo o espaço que preparamos para que pudéssemos registrar a *Oficina Criativa.* As filmadoras são um grande atrativo, e mantêm presa a atenção de VIN durante o processo. Fazemos um reconhecimento do espaço e iniciamos nossa proposta.

Sua disponibilidade para fazer o que solicitamos é real. Inicia compenetrado, procurando explicitar o que sente e o que pensa (por exemplo: ao dizer que vai tentar fechar os olhos para amassar a argila). O que efetivamente faz, mas permanece durante todo o processo alternando entre mantê-los abertos e fechados, conforme apresentamos na Tabela 13, correspondente ao movimento dos olhos durante a experiência.

A *Oficina Criativa* com VIN se subdividiu em 15 (quinze) etapas, cada uma delas composta por várias subetapas. Agrupamos as ações que explicitam cada um dos projetos que VIN realiza, pois, de fato, ele prepara 7 (sete) projetos durante o trabalho, conforme apresentamos na Tabela 1. Observando a freqüência e o tempo que ocupa em cada tipo de sequência, segundo as etapas da Oficina Criativa, há alguns indicadores de sua conduta que nos parecem relevantes.

VIN entra no problema (EP) 24 (vinte e quatro) vezes e utiliza 33,3% do tempo da oficina para começar a trabalhar em um projeto. Paralelamente, VIN é bastante criativo e busca novas possibilidades (NP) durante 26,4% do tempo, ou seja, realiza 19 (dezenove) movimentos em busca de algo novo. Apresenta uma conduta de transição de ação (TA) durante 12,5% do tempo e uma conduta investigativa (IV) durante 6,9% do tempo.

Ao observarmos as subsequências, conforme consta da Tabela 2, que compõem as sequências, notamos que ele busca energia para ir além, ou seja, busca recurso (RE) durante 18,1% do tempo. E também, apresenta algumas condutas de desvio (CD) durante 19,4% desse tempo de trabalho. Tais dados parecem explicitar a maneira como compensa os desequilíbrios que vive, ao realizar a tarefa proposta.

Notamos o desprendimento com que amassa e dá forma à argila. É rápido para executar o que pretende. Efetivamente, seu "tempo para fazer" é pequeno, se comparamos com o de uma pessoa adulta.

Notamos porém, sem dúvida, que VIN possui um potencial de desenvolvimento que se expressa nas regulações de suas ações. VIN brinca e se diverte com suas invenções. Faz perguntas e rapidamente decide fazer algo de novo. Constrói uma relação cooperativa, mas ao mesmo tempo inquisitiva, com a pesquisadora, pois faz muitas perguntas, procurando estabelecer paralelos entre sua própria vida e as respostas que ela lhe dá.

VIN atribui significado a cada gesto, em cada momento do processo. Podemos senti-lo totalmente presente, como uma criança esperta e interativa. Observamos VIN utilizar esquemas que lhe são familiares e que emergem como rotinas. Rapidamente dá sentido para sua ação, transformando seus esquemas em primitivas.

Entretanto, durante todo o processo, observamos em uma sequência apenas procedimentos mais refinados para realizar seu projeto. Parece trabalhar a totalidade como única, manifestando um grande poder de síntese.

Em relação à pontuação que atribuímos às suas atitudes, conforme descrito nas Tabelas 3 e 4, observamos que seu "rendimento" vai se tornando cada vez mais próximo do que podemos inferir como sendo o nível de competência melhor para o desempenho de uma criança de sua idade. A média que obteve foi 3 (três), o que demonstra que VIN é um garoto afetivo e inteligente, criativo e responsável, cuidadoso e brincalhão, sensível e coerente consigo mesmo.

Os Gráficos 1 e 2 demonstram os valores atribuídos às suas atitudes e ações durante a Oficina Criativa. VIN está construindo suas competências nas relações que estabelece consigo próprio, com pessoas, objetos e tarefa. Está crescendo!

Tabela 1 FREQÜÊNCIA E TEMPO OCUPADO PELO SUJEITO EM CADA TIPO DE SEQÜÊNCIA, SEGUNDO A ETAPA DA EXPERIÊNCIA OFICINA CRIATIVA (unidade de tempo: segundo)

VIN

	etapa da experiência	ESTATÍSTICAS	TC	EP	NP	TA	IV	RG	SV	RP	TOTAL	%
1	**conversa**	TOTAL TEMPO	0								0	
		FREQ.	1								1	**1,4**
2	**contato com a massa**		20								20	
			1								1	**1,4**
3	**trabalho corporal**		30								30	
			1								1	**1,4**
4	**manip. da massa**		129	131							260	
	massa + entrev./ + conv.		1	5							6	**8,3**
5	**entrevista**			47	29						76	
	manip. da massa /massa + idéia											
	+ entrev. / +entrev./ +conv.			4	2						6	**8,3**
6	**entrevista / desenho + conv.**							102			102	
								3			3	**4,2**
7	**massa + projeto / +entrev./ conv.**											
	/ massa+água/idéia			131	186						317	
				4	4						8	**11,1**
8	**idéia + entrevista / corta a**											
	massa com o fio / massa + conv.											
	/ entrev. / massa +água / +											
	conversa				188	255					443	
					6	4					10	**13,9**
9	**massa + água + conversa / conv.**											
	/ massa+água+entrev.			116					317		433	
				3					5		8	**11,1**
10	**massa + água + entrev./**											
	massa+entrev. / +projeto			99	94						193	
				3	4						7	**9,7**
11	**entrev. + projeto / conv.+proj. /**											
	projeto			333							333	
				4							4	**5,6**
12	**projeto +entrev. / + conv.**			10	198		11				219	
				1	3		1				5	**6,9**
13	**projeto / desenho / conv. +**											
	desenho						225				225	
							4				4	**5,6**
14	**conversa / entrev.**					195					195	
						5					5	**6,9**
15	**entrevista**									306	306	
										3	3	**4,2**
	TOTAL	TEMPO	179	867	695	450	236	102	317	306	3152	
		FREQ.	4	24	19	9	5	3	5	3	72	**100,0**
		%	**5,6**	**33,3**	**26,4**	**12,5**	**6,9**	**4,2**	**6,9**	**4,2**	**100,0**	

Tabela 2 **FREQÜÊNCIA E TEMPO OCUPADO PELO SUJEITO EM CADA TIPO DE SUB-SEQÜÊNCIA, SEGUNDO A ETAPA DA EXPERIÊNCIA OFICINA CRIATIVA (unidade de tempo: segundo)**

etapa da experiência	ESTATÍSTICAS	TC	EP	NP	RE	CD	TA	IV	SP	RG	SV	RP	TOTAL	VIN %
1 **conversa**	FREQ.	1											1	**1,4**
	MÉDIA DE TEMPO	*0,0*											*0*	
	MÍNIMO	0											0	
	MÁXIMO	0											0	
2 **contato com a massa**			1										1	**1,4**
			20,0										*20*	
			20										20	
			20										20	
3 **trabalho corporal**		1											1	**1,4**
		30,0											*30*	
		30											30	
		30											30	
4 **manip. da massa**			1	1	1	1		1			1		6	**8,3**
massa + entrev./ + conv.			*129,0*	*14,0*	*2,0*	*34,0*		*63,0*			*18,0*		*43,3*	
			129	14	2	34		63			18		2	
			129	14	2	34		63			18		129	
5 **entrevista**			1		1		2	1			1		6	**8,3**
manip. da massa /massa + idéia + entrev. / +entrev./ +conv.			*18,0*		*5,0*		*3,0*	*21,0*			*26,0*		*12,7*	
			18		5		3	21			26		3	
			18		5		3	21			26		26	
6 **entrevista / desenho + conv.**				1		1				1			3	**4,2**
				13,0		*57,0*				*32,0*			*34,0*	
				13		57				32			13	
				13		57				32			57	
7 **massa + projeto / +entrev./ conv. / massa+água/idéia**		1	2	1	1	2					1		8	**11,1**
		61,0	*51,5*	*10,0*	*26,0*	*37,0*					*43,0*		*39,6*	
		61	26	10	26	36					43		10	
		61	77	10	26	38					43		77	
8 **idéia + entrevista / corta a massa com o fio / massa + conv. / entrev. / massa +água /**														

+ conversa			1	3	2	3		1					10	**13,9**
			50,0	*40,3*	*88,5*	*13,7*		*54,0*					*44,3*	
			50	1	67	2		54					1	
			50	65	110	25		54					110	
9 **massa + água + conversa / conv. / massa+água+entrev.**				2	1	2		3					8	**11,1**
				85,5	*23,0*	*43,5*		*50,7*					*54,1*	
				31	23	25		30					23	
				140	23	62		68					140	
10 **massa + água + entrev./ massa+entrev. / +projeto**		1		1	2	2	1						7	**9,7**
		4,0		*31,0*	*47,0*	*11,0*	*42,0*						*27,6*	
		4		31	35	0	42						0	
		4		31	59	22	42						59	
11 **entrev. + projeto / conv.+proj. / projeto**			2		1	1							4	**5,6**
			111,5		*11,0*	*99,0*							*83,3*	
			18		11	99							11	
			205		11	99							205	
12 **projeto +entrev. / + conv.**			2	1		1					1		5	**6,9**
			10,5	*104,0*		*54,0*					*40,0*		*43,8*	
			10	104		54					40		10	
			11	104		54					40		104	
13 **projeto / desenho / conv. + desenho**					1		1			2			4	**5,6**
					103,0		*65,0*			*28,5*			*56,3*	
					103		65			2			2	
					103		65			55			103	
14 **conversa / entrev.**					2	1			1			1	5	**6,9**
					12,5	*90,0*			*38,0*			*42,0*	*39,0*	
					1	90			38			42	1	
					24	90			38			42	90	
15 **entrevista**					1							2	3	**4,2**
					5,0							*150,5*	*102,0*	
					5							29	5	
					5							272	272	
TOTAL	FREQ.	4	10	10	13	14	4	6	1	3	4	3	72	**100,0**
	%	**5,6**	**13,9**	**13,9**	**18,1**	**19,4**	**5,6**	**8,3**	**1,4**	**4,2**	**5,6**	**4,2**	**100,0**	
	MÉDIA	*23,8*	*56,4*	*46,4*	*36,2*	*39,9*	*28,3*	*48,3*	*38,0*	*29,7*	*31,8*	*114,3*	*43,8*	
	MÍNIMO	0	10	1	1	0	3	21	38	2	18	29	0	
	MÁXIMO	61	205	140	110	99	65	68	38	55	43	272	272	

Tabela 3

ESTATÍSTICAS DA PONTUAÇÃO ATRIBUÍDA AOS ITENS E DE ATRIBUTOS RELATIVOS A ASPECTOS PRESENTES NO SUJEITO DURANTE A EXPERIÊNCIA: OFICINA CRIATIVA

suj: VIN		itens	DURANTE A EXPERIÊNCIA																								
			PONTUAÇÃO										N	MÉDIA	MÍN.	MÁX.	ATRIBUTOS (QUALIDADE)										
			1		2		3		4		5						B		C		D		E		F		
			N	%	N	%	N	%	N	%	N	%					N	%	N	%	N	%	N	%	N	%	
I. r_intra pess.	A.	alegre_triste			25	**34,2**	30	**41,1**	18	**24,7**			73	**2,9**	2	4	3	**4,1**	22	**30,1**	28	**38,4**	15	**20,5**	5	**6,8**	
	B.	firme_instável			25	**34,2**	32	**43,8**	16	**21,9**			73	**2,9**	2	4	3	**4,1**	29	**39,7**	15	**20,5**	22	**30,1**	4	**5,5**	
	C.	equilibrado_perturb.	1	**1,4**	19	**26,0**	39	**53,4**	14	**19,2**			73	**2,9**	1	4	2	**2,7**	29	**39,7**	22	**30,1**	15	**20,5**	5	**6,8**	
	D.	ativo_passivo			23	**31,5**	37	**50,7**	12	**16,4**	1	**1,4**	73	**2,9**	2	5	1	**1,4**	30	**41,1**	18	**24,7**	19	**26,0**	5	**6,8**	
	E.	coerente_incoerente	1	**1,4**	20	**27,4**	39	**53,4**	13	**17,8**			73	**2,9**	1	4	1	**1,4**	27	**37,0**	28	**38,4**	13	**17,8**	4	**5,5**	
	F.	comprometido_descom.			27	**37,0**	25	**34,2**	20	**27,4**	1	**1,4**	73	**2,9**	2	5	1	**1,4**	32	**43,8**	25	**34,2**	11	**15,1**	4	**5,5**	
	G.	implicado_não impl	4	**5,5**	18	**24,7**	33	**45,2**	18	**24,7**			73	**2,9**	1	4	2	**2,7**	29	**39,7**	20	**27,4**	18	**24,7**	4	**5,5**	
	H.	coordenado_desc.	4	**5,5**	26	**35,6**	27	**37,0**	16	**21,9**			73	**2,8**	1	4			26	**35,6**	24	**32,9**	18	**24,7**	5	**6,8**	
II. r_inter pess.	A.	respeitoso_invasivo	5	**6,8**	24	**32,9**	27	**37,0**	17	**23,3**			73	**2,8**	1	4	4	**5,5**	19	**26,0**	22	**30,1**	19	**26,0**	9	**12,3**	
	B.	flexível_rígido	5	**6,8**	21	**28,8**	23	**31,5**	24	**32,9**			73	**2,9**	1	4	5	**6,8**	22	**30,1**	23	**31,5**	13	**17,8**	10	**13,7**	
	C.	objetivo_ambigüo	1	**1,4**	26	**35,6**	22	**30,1**	24	**32,9**			73	**2,9**	1	4	5	**6,8**	26	**35,6**	16	**21,9**	24	**32,9**	2	**2,7**	
	D.	cooperativo_não coop.	4	**5,5**	25	**34,2**	30	**41,1**	14	**19,2**			73	**2,7**	1	4	5	**6,8**	28	**38,4**	19	**26,0**	11	**15,1**	10	**13,7**	
	E.	mente aberta_fechada	1	**1,4**	28	**38,4**	31	**42,5**	13	**17,8**			73	**2,8**	1	4	1	**1,4**	24	**32,9**	32	**43,8**	15	**20,5**	1	**1,4**	
	F.	interdependente_dep.	4	**5,5**	25	**34,2**	31	**42,5**	13	**17,8**			73	**2,7**	1	4			26	**35,6**	28	**38,4**	12	**16,4**	7	**9,6**	

	G.	criativo_não criativo	1	1,4	23	31,5	28	38,4	21	28,8	73	2,9	1	4			28	38,4	35	47,9	5	6,8	5	6,8
	H.	receptivo_não receptivo			23	31,5	38	52,1	12	16,4	73	2,8	2	4			32	43,8	19	26,0	16	21,9	6	8,2
III. R. com o objeto	A.	reflexivo_automatizado	1	1,4	22	30,1	36	49,3	14	19,2	73	2,9	1	4	2	2,7	20	27,4	32	43,8	14	19,2	5	6,8
	B.	cuidadoso_descuidado	2	2,7	22	30,1	35	47,9	14	19,2	73	2,8	1	4	1	1,4	23	31,5	26	35,6	18	24,7	5	6,8
	C.	respeitoso_desresp.	1	1,4	20	27,4	32	43,8	20	27,4	73	3,0	1	4	1	1,4	24	32,9	30	41,1	14	19,2	4	5,5
	D.	desapegado_apegado			34	46,6	26	35,6	13	17,8	73	2,7	2	4	2	2,7	20	27,4	18	24,7	28	38,4	5	6,8
	E.	investigador_não invest	1	1,4	25	34,2	31	42,5	16	21,9	73	2,8	1	4	2	2,7	30	41,1	19	26,0	16	21,9	6	8,2
	F.	previdente_não prev	2	2,7	26	35,6	30	41,1	15	20,5	73	2,8	1	4	1	1,4	32	43,8	20	27,4	10	13,7	10	13,7
	G.	observador_não obs.	1	1,4	20	27,4	32	43,8	20	27,4	73	3,0	1	4	2	2,7	28	38,4	24	32,9	10	13,7	9	12,3
	H.	interativo_não int.			20	27,4	35	47,9	18	24,7	73	3,0	2	4	3	4,1	20	27,4	36	49,3	10	13,7	4	5,5
IV. R. com a tarefa	A.	curioso_apático			22	30,1	36	49,3	15	20,5	73	2,9	2	4	3	4,1	32	43,8	21	28,8	15	20,5	2	2,7
	B.	disciplinado_indisc.	1	1,4	22	30,1	37	50,7	13	17,8	73	2,8	1	4	1	1,4	35	47,9	19	26,0	14	19,2	4	5,5
	C.	presente_ausente	1	1,4	14	19,2	40	54,8	18	24,7	73	3,0	1	4	3	4,1	34	46,6	22	30,1	6	8,2	8	11,0
	D.	tranqüilo_inquieto	3	4,1	13	17,8	38	52,1	19	26,0	73	3,0	1	4	3	4,1	21	28,8	27	37,0	12	16,4	10	13,7
	E.	construtivo_não const.	3	4,1	22	30,1	36	49,3	12	16,4	73	2,8	1	4	3	4,1	19	26,0	34	46,6	11	15,1	6	8,2
	F.	articulador_nao artic.	3	4,1	14	19,2	44	60,3	12	16,4	73	2,9	1	4	1	1,4	21	28,8	35	47,9	8	11,0	8	11,0
	G.	autônomo_não aut.	3	4,1	15	20,5	40	54,8	15	20,5	73	2,9	1	4	2	2,7	26	35,6	29	39,7	8	11,0	8	11,0
	H.	auto regul _não regul.	3	4,1	15	20,5	45	61,6	10	13,7	73	2,8	1	4	2	2,7	25	34,2	29	39,7	8	11,0	9	12,3

MÉDIAS DA PONTUAÇÃO ATRIBUIDA AO SUJEITO EM CADA UM DOS ITENS RELATIVOS A ASPECTOS AFETIVOS E COGNITIVOS, SEGUNDO A FASE DA EXPERIÊNCIA: OFICINA CRIATIVA

Tabela 4

SUJ.:VIN		conversa	contato com a massa	trabalho corporal	manip. da massa/massa + entrev./ + conv./entrevista	entrevista / manip. da massa /massa + idéia + entrev. / +entrev./ +conv.	entrevista / desenho + conv.	massa + projeto / +entrev./ conv. / massa+água/idéia	idéia + entrevista / corta a massa com o fio / massa + conv. / entrev. / massa +água / + conversa	massa + água + conversa / conv. / massa+água+entrev.	massa + água + entrev./ massa+entrev. / +projeto	entrev. + projeto / conv.+proj. / projeto	projeto +entrev. / + conv.	projeto / desenho / conv. + desenho	conversa / entrev.	entrevista	TOTAL
I. r_intra pess.	alegre_triste	4,0	3,0	4,0	3,5	3,5	3,3	2,4	2,7	2,6	2,6	2,5	3,0	3,3	3,0	3,0	2,9
	firme_instável	4,0	3,0	4,0	3,7	3,2	3,3	2,4	2,7	2,6	2,6	2,5	3,0	3,3	2,8	3,0	2,9
	equilibrado_perturb	4,0	4,0	4,0	3,5	3,7	3,7	2,8	2,5	2,6	2,4	2,5	3,0	2,8	2,8	3,0	2,9
	ativo_passivo	4,0	4,0	4,0	3,7	3,5	3,7	2,8	2,5	2,6	2,3	2,5	3,0	2,8	2,6	3,0	2,9
	coerente_incoerente	4,0	4,0	4,0	3,5	3,7	3,3	2,8	2,5	2,5	2,4	2,5	3,0	2,8	2,8	3,0	2,9
	comprometido_descom	4,0	4,0	4,0	3,8	4,0	3,3	2,5	2,6	2,5	2,3	2,5	3,0	3,3	2,8	3,0	2,9
	implicado_não_impl	4,0	4,0	4,0	3,7	3,3	3,3	2,4	2,7	2,6	2,3	2,5	3,0	3,3	3,0	3,0	2,9
	coordenado_desc	4,0	4,0	4,0	3,8	3,7	3,3	2,5	2,0	2,3	2,3	2,5	3,0	2,8	2,6	3,0	2,8
II. r_inter pess.	respeitoso_invasivo	4,0	4,0	4,0	3,8	3,3	3,3	2,6	2,0	2,1	2,6	2,5	3,2	2,8	2,6	3,0	2,8
	flexível_rígido	4,0	4,0	4,0	3,8	3,8	3,7	2,6	2,3	2,3	2,4	2,5	3,2	3,3	2,8	3,0	2,9
	objetivo_âmbigüo	4,0	4,0	4,0	3,8	3,8	3,7	2,6	2,4	2,4	2,4	2,5	3,2	3,3	3,0	3,0	3,0
	cooperativo_não_coop	4,0	4,0	4,0	3,8	3,3	3,3	2,5	2,0	2,0	2,6	2,5	3,2	2,8	2,6	3,0	2,8
	mente_aberta_fechada	4,0	4,0	4,0	3,5	3,7	3,3	2,4	2,3	2,3	2,4	2,5	3,0	2,8	2,6	3,0	2,8

	interdependente_dep	4,0	4,0	4,0	3,7	3,2	3,3	2,5	2,0	2,1	2,6	2,5	3,0	2,8	2,8	3,0	2,7
	criativo_não_criativo	4,0	4,0	4,0	3,7	3,5	3,7	2,9	2,5	2,4	2,6	2,5	3,2	3,3	2,8	3,0	3,0
	receptivo_não_receptivo	4,0	4,0	4,0	3,5	3,3	3,7	2,5	2,4	2,6	2,6	2,5	3,0	2,8	2,8	3,0	2,9
III. r_com o objeto	reflexivo_automatizado	4,0	4,0	4,0	3,5	3,7	3,7	2,8	2,4	2,6	2,6	2,8	2,8	2,8	2,4	2,7	2,9
	cuidadoso_descuidado	4,0	4,0	4,0	3,5	3,5	3,3	2,8	2,4	2,4	2,6	2,8	2,8	2,8	2,6	3,0	2,8
	respeitoso_desresp	4,0	4,0	4,0	3,8	3,5	3,7	2,9	2,6	2,8	2,4	2,8	2,8	3,3	2,6	3,0	3,0
	desapegado_apegado	4,0	4,0	4,0	3,5	3,5	3,3	2,5	2,2	2,3	2,3	2,8	2,8	2,8	2,4	2,7	2,7
	investigador_não_invest	4,0	4,0	4,0	3,7	3,7	3,3	2,4	2,2	2,3	2,6	3,0	2,8	3,0	3,0	3,0	2,8
	previdente_não_prev	4,0	4,0	4,0	4,0	3,3	3,3	2,6	2,4	2,0	2,3	2,8	3,0	2,8	2,6	3,0	2,8
	observador_não_obs	4,0	4,0	4,0	4,0	3,2	3,3	2,5	2,5	2,1	2,9	3,0	3,0	3,5	3,4	3,0	3,0
	interativo_não_int	4,0	4,0	4,0	3,5	3,5	3,3	2,4	2,5	2,5	2,9	3,0	3,0	3,5	3,2	3,0	3,0
IV. r_com a tarefa	curioso_apático	4,0	4,0	4,0	3,7	3,5	3,7	2,6	2,3	2,5	2,7	2,8	3,2	2,8	2,8	3,0	2,9
	disciplinado_indisc	4,0	4,0	4,0	3,5	3,3	3,3	2,6	2,4	2,8	2,4	2,8	3,0	2,8	2,6	3,0	2,9
	presente_ausente	4,0	4,0	4,0	3,8	3,8	3,7	2,9	2,3	2,4	2,9	3,0	3,0	3,0	3,2	3,0	3,0
	tranqüilo_inquieto	4,0	4,0	4,0	3,3	3,7	3,7	2,8	2,3	2,4	2,9	3,0	3,0	3,5	3,4	3,0	3,0
	construtivo_não_const	4,0	4,0	4,0	3,5	3,3	3,3	2,5	2,1	2,4	2,7	2,8	3,0	2,8	2,6	3,0	2,8
	articulador_nao artic	4,0	4,0	4,0	3,5	3,3	3,3	2,6	2,1	2,5	2,9	3,0	3,0	3,0	3,0	3,0	2,9
	autônomo_não_aut	4,0	4,0	4,0	3,8	3,2	3,3	2,8	2,1	2,4	2,9	3,0	3,2	3,0	3,0	3,0	2,9
	auto_regul _não_regul	4,0	4,0	4,0	3,3	3,2	3,3	2,6	2,1	2,4	2,9	3,0	3,0	3,0	3,0	3,0	2,8
	TOTAL	4,0	3,9	4,0	3,7	3,5	3,4	2,6	2,3	2,4	2,6	2,7	3,0	3,0	2,8	3,0	2,9

Gráfico 1 – representativo da pontuação atribuída às categorias relativas a aspectos presentes no sujeito durante a experiência Oficina Criativa *VIN (6;5)*

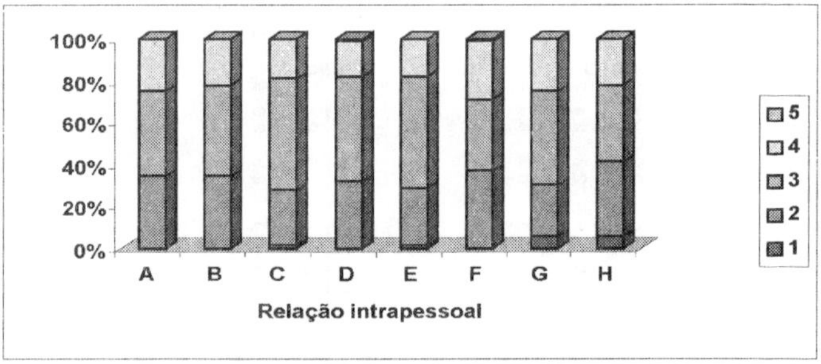

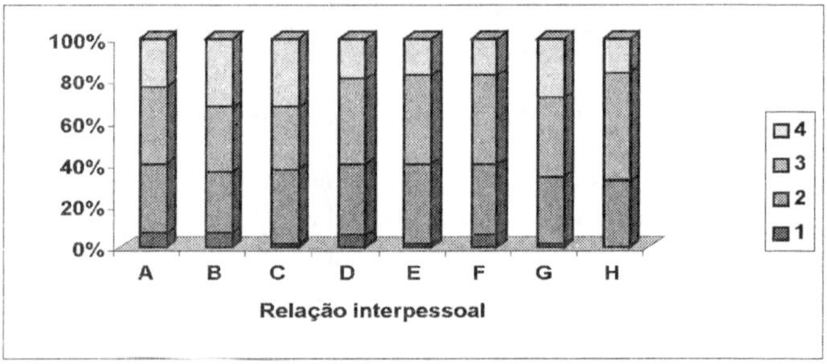

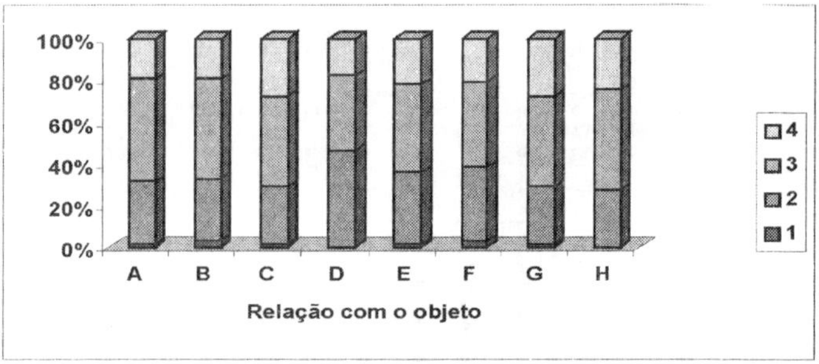

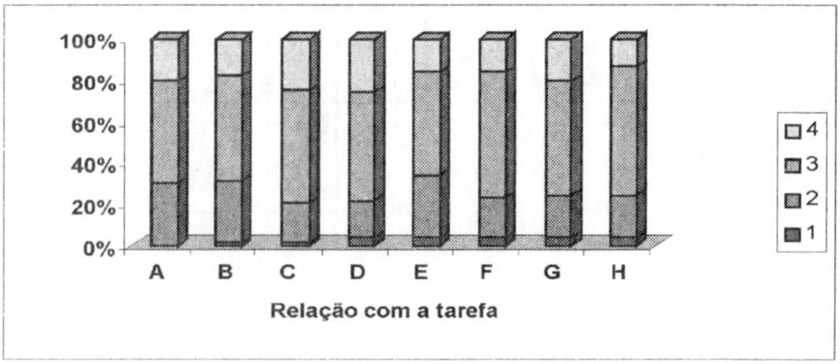

Gráfico 2 – representativo da pontuação atribuída aos atributos relativos a aspectos presentes no sujeito durante a experiência Oficina Criativa *VIN (6;5)*

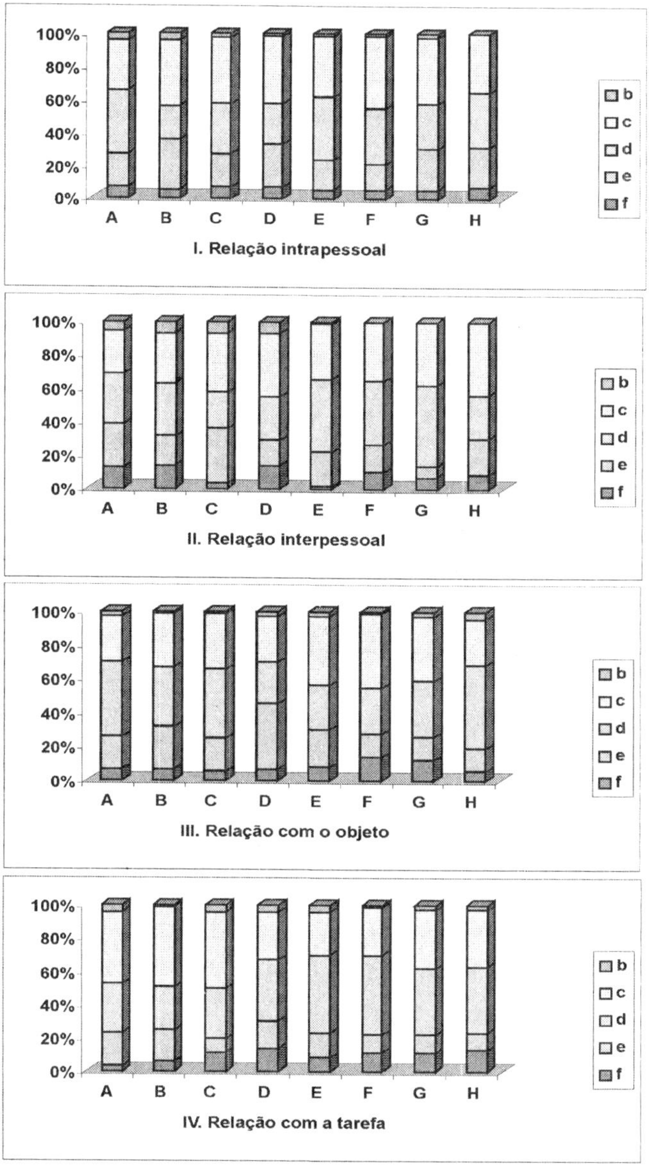

Perfil do sujeito CAR (11;1) - Oficina Criativa em 15/08/97

CAR é estudante e gosta muito de nado sincronizado. Estuda na 5ª série de uma escola particular em São Paulo. É uma garota alegre e um pouco ansiosa, por vezes parece querer estar atenta a tudo quando, na verdade, está meio perdida em seus pensamentos.

Durante a *Oficina Criativa*, CAR tem dificuldade para entrar em contato com a massa. A solicitação para que feche os olhos lhe é bastante complicada, pois procura desviar dessa orientação diversas vezes durante o processo. Podemos observar a evolução dessa questão na Tabela 13, correspondente ao movimento dos olhos durante a experiência.

A *Oficina Criativa* com CAR se subdividiu em 11 (onze) etapas, compostas por sequências de ações, conforme consta da Tabela 5. Os indicadores de sua conduta nos parecem relevantes, quando observamos a frequência e o tempo que ocupa em cada tipo de sequência segundo as etapas da *Oficina Criativa*. Explicitam um comportamento inquieto, com uma vontade grande de acertar e uma dificuldade em buscar formas de fazer. Ao mesmo tempo, demonstra ser persistente e fiel ao seu objetivo, mantendo a idéia que lhe vem à mente, apesar dos obstáculos presentes durante o processo.

CAR entra no problema (EP) 37,6% do tempo de oficina, ou seja, 32 (trinta e duas) vezes, e procura novas possibilidades (NP) durante 2,4% desse tempo, ou seja, apenas 2 (duas) vezes. Apresenta uma conduta de transição de ação (TA) durante 24,7% do tempo (21 vezes) e nenhuma conduta investigativa (IV).

Ao observarmos as subsequências, descritas na Tabela 6, que constituem as sequências, notamos que ela busca energia para ir além, ou seja, busca recurso (RE) durante 19,0% do tempo. E, também, que apresenta conduta de desvio (CD) durante 6,0% desse tempo de trabalho. Entra no problema durante 21,4% do tempo, nesse recorte menor. É clara a necessidade que sente de compensar os desequilíbrios que vive, na tentativa de realizar a tarefa proposta.

Notamos a dificuldade que tem para estabelecer contato. Na verdade, quando se entrega com mais tranquilidade à massa e à tarefa, expressando suas inquietações e raivas ao bater a argila com força, é que efetivamente entra em contato com seu universo interno.

Até esse momento transita dentro de uma brincadeira persistente, por vezes até incompetente. Mas quando se abre para sentir a argila e, portanto, quando se sente mais integrada, demonstra capacidade de auto-regular suas ações realizando seu projeto, conforme imagina. Nesse momento, sente-se melhor e permite que suas competências sejam expressas.

Em relação à pontuação que atribuímos, observamos que seu "rendimento" se alterna, oscilando dentro do eixo de cada categoria que analisamos, conforme descrito nas Tabelas 7 e 8. A média da pontuação que atribuímos é 3,5 (três e meio). Os Gráficos 3 e 4 demontram a distribuição relativa a essa avaliação.

É importante ressaltar que CAR precisa de um tempo enorme para construir os procedimentos que utiliza para realizar seu projeto. Alavanca esquemas de ação que lhe são familiares e permanece um pouco perdida em suas amarras e movimentos internos. Entretanto, quando significa sua ação, evocando o sentido da experiência, rapidamente transforma seus esquemas, que se manifestam como primitivas e, em seguida, como procedimentos que utiliza para finalizar seu projeto. É surpreendente que, em apenas 10 (dez) minutos, realiza seu projeto!

FREQÜÊNCIA E TEMPO OCUPADO PELO SUJEITO EM CADA TIPO DE SEQÜÊNCIA, SEGUNDO A ETAPA DA EXPERIÊNCIA OFICINA CRIATIVA (unidade de tempo: segundo)

Tabela 5 CAR

etapa da experiência	ESTATÍSTICAS	TC	EP	NP	TA	SP	RG	SV	RP	TOTAL	%
1 **trabalho corporal**	TOTAL TEMPO	0								0	
	FREQ.	1								1	**1,2**
2 **manip. da massa**			220		274					494	
			9		13					22	**25,9**
3 **idéia**					52					52	
					3					3	**3,5**
4 **imagem**				18	77					95	
				2	5					7	**8,2**
5 **desenho**							177			177	
+ conversa							8			8	**9,4**
6 **projeto**			883			189		283		1355	
+ conv./+ entrev.			22			12		4		38	**44,7**
7 **entrevista**			157							157	
			1							1	**1,2**
8 **desenho**									67	67	
									1	1	**1,2**
9 **entrevista**									181	181	
									2	2	**2,4**
10 **escrita**									291	291	
									1	1	**1,2**
11 **entrevista**									72	72	
									1	1	**1,2**
TOTAL	TEMPO	0	1260	18	403	189	177	283	611	2941	
	FREQ.	1	32	2	21	12	8	4	5	85	**100,0**
	%	**1,2**	**37,6**	**2,4**	**24,7**	**14,1**	**9,4**	**4,7**	**5,9**	**100,0**	

FREQÜÊNCIA E TEMPO OCUPADO PELO SUJEITO EM CADA TIPO DE SEQÜÊNCIA, SEGUNDO A ETAPA DA EXPERIÊNCIA OFICINA CRIATIVA (unidade de tempo: segundo)

Tabela 6 CAR

etapa da experiência	ESTATÍSTICAS	TC	EP	NP	TA	SP	RG	SV	RP	TOTAL	%
1 **trabalho corporal**	TOTAL TEMPO	0								0	
	FREQ.	1								1	**1,2**
2 **manip. da massa**			220		274					494	
			9		13					22	**25,9**
3 **idéia**					52					52	
					3					3	**3,5**
4 **imagem**				18	77					95	
				2	5					7	**8,2**
5 **desenho**							177			177	
+ conversa							8			8	**9,4**
6 **projeto**			883			189		283		1355	
+ conv./+ entrev.			22			12		4		38	**44,7**
7 **entrevista**			157							157	
			1							1	**1,2**
8 **desenho**									67	67	
									1	1	**1,2**
9 **entrevista**									181	181	
									2	2	**2,4**
10 **escrita**									291	291	
									1	1	**1,2**
11 **entrevista**									72	72	
									1	1	**1,2**
TOTAL	TEMPO	0	1260	18	403	189	177	283	611	2941	
	FREQ.	1	32	2	21	12	8	4	5	85	**100,0**
	%	**1,2**	**37,6**	**2,4**	**24,7**	**14,1**	**9,4**	**4,7**	**5,9**	**100,0**	

Tabela 7

ESTATÍSTICAS DA PONTUAÇÃO ATRIBUÍDA AOS ITENS E DE ATRIBUTOS RELATIVOS A ASPECTOS PRESENTES NO SUJEITO DURANTE A EXPERIÊNCIA: OFICINA CRIATIVA

suj: CAR Itens			DURANTE A EXPERIÊNCIA																									
			PONTUAÇÃO										N	MÉDIA	MÍN.	MÁX.	ATRIBUTOS (QUALIDADE)											
			1		2		3		4		5						A		B		C		D		E		F	
			N	%	N	%	N	%	N	%	N	%					N	%	N	%	N	%	N	%	N	%	N	%
I. r_intra pess.	A.	alegre_triste	4	4,7	6	7,1	28	32,9	36	42,4	11	12,9	85	3,5	1	5	15	17,6	26	30,6	21	24,7	17	20,0	2	2,4	4	4,7
	B.	firme_instável	4	4,7	6	7,1	32	37,6	33	38,8	10	11,8	85	3,5	1	5	21	24,7	20	23,5	19	22,4	14	16,5	8	9,4	3	3,5
	C.	equilibrado_perturb.	5	5,9	7	8,2	28	32,9	35	41,2	10	11,8	85	3,4	1	5	14	16,5	25	29,4	19	22,4	18	21,2	2	2,4	7	8,2
	D.	ativo_passivo	4	4,7	7	8,2	25	29,4	36	42,4	13	15,3	85	3,6	1	5	16	18,8	24	28,2	20	23,5	15	17,6	3	3,5	7	8,2
	E.	coerente_incoerente	5	5,9	8	9,4	21	24,7	41	48,2	10	11,8	85	3,5	1	5	14	16,5	28	32,9	20	23,5	14	16,5	4	4,7	5	5,9
	F.	comprometido_descom.	5	5,9	6	7,1	23	27,1	40	47,1	11	12,9	85	3,5	1	5	17	20,0	24	28,2	23	27,1	11	12,9	1	1,2	9	10,6
	G.	implicado_não impl	5	5,9	5	5,9	21	24,7	43	50,6	11	12,9	85	3,6	1	5	16	18,8	26	30,6	19	22,4	15	17,6	4	4,7	5	5,9
	H.	coordenado_desc.	4	4,7	9	10,6	22	25,9	40	47,1	10	11,8	85	3,5	1	5	17	20,0	25	29,4	20	23,5	14	16,5	4	4,7	5	5,9
II. r_inter pess.	A.	respeitoso_invasivo	3	3,5	4	4,7	27	31,8	37	43,5	14	16,5	85	3,6	1	5	19	22,4	28	32,9	20	23,5	9	10,6	3	3,5	6	7,1
	B.	flexível_rígido	4	4,7	3	3,5	24	28,2	38	44,7	16	18,8	85	3,7	1	5	16	18,8	27	31,8	24	28,2	9	10,6	4	4,7	5	5,9
	C.	objetivo_âmbigüo	4	4,7	5	5,9	26	30,6	35	41,2	15	17,6	85	3,6	1	5	19	22,4	27	31,8	18	21,2	10	11,8	2	2,4	9	10,6
	D.	cooperativo_não coop.	4	4,7	6	7,1	21	24,7	40	47,1	14	16,5	85	3,6	1	5	10	11,8	38	44,7	17	20,0	9	10,6	9	10,6	2	2,4
	E.	mente aberta_fechada	5	5,9	5	5,9	26	30,6	38	44,7	11	12,9	85	3,5	1	5	22	25,9	23	27,1	19	22,4	7	8,2	8	9,4	6	7,1
	F.	interdependente_dep.	5	5,9	5	5,9	22	25,9	35	41,2	18	21,2	85	3,7	1	5	15	17,6	30	35,3	18	21,2	8	9,4	8	9,4	6	7,1
	G.	criativo_não criativo	4	4,7	6	7,1	21	24,7	41	48,2	13	15,3	85	3,6	1	5	20	23,5	21	24,7	23	27,1	8	9,4	5	5,9	8	9,4

	H.	receptivo_não receptivo	4	**4,7**	9	**10,6**	16	**18,8**	43	**50,6**	13	**15,3**	85	**3,6**	1	5	18	**21,2**	25	**29,4**	19	**22,4**	11	**12,9**	2	**2,4**	10	**11,8**
III. R. com o objeto	A.	reflexivo_automatizado	4	**4,7**	7	**8,2**	27	**31,8**	35	**41,2**	12	**14,1**	85	**3,5**	1	5	16	**18,8**	29	**34,1**	14	**16,5**	17	**20,0**	5	**5,9**	4	**4,7**
	B.	cuidadoso_descuidado	4	**4,7**	8	**9,4**	23	**27,1**	39	**45,9**	11	**12,9**	85	**3,5**	1	5	16	**18,8**	26	**30,6**	18	**21,2**	16	**18,8**	6	**7,1**	3	**3,5**
	C.	respeitoso_desresp.	4	**4,7**	4	**4,7**	27	**31,8**	37	**43,5**	13	**15,3**	85	**3,6**	1	5	16	**18,8**	29	**34,1**	19	**22,4**	11	**12,9**	4	**4,7**	6	**7,1**
	D.	desapegado_apegado	4	**4,7**	6	**7,1**	26	**30,6**	35	**41,2**	14	**16,5**	85	**3,6**	1	5	14	**16,5**	30	**35,3**	16	**18,8**	13	**15,3**	7	**8,2**	5	**5,9**
	E.	investigador_não invest	4	**4,7**	6	**7,1**	25	**29,4**	37	**43,5**	13	**15,3**	85	**3,6**	1	5	15	**17,6**	30	**35,3**	15	**17,6**	17	**20,0**	5	**5,9**	3	**3,5**
	F.	previdente_não prev	4	**4,7**	5	**5,9**	26	**30,6**	41	**48,2**	9	**10,6**	85	**3,5**	1	5	18	**21,2**	23	**27,1**	19	**22,4**	13	**15,3**	7	**8,2**	5	**5,9**
	G.	observador_não obs.	5	**5,9**	5	**5,9**	27	**31,8**	39	**45,9**	9	**10,6**	85	**3,5**	1	5	14	**16,5**	29	**34,1**	19	**22,4**	14	**16,5**	2	**2,4**	7	**8,2**
	H.	interativo_não int.	7	**8,2**	5	**5,9**	25	**29,4**	37	**43,5**	11	**12,9**	85	**3,5**	1	5	12	**14,1**	30	**35,3**	15	**17,6**	16	**18,8**	5	**5,9**	7	**8,2**
IV. R. com a tarefa	A.	curioso_apático	7	**8,2**	4	**4,7**	21	**24,7**	42	**49,4**	11	**12,9**	85	**3,5**	1	5	17	**20,0**	29	**34,1**	15	**17,6**	15	**17,6**	3	**3,5**	6	**7,1**
	B.	disciplinado_indisc.	4	**4,7**	9	**10,6**	18	**21,2**	44	**51,8**	10	**11,8**	85	**3,6**	1	5	13	**15,3**	30	**35,3**	15	**17,6**	18	**21,2**	4	**4,7**	5	**5,9**
	C.	presente_ausente	5	**5,9**	7	**8,2**	23	**27,1**	39	**45,9**	11	**12,9**	85	**3,5**	1	5	17	**20,0**	23	**27,1**	19	**22,4**	18	**21,2**	3	**3,5**	5	**5,9**
	D.	tranqüilo_inquieto	5	**5,9**	8	**9,4**	23	**27,1**	38	**44,7**	11	**12,9**	85	**3,5**	1	5	15	**17,6**	28	**32,9**	15	**17,6**	18	**21,2**	5	**5,9**	4	**4,7**
	E.	construtivo_não const.	5	**5,9**	8	**9,4**	24	**28,2**	39	**45,9**	9	**10,6**	85	**3,5**	1	5	15	**17,6**	30	**35,3**	14	**16,5**	16	**18,8**	4	**4,7**	6	**7,1**
	F.	articulador_nao artic.	5	**5,9**	8	**9,4**	23	**27,1**	37	**43,5**	12	**14,1**	85	**3,5**	1	5	10	**11,8**	31	**36,5**	17	**20,0**	11	**12,9**	9	**10,6**	7	**8,2**
	G.	autônomo_não aut.	5	**5,9**	8	**9,4**	20	**23,5**	43	**50,6**	9	**10,6**	85	**3,5**	1	5	15	**17,6**	29	**34,1**	13	**15,3**	14	**16,5**	7	**8,2**	7	**8,2**
	H.	auto regul _não regul.	5	**5,9**	8	**9,4**	19	**22,4**	43	**50,6**	10	**11,8**	85	**3,5**	1	5	10	**11,8**	30	**35,3**	19	**22,4**	15	**17,6**	6	**7,1**	5	**5,9**

MÉDIAS DA PONTUAÇÃO ATRIBUIDA AO SUJEITO EM CADA UM DOS ITENS RELATIVOS A ASPECTOS AFETIVOS E COGNITIVOS, SEGUNDO A FASE DA EXPERIÊNCIA: OFICINA CRIATIVA

Tabela 8

SUJ.:CAR		trabalho corporal	manip. da massa	idéia	imagem	desenho+ conversa	projeto+conv./+ entrev.	entrevista	desenho	entrevista	escrita	entrevista	TOTAL
I. r_intra pess.	alegre_triste	2,0	2,7	4,0	4,4	3,8	3,7	5,0	5,0	3,5	4,0	4,0	3,5
	firme_instável	2,0	2,7	3,7	4,4	3,4	3,7	5,0	5,0	3,5	4,0	4,0	3,5
	equilibrado_perturb	2,0	2,6	3,7	4,4	3,4	3,7	5,0	5,0	4,0	4,0	4,0	3,4
	ativo_passivo	2,0	2,8	4,0	4,4	3,5	3,7	5,0	5,0	4,0	4,0	4,0	3,6
	coerente_incoerente	2,0	2,5	4,3	4,4	3,8	3,7	5,0	5,0	3,5	4,0	4,0	3,5
	comprometido_descom	2,0	2,6	4,0	4,4	3,6	3,8	5,0	5,0	4,0	4,0	4,0	3,5
	implicado_não_impl	3,0	2,6	4,0	4,4	3,8	3,8	5,0	5,0	4,0	4,0	4,0	3,6
	coordenado_desc	2,0	2,5	4,0	4,4	3,6	3,7	5,0	5,0	4,0	4,0	4,0	3,5
II. r_inter pess.	respeitoso_invasivo	3,0	3,0	4,3	4,4	3,5	3,8	5,0	5,0	4,0	4,0	4,0	3,6
	flexível_rígido	3,0	2,8	4,0	4,4	4,0	3,9	5,0	5,0	4,0	4,0	4,0	3,7
	objetivo_âmbigüo	3,0	2,7	4,3	4,4	3,6	3,8	5,0	5,0	4,0	4,0	4,0	3,6
	cooperativo_não_coop	3,0	2,6	4,3	4,4	3,8	3,9	5,0	5,0	4,0	4,0	4,0	3,6
	mente_aberta_fechada	3,0	2,5	4,3	4,4	3,5	3,8	5,0	5,0	3,5	4,0	4,0	3,5
	interdependente_dep	3,0	2,6	4,0	4,9	3,8	4,0	5,0	5,0	3,5	3,0	4,0	3,7

	criativo_não_criativo	3,0	2,7	3,7	4,4	3,6	4,0	5,0	5,0	3,5	3,0	4,0	3,6
	receptivo_não_receptivo	2,0	2,5	4,0	4,4	3,9	3,9	5,0	5,0	4,0	4,0	4,0	3,6
III. r_com o objeto	**reflexivo_automatizado**	3,0	2,6	4,0	4,4	3,8	3,8	5,0	5,0	3,5	3,0	3,0	3,5
	cuidadoso_descuidado	2,0	2,6	3,7	4,4	3,8	3,8	5,0	5,0	4,0	4,0	4,0	3,5
	respeitoso_desresp	3,0	2,7	4,3	4,4	3,8	3,8	5,0	5,0	4,0	4,0	4,0	3,6
	desapegado_apegado	3,0	2,7	4,0	4,4	3,6	3,8	5,0	5,0	4,0	4,0	4,0	3,6
	investigador_não_invest	3,0	2,6	4,3	4,4	3,8	3,8	5,0	5,0	4,0	4,0	4,0	3,6
	previdente_não_prev	3,0	2,6	3,7	4,3	3,8	3,8	5,0	5,0	4,0	4,0	4,0	3,5
	observador_não_obs	2,0	2,6	3,7	4,3	3,5	3,8	5,0	5,0	4,0	4,0	4,0	3,5
	interativo_não_int	1,0	2,4	4,0	4,4	3,6	3,8	5,0	5,0	4,0	4,0	4,0	3,5
IV. r_com a tarefa	**curioso_apático**	1,0	2,6	4,0	4,3	3,5	3,9	5,0	5,0	4,0	4,0	4,0	3,5
	disciplinado_indisc	2,0	2,5	4,0	4,3	3,6	3,9	5,0	5,0	4,0	4,0	4,0	3,6
	presente_ausente	2,0	2,5	4,0	4,3	3,5	3,8	5,0	5,0	4,0	4,0	4,0	3,5
	tranqüilo_inquieto	2,0	2,5	3,7	4,3	3,5	3,8	5,0	5,0	3,5	3,0	4,0	3,5
	construtivo_não_const	2,0	2,5	3,7	4,3	3,5	3,8	5,0	5,0	3,5	3,0	4,0	3,5
	articulador_nao artic	2,0	2,5	4,3	4,3	3,6	3,8	5,0	5,0	3,5	3,0	4,0	3,5
	autônomo_não_aut	2,0	2,5	3,7	4,3	3,5	3,9	5,0	5,0	4,0	4,0	4,0	3,5
	auto_regul _não_regul	2,0	2,5	3,7	4,3	3,6	3,9	5,0	5,0	4,0	4,0	4,0	3,5
	TOTAL	2,3	2,6	4,0	4,4	3,6	3,8	5,0	5,0	3,8	3,8	4,0	3,5

Gráfico 3 – representativo da pontuação atribuída às categorias relativas a aspectos presentes no sujeito durante a experiência Oficina Criativa *CAR (11;1)*

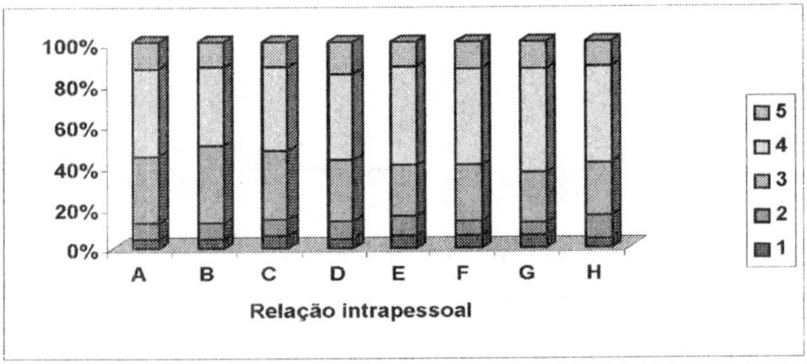

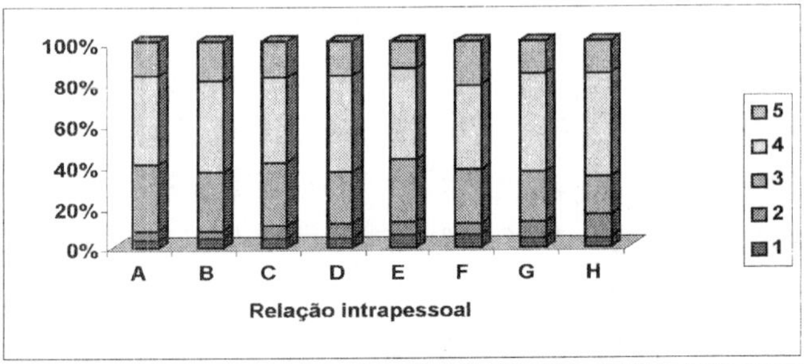

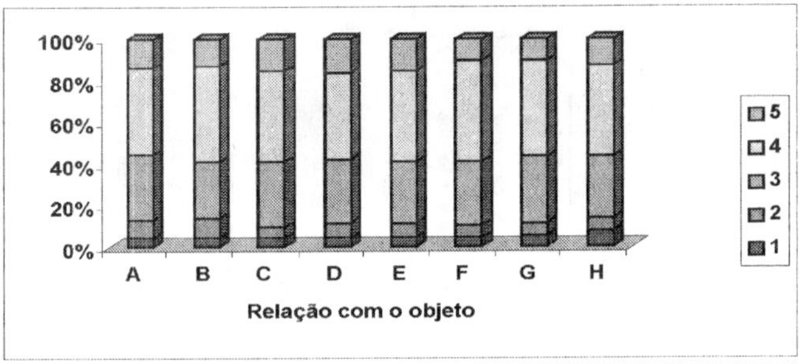

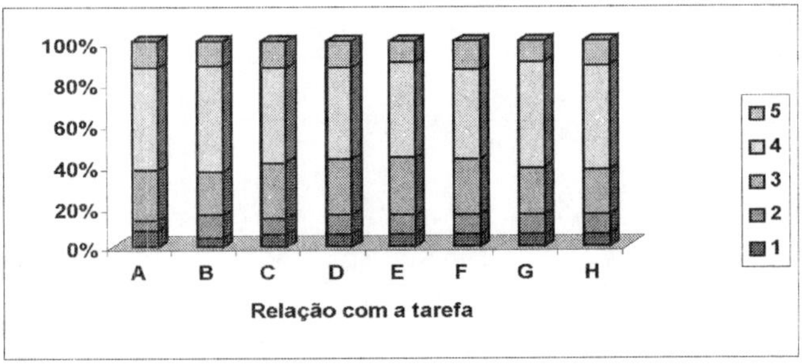

Gráfico 4 – representativo da pontuação atribuída aos atributos relativos a aspectos presentes no sujeito durante a experiência Oficina Criativa *CAR (11;1)*

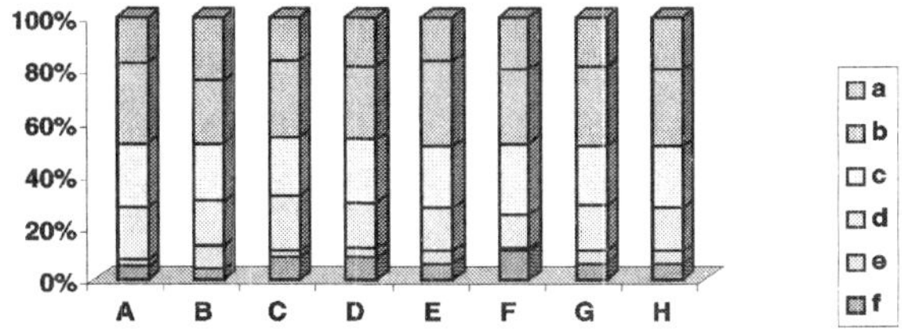

I. Relação intrapessoal

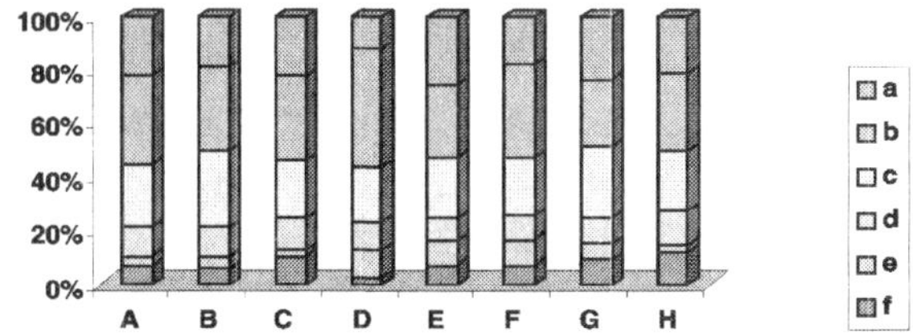

II. Relação interpessoal

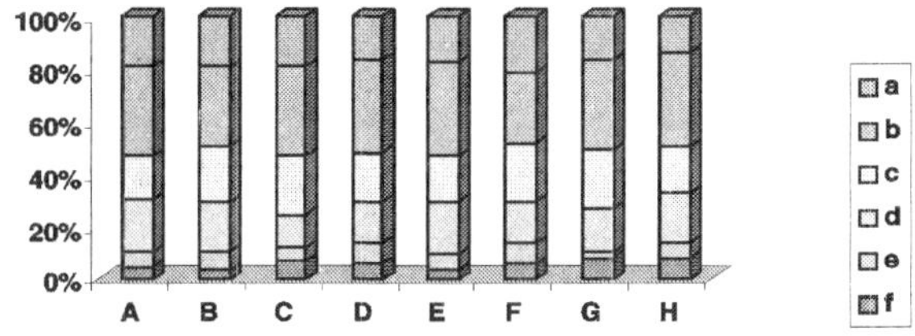

III. Relação com o objeto

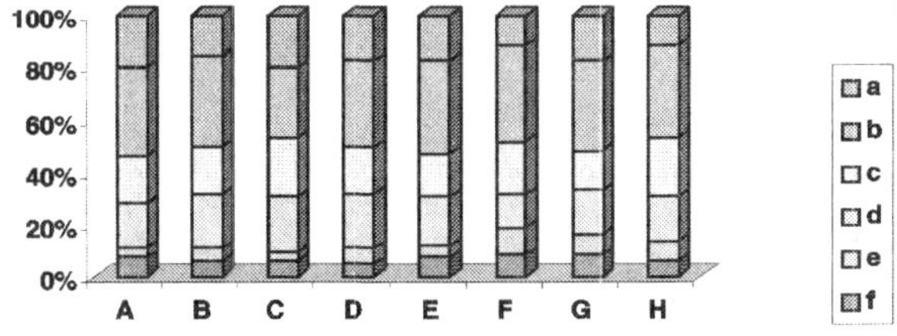

IV. Relação com a tarefa

Perfil do sujeito RIC (38;9) - Oficina Criativa: 11/08/97

RIC relata sempre ter se interessado por crianças e pela infância, e também gostar de observar e de dar aulas para crianças de pré-escola. Trabalha com formação de professores. É professor universitário, fez mestrado em desenvolvimento motor e atualmente faz doutorado em educação.

RIC (38;9) chega com grande disponibilidade interna para viver o processo. Conta que há muitos anos não trabalhava com o material argila. Na verdade, modelar com barro era uma experiência que fazia parte de sua infância. Conta que está vivendo um momento pessoal importante, e bastante mobilizador sob o ponto de vista energético. Podemos dizer que no dia da oficina ele estava redimensionando seus valores e seus projetos de vida.

RIC é aberto e disponível, interessado e flexível diante das situações, sensível e coerente com ele mesmo a cada passo. Recebe o trabalho corporal e começa a manipular a massa, procurando manter-se atento às orientações da pesquisadora. Utiliza 3% do tempo total da oficina para entrar em contato (TC) com a massa, conforme descrito na Tabela 9. Em seguida, começa a experimentar e a explorar possibilidades, entrando no problema (EP), nele permanecendo durante 43,3% do tempo de atividade. Trabalha o material, e, quase que naturalmente, encontra novas possibilidades (NP).

Vive uma transição de sua ação (TA) por 13,3% do tempo, e entra em um movimento investigativo (IV) durante 20,0% do tempo de duração da oficina. Na Tabela 10 está descrita a relação entre a frequência e o tempo ocupado pelo sujeito em cada tipo de subseqüência. Observamos que RIC concentra 43,3% do tempo da atividade para trabalhar em seu projeto.

A forma, que depois explicita no projeto final, emerge já nos primeiros momentos, o que nos é relevante como observável, sob o ponto de vista da representação simbólica inconsciente, direcionada por um movimento criativo que lhe é significativo. A figura do barco surge, é trabalhada, ampliada e aprimorada no decorrer do processo.

Há uma qualidade de experiência que naturalmente evolui e se aprimora em cada gesto. Nesse sentido, os esquemas que utiliza para modelar emergem como rotinas, mas rapidamente se transformam, pois RIC encontra o sentido de suas ações, apropriando-se delas, passando assim a utilizá-las com maior consciência na ação de modelar.

Percebemos que há uma evolução na qualidade de experiência que ele vive. RIC efetivamente utiliza, dentro de sua melhor condição, cada momento que lhe é oferecido no decorrer da *Oficina Criativa*, realizando seu trabalho com uma qualidade diferenciada. Observamos a facilidade com que regula sua ação, descobrindo e permitindo que suas competências se expressem na realização de seu projeto.

Em relação à pontuação que atribuímos, descritas nas Tabelas 11 e 12, notamos que mesmo merecendo uma notação que oscila entre 4,5 (quatro e meio) e 5 (cinco), há categorias em que se constata sua possibilidade de dar continuidade ao seu próprio processo de aprendizagem, sob o ponto de vista humano. Demonstramos seu desempenho nos Gráficos 5 e 6 deste texto.

A surpresa que expressa a partir da qualidade de entrega com que entra no processo, que é bastante genuína, e confirma nossa hipótese quanto ao caráter indissociável da dimensão afetivo-cognitiva. RIC vive sua melhor condição de integração interna ao evocar suas competências como ser humano integral. Ele auto-regula suas ações, promovendo uma interação e diferenciação transformantes dentro do sistema que ali se torna presente.

FREQÜÊNCIA E TEMPO OCUPADO PELO SUJEITO EM CADA TIPO DE SEQÜÊNCIA, SEGUNDO A ETAPA DA EXPERIÊNCIA OFICINA CRIATIVA (unidade de tempo: segundo)

Tabela 9 RIC

etapa da experiência	ESTATÍSTICAS	TC	EP	TA	IV	RG	SV	RP	TOTAL	%
1 **trabalho corporal**	TOTAL TEMPO	0							0	
	FREQ.	1							1	**3,3**
2 **manip. da massa**		151			60				211	
		2			3				5	**16,7**
3 **massa+idéia**					267				267	
					3				3	**10,0**
4 **imagem**				151					151	
				4					4	**13,3**
5 **desenho**						18			18	
						1			1	**3,3**
6 **projeto**			1128						1128	
			13						13	**43,3**
7 **entrevista**								267	267	
								1	1	**3,3**
8 **desenho + escrita**						938			938	
						1			1	**3,3**
9 **entrevista**							241		241	
							1		1	**3,3**
TOTAL	TEMPO	151	1128	151	327	956	241	267	3221	
	FREQ.	3	13	4	6	2	1	1	30	**100,0**
	%	**10,0**	**43,3**	**13,3**	**20,0**	**6,7**	**3,3**	**3,3**	**100,0**	

FREQÜÊNCIA E TEMPO OCUPADO PELO SUJEITO EM CADA TIPO DE SUBSEQÜÊNCIA, SEGUNDO A ETAPA DA EXPERIÊNCIA OFICINA CRIATIVA (unidade de tempo: segundo)

Tabela 10 RIC

etapa da experiência	ESTATÍSTICAS	TC	EP	NP	RE	TA	IV	SP	RG	SV	RP	TOTAL	%
1 trabalho corporal	FREQ.	1										1	3,3
	MÉDIA DE TEMPO	0,0										0	
	MÍNIMO	0										0	
	MÁXIMO	0										0	
2 manip. da massa			2	2			1					5	16,7
			62,5	19,5			47,0					42,2	
			6	7			47					6	
			119	32			47					119	
3 massa + idéia					1	1	1					3	10,0
					158,0	102,0	7,0					89,0	
					158	102	7					7	
					158	102	7					158	
4 imagem						3		1				4	13,3
						34,0		49,0				37,8	
						6		49				6	
						60		49				60	
5 desenho									1			1	3,3
									18,0			18,0	
									18			18	
									18			18	
6 projeto			1	3	3	2	3	1				13	43,3
			74,0	79,0	85,0	104,0	26,0	276,0				86,8	
			74	15	76	18	4	276				4	
			74	159	97	190	57	276				276	
7 entrevista											1	1	3,3
											267,0	267,0	
											267	267	
											267	267	
8 desenho + escrita									1			1	3,3
									938,0			938,0	
									938			938	
									938			938	
9 entrevista										1		1	3,3
										241,0		241,0	
										241		241	
										241		241	
TOTAL	FREQ.	1	3	5	4	6	5	2	2	1	1	30	100,0
	%	3,3	10,0	16,7	13,3	20,0	16,7	6,7	6,7	3,3	3,3	100,0	
	MÉDIA	0,0	66,3	55,2	103,3	68,7	26,4	162,5	478,0	241,0	267,0	107,4	
	MÍNIMO	0	6	7	76	6	4	49	18	241	267	0	
	MÁXIMO	0	119	159	158	190	57	276	938	241	267	938	

Tabela 11

ESTATÍSTICAS DA PONTUAÇÃO ATRIBUÍDA AOS ITENS E DE ATRIBUTOS RELATIVOS A ASPECTOS PRESENTES NO SUJEITO DURANTE A EXPERIÊNCIA: OFICINA CRIATIVA

suj: RIC		itens	DURANTE A EXPERIÊNCIA																
			PONTUAÇÃO						N	MÉDIA	MÍN.	MÁX.	ATRIBUTOS (QUALIDADE)					
			3		4		5						A		B		C	
			N	%	N	%	N	%					N	%	N	%	N	%
I. r_intra pess.	A.	alegre_triste	2	6,7	13	43,3	15	50,0	30	4,4	3	5	13	43,3	14	46,7	3	10,0
	B.	firme_instável	2	6,7	10	33,3	18	60,0	30	4,5	3	5	11	36,7	5	16,7	14	46,7
	C.	equilibrado_perturb.	2	6,7	10	33,3	18	60,0	30	4,5	3	5	10	33,3	17	56,7	3	10,0
	D.	ativo_passivo	1	3,3	10	33,3	19	63,3	30	4,6	3	5	17	56,7	9	30,0	4	13,3
	E.	coerente_incoerente	2	6,7	10	33,3	18	60,0	30	4,5	3	5	14	46,7	13	43,3	3	10,0
	F.	comprometido_descom.	2	6,7	11	36,7	17	56,7	30	4,5	3	5	10	33,3	10	33,3	10	33,3
	G.	implicado_não impl	3	10,0	10	33,3	17	56,7	30	4,5	3	5	11	36,7	10	33,3	9	30,0
	H.	coordenado_desc.			6	20,0	24	80,0	30	4,8	4	5	15	50,0	8	26,7	7	23,3
II. r_inter pess.	A.	respeitoso_invasivo			13	43,3	17	56,7	30	4,6	4	5	9	30,0	18	60,0	3	10,0
	B.	flexível_rígido			16	53,3	14	46,7	30	4,5	4	5	9	30,0	19	63,3	2	6,7
	C.	objetivo_âmbigüo	1	3,3	14	46,7	15	50,0	30	4,5	3	5	18	60,0	10	33,3	2	6,7
	D.	cooperativo_não coop.			16	53,3	14	46,7	30	4,5	4	5	17	56,7	12	40,0	1	3,3
	E.	mente aberta_fechada			19	63,3	11	36,7	30	4,4	4	5	4	13,3	6	20,0	20	66,7
	F.	interdependente_dep.	1	3,3	15	50,0	14	46,7	30	4,4	3	5	4	13,3	7	23,3	19	63,3

	G.	criativo_não criativo	1	**3,3**	10	**33,3**	19	**63,3**	30	**4,6**	3	5	14	**46,7**	3	**10,0**	13	**43,3**
	H.	receptivo_não receptivo			13	**43,3**	17	**56,7**	30	**4,6**	4	5	17	**56,7**	13	**43,3**		
III. R. com o objeto	A.	reflexivo_automatizado	1	**3,4**	6	**20,7**	22	**75,9**	29	**4,7**	3	5	10	**34,5**	14	**48,3**	5	**17,2**
	B.	cuidadoso_descuidado			9	**31,0**	20	**69,0**	29	**4,7**	4	5	21	**72,4**	8	**27,6**		
	C.	respeitoso_desresp.			10	**34,5**	19	**65,5**	29	**4,7**	4	5	19	**65,5**	5	**17,2**	5	**17,2**
	D.	desapegado_apegado			11	**37,9**	18	**62,1**	29	**4,6**	4	5	14	**48,3**	11	**37,9**	4	**13,8**
	E.	investigador_não invest	1	**3,4**	8	**27,6**	20	**69,0**	29	**4,7**	3	5	18	**62,1**	8	**27,6**	3	**10,3**
	F.	previdente_não prev	2	**6,9**	11	**37,9**	16	**55,2**	29	**4,5**	3	5	5	**17,2**	12	**41,4**	12	**41,4**
	G.	observador_não obs.	2	**6,9**	8	**27,6**	19	**65,5**	29	**4,6**	3	5	16	**55,2**	9	**31,0**	4	**13,8**
	H.	interativo_não int.	3	**10,3**	8	**27,6**	18	**62,1**	29	**4,5**	3	5	13	**44,8**	13	**44,8**	3	**10,3**
IV. R. com a tarefa	A.	curioso_apático	2	**6,9**	10	**34,5**	17	**58,6**	29	**4,5**	3	5	11	**37,9**	6	**20,7**	12	**41,4**
	B.	disciplinado_indisc.	1	**3,4**	13	**44,8**	15	**51,7**	29	**4,5**	3	5	10	**34,5**	6	**20,7**	13	**44,8**
	C.	presente_ausente	4	**13,8**	9	**31,0**	16	**55,2**	29	**4,4**	3	5	14	**48,3**	8	**27,6**	7	**24,1**
	D.	tranqüilo_inquieto	1	**3,4**	11	**37,9**	17	**58,6**	29	**4,6**	3	5	16	**55,2**	6	**20,7**	7	**24,1**
	E.	construtivo_não const.			9	**31,0**	20	**69,0**	29	**4,7**	4	5	3	**10,3**	13	**44,8**	13	**44,8**
	F.	articulador_nao artic.	2	**6,9**	11	**37,9**	16	**55,2**	29	**4,5**	3	5	12	**41,4**	9	**31,0**	8	**27,6**
	G.	autônomo_não aut.	2	**6,9**	9	**31,0**	18	**62,1**	29	**4,6**	3	5	9	**31,0**	18	**62,1**	2	**6,9**
	H.	auto regul _não regul.			11	**37,9**	18	**62,1**	29	**4,6**	4	5	16	**55,2**	3	**10,3**	10	**34,5**

Tabela 12 - MÉDIAS DA PONTUAÇÃO ATRIBUIDA AO SUJEITO EM CADA UM DOS ITENS RELATIVOS A ASPECTOS AFETIVOS E COGNITIVOS, SEGUNDO A FASE DA EXPERIÊNCIA: OFICINA CRIATIVA

SUJ.: RIC		TRABALHO CORPORAL	MANIP. DA MASSA	MASSA E IDÉIA	IMAGEM	DESENHO	PROJETO	ENTREVISTA	DES. E ESCRITA	ENTREVISTA	TOTAL
I. r_intra pess.	alegre_triste	4,0	3,8	4,0	4,0	5,0	4,8	5,0	5,0	5,0	4,4
	firme_instável	4,0	3,8	4,7	4,5	4,0	4,8	5,0	5,0	5,0	4,5
	equilibrado_perturb	4,0	3,6	4,7	4,5	4,0	4,8	5,0	5,0	5,0	4,5
	ativo_passivo	4,0	4,0	4,7	4,3	4,0	4,9	5,0	5,0	5,0	4,6
	coerente_incoerente	4,0	3,6	4,7	4,5	4,0	4,8	5,0	5,0	5,0	4,5
	comprometido_descom	4,0	3,6	4,0	4,3	4,0	5,0	5,0	5,0	5,0	4,5
	implicado_não_impl	4,0	3,6	3,7	4,3	5,0	4,9	5,0	5,0	5,0	4,5
	coordenado_desc	4,0	4,6	5,0	4,5	5,0	4,9	5,0	5,0	5,0	4,8
II. r_inter pess.	respeitoso_invasivo	4,0	4,0	4,7	4,8	4,0	4,7	5,0	5,0	5,0	4,6
	flexível_rígido	4,0	4,0	4,7	4,3	4,0	4,6	5,0	5,0	5,0	4,5
	objetivo_âmbigüo	4,0	3,8	4,0	4,3	5,0	4,8	5,0	5,0	5,0	4,5
	cooperativo_não_coop	4,0	4,0	4,0	4,3	4,0	4,8	5,0	5,0	5,0	4,5
	mente_aberta_fechada	4,0	4,0	4,0	4,0	4,0	4,6	5,0	5,0	5,0	4,4
	interdependente_dep	4,0	3,8	4,0	4,3	4,0	4,8	5,0	5,0	5,0	4,4

	criativo_não_criativo	4,0	3,8	4,3	4,3	5,0	5,0	5,0	5,0	5,0	4,6
	receptivo_não_receptivo	5,0	4,2	4,3	4,5	5,0	4,6	5,0	5,0	5,0	4,6
III. r_com o objeto	reflexivo_automatizado	,	4,6	4,0	4,5	4,0	5,0	5,0	5,0	5,0	4,7
	cuidadoso_descuidado	,	4,2	4,7	4,3	4,0	5,0	5,0	5,0	5,0	4,7
	respeitoso_desresp	,	4,2	4,7	4,0	4,0	5,0	5,0	5,0	5,0	4,7
	desapegado_apegado	,	4,2	4,3	4,3	4,0	4,9	5,0	5,0	5,0	4,6
	investigador_não_invest	,	4,2	4,3	4,3	4,0	5,0	5,0	5,0	5,0	4,7
	previdente_não_prev	,	3,8	3,7	4,0	4,0	5,0	5,0	5,0	5,0	4,5
	observador_não_obs	,	3,8	4,0	4,5	4,0	5,0	5,0	5,0	5,0	4,6
	interativo_não_int	,	3,8	3,3	4,5	4,0	5,0	5,0	5,0	5,0	4,5
IV. r_com a tarefa	curioso_apático	,	3,8	4,3	4,0	4,0	4,9	5,0	5,0	5,0	4,5
	disciplinado_indisc	,	3,8	4,0	4,3	4,0	4,8	5,0	5,0	5,0	4,5
	presente_ausente	,	3,6	3,7	4,0	4,0	4,9	5,0	5,0	5,0	4,4
	tranqüilo_inquieto	,	4,0	4,0	4,3	4,0	4,9	5,0	5,0	5,0	4,6
	construtivo_não_const	,	4,2	4,0	4,8	4,0	5,0	5,0	5,0	5,0	4,7
	articulador_nao artic	,	3,8	3,7	4,0	4,0	5,0	5,0	5,0	5,0	4,5
	autônomo_não_aut	,	3,8	3,7	4,3	5,0	5,0	5,0	5,0	5,0	4,6
	auto_regul _não_regul	,	4,0	4,0	4,5	4,0	5,0	5,0	5,0	5,0	4,6
	TOTAL	,	3,9	4,2	4,3	4,2	4,9	5,0	5,0	5,0	4,6

Gráfico 5 – representativo da pontuação atribuída às categorias relativas a aspectos presentes no sujeito durante a experiência Oficina Criativa *RIC (38;9)*

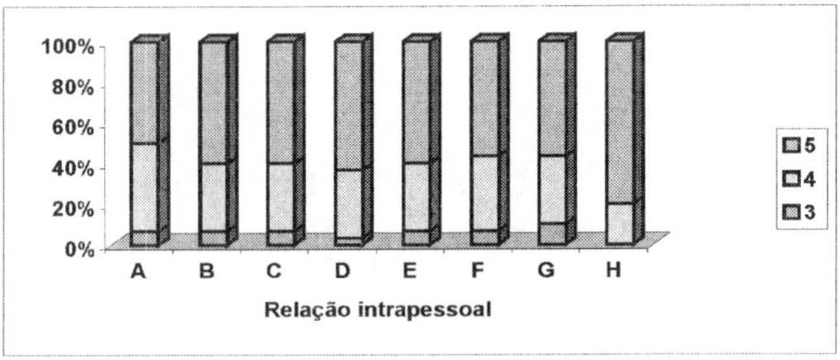

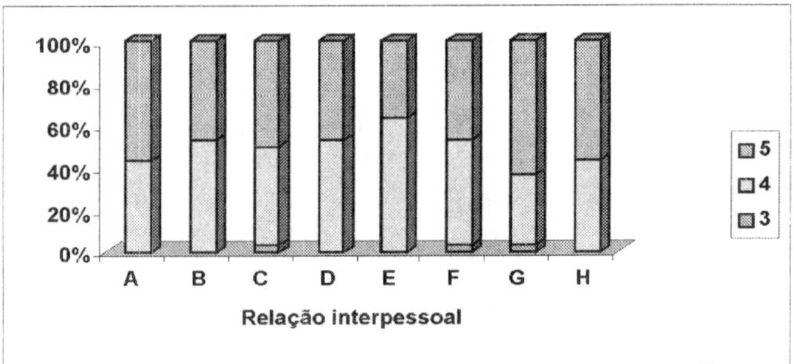

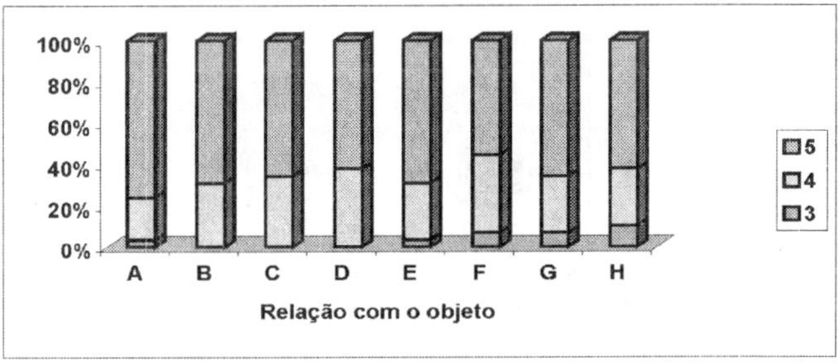

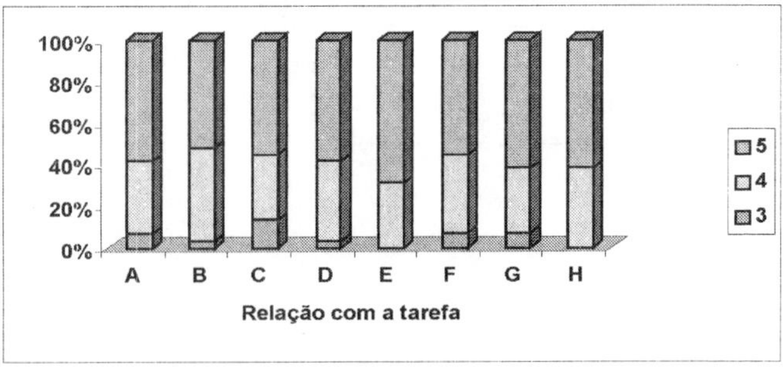

Gráfico 6 – representativo da pontuação atribuída aos atributos relativos a aspectos presentes no sujeito durante a experiência Oficina Criativa *RIC (38;9)*

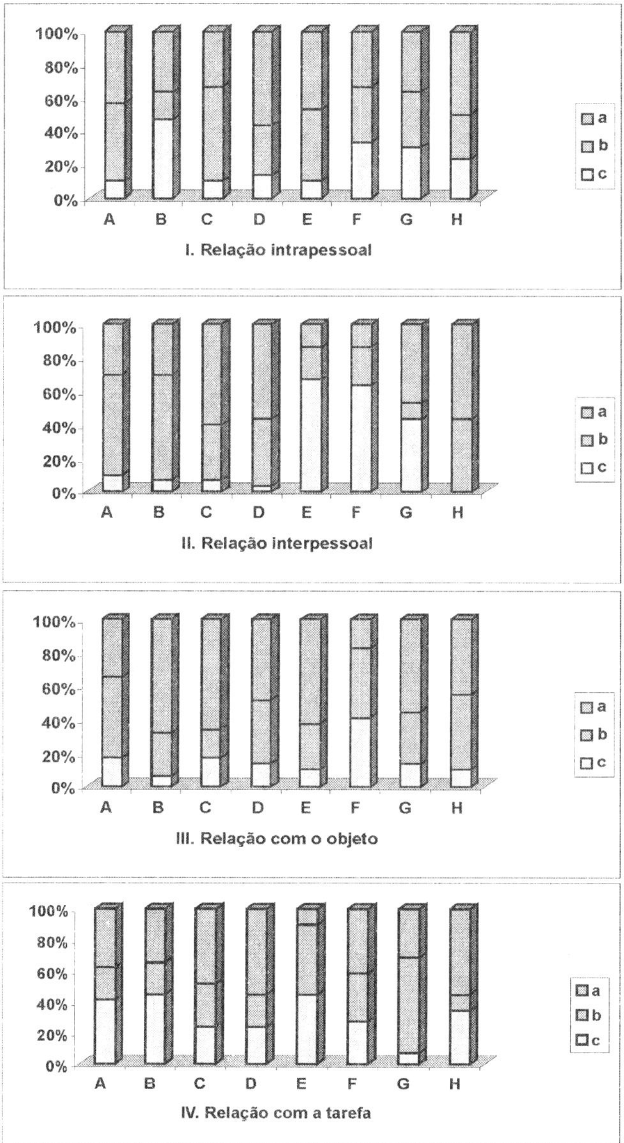

VIN

Tabela 13

MOVIMENTO DOS OLHOS DO SUJEITO DURANTE A EXPERIÊNCIA

SUJ1

	ETAPA DA EXPERIÊNCIA	OLHOS ABERTOS			FECHADOS			FECHA / ABRE			TOTAL		
		N	% T.Lin.	%T. Col.	N	% T.Lin.	%T. Col.	N	% T.Lin.	%T. Col.	N	% T.Lin.	%T. Col.
1	conversa	1	*100,0*	1,4							1	*100,0*	1,4
2	contato com a massa	1	*100,0*	1,4							1	*100,0*	1,4
3	trabalho corporal				1	*100,0*	50,0				1	*100,0*	1,4
4	manip. da massa/massa + entrev./ + conv	5	*83,3*	7,1	1	*16,7*	50,0				6	*100,0*	8,3
5	entrevista / manip. da massa /massa + idéia + entrev. / +entrev./ +conv	6	*100,0*	8,6							6	*100,0*	8,3
6	entrevista / desenho + conv.	3	*100,0*	4,3							3	*100,0*	4,2
7	massa + projeto / +entrev./ conv. / massa+água/idéia	8	*100,0*	11,4							8	*100,0*	11,1
8	idéia + entrevista / corta a massa com o fio / massa + conv. / entrev. / massa +água / + conversa	10	*100,0*	14,3							10	*100,0*	13,9
9	massa + água + conversa / conv. / massa+água+entrev.	8	*100,0*	11,4							8	*100,0*	11,1
10	massa + água + entrev./ massa+entrev. / +projeto	7	*100,0*	10,0							7	*100,0*	9,7
11	entrev. + projeto / conv.+proj. / projeto	4	*100,0*	5,7							4	*100,0*	5,6
12	projeto +entrev. / + conv.	5	*100,0*	7,1							5	*100,0*	6,9
13	projeto / desenho / conv. + desenho	4	*100,0*	5,7							4	*100,0*	5,6
14	conversa / entrev.	5	*100,0*	7,1							5	*100,0*	6,9

	ETAPA DA EXPERIÊNCIA	N	% T.Lin.	%T. Col.	N	% T.Lin.	%T. Col.	N	% T.Lin.	%T. Col.	N	% T.Lin.	%T. Col.
15	entrevista	3	*100,0*	4,3							3	*100,0*	4,2
	TOTAL	70	*97,2*	100,0	2	*2,8*	100,0				72	*100,0*	100,0

CAR

MOVIMENTO DOS OLHOS DO SUJEITO DURANTE A EXPERIÊNCIA

SUJ2

	ETAPA DA EXPERIÊNCIA	OLHOS ABERTOS			FECHADOS			FECHA / ABRE			TOTAL		
		N	% T.Lin.	%T. Col.	N	% T.Lin.	%T. Col.	N	% T.Lin.	%T. Col.	N	% T.Lin.	%T. Col.
1	trabalho corporal				1	*100,0*	5,3				1	*100,0*	1,2
2	manip. da massa	10	*45,5*	15,9	9	*40,9*	47,4	3	*13,6*	100,0	22	*100,0*	25,9
3	idéia				3	*100,0*	15,8				3	*100,0*	3,5
4	imagem	1	*14,3*	1,6	6	*85,7*	31,6				7	*100,0*	8,2
5	desenho/ + conversa	8	*100,0*	12,7							8	*100,0*	9,4
6	projeto/+ conv./+ entrev.	38	*100,0*	60,3							38	*100,0*	44,7
7	entrevista	1	*100,0*	1,6							1	*100,0*	1,2
8	desenho	1	*100,0*	1,6							1	*100,0*	1,2
9	entrevista	2	*100,0*	3,2							2	*100,0*	2,4
10	escrita	1	*100,0*	1,6							1	*100,0*	1,2
11	entrevista	1	*100,0*	1,6							1	*100,0*	1,2
	TOTAL	63	*74,1*	100,0	#	*22,4*	100,0	3	*3,5*	100,0	85	*100,0*	100,0

RIC

MOVIMENTO DOS OLHOS DO SUJEITO DURANTE A EXPERIÊNCIA

SUJ3

	ETAPA DA EXPERIÊNCIA	OLHOS ABERTOS			FECHADOS			FECHA / ABRE			TOTAL		
		N	% T.Lin.	%T. Col.	N	% T.Lin.	%T. Col.	N	% T.Lin.	%T. Col.	N	% T.Lin.	%T. Col.
1	trabalho corporal				1	*100,0*	7,7				1	*100,0*	3,3
2	manip. da massa				5	*100,0*	38,5				5	*100,0*	16,7
3	massa+idéia				3	*100,0*	23,1				3	*100,0*	10,0
4	imagem				4	*100,0*	30,8				4	*100,0*	13,3
5	desenho	1	*100,0*	5,9							1	*100,0*	3,3
6	projeto	13	*100,0*	76,5							13	*100,0*	43,3
7	entrevista	1	*100,0*	5,9							1	*100,0*	3,3
8	desenho + escrita	1	*100,0*	5,9							1	*100,0*	3,3
9	entrevista	1	*100,0*	5,9							1	*100,0*	3,3
	TOTAL	17	*56,7*	100,0	#	*43,3*	100,0				30	*100,0*	100,0

Algumas considerações

Na análise estatística dos dados dos três sujeitos que escolhemos, algumas questões apresentam-se bastante relevantes:

- Qual é a freqüência dos observáveis nos protocolos?
- Quando o sujeito está na seqüência "x", como ele está em relação às categorias analisadas?
- Quantas vezes o sujeito, por exemplo, entrou no problema (**EP**)?
- Que caminho o sujeito percorreu? Que fatores influenciaram esse caminho?
- Encontramos coeficientes de correlação entre os níveis de resposta do sujeito e a evolução do processo?
- Como podemos interpretar a variável tempo, no decorrer da evolução das ações?
- Qual foi a pontuação mais presente no sujeito, em relação a que atributos nas quatro formas de relação que ele estabelece?
- Qual é a tendência central desse sujeito?

Essas questões permearam nossa análise, e permaneceram como "pano de fundo" para a discussão dos dados que explicitamos nesta pesquisa.

Torna-se relevante demarcar alguns aspectos que nos chamaram a atenção no decorrer da análise dos dados. Em primeiro lugar, definimos os observáveis a partir de um estudo minucioso do protocolo de um sujeito, CAR (11;5). Procuramos levantar indícios que se apresentavam como constituintes do processo de regulação das ações dos sujeitos, no decorrer do processo de *Oficina Criativa.*

Definimos que, para realizar uma análise pormenorizada da situação-problema que se apresentava, era necessário qualificar as etapas da experiência vivida pelos sujeitos.

Procedemos, nesse momento, à construção do manual para a análise microgenética em sua pespectiva estrutural, definindo os tipos de sequências presentes na realização de um projeto de trabalho. Demarcamos as sequências que constituem as etapas do processo, tendo como base a metodologia da *Oficina Criativa*.

A experiência de explicitar cada movimento interno vivenciado pelos sujeitos no decorrer de seu processo tornou-se apaixonante. Em alguns momentos, chegamos a sentir o próprio pensamento do sujeito emergindo dentro de nós!

Era chegada a hora de explicitarmos as categorias que nos permitiriam analisar o aspecto afetivo-cognitivo das ações. Novamente, penetramos em um universo imenso, tácito e implícito, que procuramos trazer à tona.

Emergiram assim as categorias de observáveis que constituem a segunda parte de nosso manual para análise microgenética.

Enfim, uma nova etapa vencida! De posse de todos os elementos a serem observados e analisados, trabalhamos no preparo da planilha que possibilitou a análise qualitativa estatística de nossos dados. Pereira (1999) norteou nossos passos no sentido das possibilidades que tal tratamento dos dados abria.

Pesquisamos em nossos protocolos elementos observáveis que confirmam nossas percepções, o que explicitamos no capítulo 8 desta tese.

Concluímos essa etapa. Algo se confirma cientificamente; sem dúvida, fruto de um trabalho intenso! Nossa intuição de que alguns sujeitos nos possibilitariam a construção de um conhecimento ainda tácito revelou-se verdadeira. Socializamos, agora, informações quantificadas acerca de como se processa a equilibração majorante na regulação dos esquemas acionados pelo sujeito, ao realizar uma tarefa que lhe serve de desafio, à medida que ele vive sua dimensão afetivo-cognitiva integrada.

Observamos o desempenho de três sujeitos, com idades bastante diferentes, mas com uma tarefa básica em comum: realizar um projeto modelando com argila.

Constatamos que a regulação das ações ocorre, efetivamente, a partir de uma energética valorativa e que, se não está presente sob a forma de vínculo ou vontade, não há uma atuação consciente que "ocupa o seu espaço". Explicamos melhor: quando o sujeito trabalha integrando seu afetivo com seu cognitivo, parece que o motor comum que desencadeia suas ações funciona maravilhosamente. Mas quando um deles está um pouco "emperrado", parece que algo precisa se equilibrar "por inteiro".

Realmente, confirmamos nossa hipótese acerca do caráter indissociável da relação afeto-cognição.

E, finalmente, apontamos para as diferenças constitutivas dos sujeitos, demarcando a qualidade maturacional do psiquismo que, estando em processo de crescimento, está se auto-regulando sempre em uma perspectiva majorante. Haja vista que nossos sujeitos, em sua totalidade, criaram e realizaram seus projetos no decorrer do processo vivido por meio da *Oficina Criativa.*

O elemento primordial que esteve presente, no sentido de alavancar as competências que possuíam, foi o criativo de cada um. Que ele possa continuar a permear as ações de todas as pessoas que procuram aprimorar seu gesto na busca de soluções para situações-problema, realizando, assim, seus projetos pessoais e profissionais, em cada ambiente onde estejam inseridas!

Parte V

Discussão

10 Criação e projeto no desenvolvimento do conhecimento

A discussão de nossos resultados finaliza com algumas reflexões acerca do processo criativo. Quando o sujeito toca a argila, é convidado a estabelecer um contato de forma totalmente nova para ele. Sua sensibilidade passa a fazer parte integrante de sua ação, de forma que a argila também norteia cada movimento, comandado em sua base pela psique em suas dimensões cognitiva e afetiva.

Quando o sujeito se entrega a essa experiência primeira – que, em nossa *Oficina Criativa*, objeto de estudo da presente pesquisa, é o tempo de criação do projeto –, permitindo que a idéia que se transforma em projeto pessoal se erga das profundezas de sua psique, acreditamos que ele toca o nível de criatividade fundamental. Algo eclode sem o comando de um ego direcionador. Esse "algo" está intimamente ligado ao seu *self*, ou seja, à natureza maior de sua alma e de sua psique.

É importante ressaltar nossa surpresa ao constatar essas duas dimensões na evolução do experimento que escolhemos para nossa pesquisa. Tantas oportunidades tivemos de compartilhar o valor do potencial criativo que emerge durante as experiências de oficinas criativas, mas até então não tínhamos realizado tal compreensão. Esse *insight* nos é bastante significativo! A surpresa da constatação aquece nosso coração e nos convida a ir além... e além.

De certa forma, essa constatação nos permitiu uma tomada de consciência em relação ao que já estava sendo realizado: o que seria um "toque de intuição", presente em nosso trabalho diário, se confirmou. E mais uma vez a alegria da criação, verdadeiramente oriunda de nossa fonte interna, corporifica uma nova etapa no processo de significar nossa ação terapêutica e educacional.

Enfim, qual o sentido de tal depoimento? Nossa intenção é fortalecer a importância e o valor de cada etapa do processo criador eterno, se vivido a cada dia. Há anos estudamos, ensinamos e utilizamos os oficinas criativas em nosso trabalho. Ao longo desse tempo, fomos construindo uma compreensão imanente do processo. Desenvolvemos uma intimidade consciente e profunda com essa metodologia, que nos permite enxergar sua tridimensionalidade, ou seja, além dela própria. Essa é uma constatação que nos alegra e, ao mesmo tempo, liberta. De certa forma, a mente clareia e o coração se aquece. Cognição e afeto intercomunicam-se no desenvolvimento de nosso autoconhecimento, como pesquisadora e como pessoa.

A alquimia criativa é um ingrediente mágico que traz sabor aprimorado ao saber que emerge para ser elaborado e burilado. A tomada de consciência ocorre quando o salto quântico expressa o ato criador descontínuo de sua continuidade. Amorosidade e racionalidade se manifestam no "*aha*" incubado por tantos e tantos anos.

A alegria da constatação integra corpo e mente, afeto e cognição, em um sentir sensível e mental, criador de um sentido maior. É extraordinário como se pode observar a interdependência entre a energética afetiva que nutre a ação cognitiva (portanto, mental), com simplicidade e pertinência! Assim, o projeto pessoal é concebido e nutrido, cria corpo e se desenvolve dentro daquelas que são suas melhores possibilidades.

Em momentos de idílio profundo do homem com ele mesmo, essa ação criadora vem carregada de sentido e preenche sua necessidade básica de conceber e de dar vida àquilo que até então era amorfo. Ele sente que algo se produziu e vive, em cada célula de seu corpo, uma sensação de preenchimento imanente, quase transcendente. A vibração energética que se processa em seu interior pode ser desfrutada ao longo de um tempo que é atemporal, pois permanece qualificando suas ações, independentemente dos contextos em que são inseridas.

Nesse sentido, o ato criador é recebido como nutrição pelo seu ser sélfico, elemento imaterial do corpo que sente e imprime, em suas ações, tal qualidade amorosa. Reconhecemos a natureza da alma humana conforme foi descrita por Lalande (1996): "O princípio da vida do pensamento e dos dois ao mesmo tempo enquanto considerados como uma realidade distinta do corpo através do qual manifesta a sua atividade." (p. 44). Ou seja, a idéia da alma pressupõe uma realidade psíquica maior do que nosso eu. Nossa existência psíquica é reconhecida como mais rica em conteúdos do que aquilo de que chegamos a ter consciência.

Em nossa pesquisa, a natureza maior da alma e da psique participa ativamente da ação criadora vivida pelo sujeito. Chamamos à totalidade da psique de "ser sélfico" pois consideramos que ele expressa a unidade e a totalidade da personalidade total, e, portanto, se compõe de conteúdos tanto conscientes como inconscientes. Enfim, como totalidade ele é a unidade que une os opostos. Sua ação emerge impregnada da qualidade criadora de significados.

Criar é, dentro do que observamos, reconhecemos e vivenciamos, uma experiência psíquica espiritualizada, que conecta nossos diferentes movimentos internos, de modo a produzir um resultado nunca anteriormente realizado. O novo vivifica tal qualidade, que surge como num passe de mágica, porque indica o nascimento de uma forma inusitada para aquele que a experiencia.

Há uma qualidade amorosa vivida nessa construção criadora de novidades. O contato com a dimensão afetiva se expressa em um experimentar sensações e sentimentos que corroboram a pertinência do que está em processo de realização. Nesse contexto, um estado diferenciado se produz no espaço interno das pessoas e, sua consciência reconhece que algo se corporificou.

Não se trata aqui de uma ação direcionada pela consciência egóica. Ela o é pela consciência maior desse homem, sua consciência sélfica, presente nas profundezas da psique onde ela encontra esteio. Ainda assim, podemos reconhecer sua presença em situações eminentemente concretas e geradoras de necessidades. Por exemplo, diante de um fato real, como precisar resolver problemas: o elemento criativo emerge na articulação entre meios e fins, em um ir e vir de coordenações adequadas a trabalhar a resolução desses problemas. A mente vibra na construção do que pode(m) ser a(s) resposta(s), como em um diálogo intermitente que provoca uma erupção criadora.

Nesse processo há uma certa tensão que antecede a criação, como se, a partir de sua emergência, uma energética se dinamizasse, formando, assim, a força propulsora desse ato criador.

Mas, para que ele possa ser potente o suficiente, de modo a emergir em boa hora, é necessário que sua base se esvazie daquilo que é antigo, abrindo espaço para a concepção. É no vazio que encontramos a terra fértil, nutridora e transformadora, capaz de possibilitar que algo se produza.

É nessa quietude, conectados com nossa abertura interior, que criamos a forma. A inspiração reconhece, na ausência da forma, o que é apenas probabilidade. A natureza interior do homem possui essa qualidade amorosa e tranqüila de onde todas as formas podem emergir. A energia que se constela vem do vazio potencial, da "não-forma", daquilo que não é. O significado do que pode ser dinamiza a criação do que virá, que se expressa no silêncio do permanecer apenas aberto e disponível para que o contato aconteça. Nesse sentido, tocamos a criatividade fundamental descrita por Goswami.

Há um tempo de maturação do processo criador. Esse tempo ocorre numa dimensão que lhe é própria, que conecta o homem à quietude interior, à sensação de plenitude na qualidade de abertura vibrante e luminosa. Então, um canal energético se potencializa, e a concepção encontra espaço de vida e novas potencialidades podem vir à tona. Sentimos, nesse momento, uma profunda integração conosco mesmos. Sentimos alegria e felicidade. Sentimos o valor do ato criador em nossa alma e em nossa mente e em nosso coração.

Nossa grande tarefa, como seres humanos, é de mantê-lo com tal qualidade, vivificando nossas ações em nosso dia-a-dia: nutrindo nossos pensamentos e escolhas, dinamizando nossas construções, em direção a um mundo qualitativamente melhor, trabalhando nossa consciência criadora de modo a significar nossa presença nesse mundo em mutação, enfim, vivendo nossa completude de forma participativa e criadora de relações afetivas entre pessoas e diante de nossas tarefas e de nós mesmos.

Nesse sentido, viver conscientemente implica mantermo-nos atentos ao que ocorre nas diferentes instâncias dos processos humanos. O trabalho realizado de forma conjunta permite a construção de um conhecimento elaborado a partir da visão de cada pessoa que compõe o grupo. A interação com o outro, em propostas de construção, representa talvez a chave para a inovação, na busca de possíveis respostas para antigos problemas. A presença da criatividade situacional, descrita por Goswami, participa da construção de novos caminhos, de novos paradigmas.

Viver de um jeito bom é amar nosso cotidiano em sua rotina exasperante, mas também estruturante, e portanto, passível de ser vivida de forma criativa e flexível, desde que possamos "alavancar" o que temos de melhor dentro de nós. A visão de Gruber a respeito da criatividade em situações positivas e deliciosamente vividas nos é relevante. E nossa forma de pensar, apresentada neste trabalho, sem dúvida irá corroborar a maneira como esse autor pensa o processo criativo.

Retomando Goswami, em nossa pesquisa a criatividade situacional se expressa principalmente na realização do projeto de modelagem com argila. O sujeito manipula a massa e, mantendo o contato com seu ser sensível, realiza ações em direção a seu projeto.

A nosso ver, Goswami apresenta uma visão ampla, dinâmica e real da ação criadora, dentro de seus diferentes níveis de construção. Afinal, consideramos essencial uma melhor compreensão das relações presentes no dinamismo psíquico do ser humano, quando conecta o seu potencial criativo diante de questões que deve resolver. A interface dos conteúdos que constituem o projeto, na conservação das significações para o sujeito, requisita, que cada sujeito insira novamente a compreensão de determinados conteúdos em outros contextos.

Reconhecemos, assim, a presença de uma ação sistêmica, desencadeadora de novos significados.

O pensamento sistêmico é simples e complexo ao mesmo tempo, pois trabalha o todo e a parte em suas inter-relações. Cada estrutura é considerada como manifestação de um processo paralelo, em uma teia de relações. O sistema interage nas "partes" que o compõem e evolui de forma dinâmica e contínua. Um mecanismo de auto-regulação permeia o processo de equilibração, na transformação decorrente desse dinamismo.

E assim, uma rede de interconecções permanece em constante e em contínua interação, construindo o conhecimento em eterna atualização. O que emerge na consciência traz, em si, a possibilidade de ser "ressignificado", assim ocorre um reajuste permanente e significativo. Nesse contexto, o homem permanece dentro de uma atitude ativa diante do que se passa, reconhecendo seu potencial construtor de novas configurações. Atua, assim, de forma participativa na construção do seu futuro, ou melhor, nosso futuro.

Finalmente, toda a ação vivificada em situações de projeto ocorre dentro da categoria de sistemas abertos, passíveis de mudanças e transformações que promovem aprendizagens plenas de sentido. Na condição e sistema aberto, o sujeito recebe do ambiente novos elementos, que processa e devolve, ajustando e corrigindo suas ações de modo a atingir o objetivo, mantendo vivos os valores das ações que se delineiam durante sua realização.

Reconhecendo a natureza dinâmica do tempo, especialmente vivida nos tempos de hoje, como podemos refletir sobre ele? Estamos no final de um milênio, vivendo em um tempo em que a tecnologia nos permite ter acesso instantâneo ao que se passa em qualquer parte do planeta, o que favorece nossa capacidade de nos comunicarmos e de nos relacionarmos com pessoas que lá estão. O dia, de "apenas 24 horas", evoca em nós a necessidade de dinamizar nosso fazer qualitativo em contraponto com a aceleração, quase natural, presente nas muitas conexões que estabelecemos a cada momento.

Diante dessa realidade, somos obrigados a constantemente relacionar: tempo e processo, tempo e ação, tempo e projeto.

Trabalhamos a relação que estabelecemos conosco, a cada momento. Construímos a relação com o outro, descentrando-nos de nossos padrões e criando novas formas, novos procedimentos. Estabelecemos relações com inúmeros objetos distintos, que qualificamos conforme nossa escala de valores. Criamos projetos pessoais e de vida, que construímos passo a passo.

Algo se desenvolve a partir de uma situação que, em seus encadeamentos, se dirige a um fechamento, a um término, pois o tempo destinado à realização da tarefa acaba. Sucessivamente, há uma situação real e concreta que produz novas ações, em elos e ciclos que se abrem e se fecham, promovendo um movimento circular dialético e interdependente.

Interdependente, porque algo já está constituído, mas também algo novo e diferenciado pode ser evocado, ainda que conservando alguns elementos e transformando outros. Assim, cada parte mantém o que é seu, interagindo com o diferente, para então se ajustar na interação. Algo autêntico em sua qualidade essencial se abre para o novo, transformando-se sem deixar de ser "si mesmo". Dessa forma podemos dialogar com o outro, abrindo-nos para a construção do inusitado e significativo.

Nesse sentido, a presença dos dinamismos cognitivos funciona como reguladora da ação interna, na experiência criadora de pequenas ou grandes respostas. E também indissociada dos dinamismos afetivos que sentem, significam e acolhem cada etapa do processo.

O homem constrói sua maneira de *ser* e de *fazer* nesse mundo e nessa época. Dimensiona suas ações de modo que possa, mantendo sua visão e sua metas, definir o projeto que pretende realizar no passo a passo de sua concretização.

Os novos tempos vivificam transformações imensas a cada momento e em todo lugar. Estar preparado para mudanças tem sido um dos motes do dia-a-dia das pessoas que também estão construindo o tempo atual. Sentimos a grande necessidade de articular, sempre de um modo diferente, o que projetamos para nosso dia. O mesmo ocorre com nossas tarefas, nosso trabalho, nossas propostas, nossos problemas e projetos.

A realidade que o avanço da ciência promove determina uma nova visão de homem: alguém com mente flexível, aberta e disponível para novas articulações, que procura resoluções nas próprias questões, observando e coordenando perspectivas, sempre considerando várias possibilidades. É o contínuo articulado ao descontínuo. É o foco no que está aparentemente em caos.

Por vezes, hoje o velho emerge como obsoleto, porque não acompanhou todo o dinamismo dialético que permeou a evolução. Assim, o novo, autêntico e sutilmente forte apresenta contornos inusitados e vibrantes, respondendo a uma demanda que expressa vários níveis de necessidade. Enfim, cognitivo e afetivo expressam o "conluio" psíquico criador de idéias e novas articulações!

O que fazer? Como responder? Onde buscar referenciais que nos permitam coordenar ações de maneira a criar uma estratégia que responda ao que está sendo solicitado?

Ao avaliar e inferir, toda uma ação consciente e inconsciente manifesta a plasticidade mental daquele que ali se encontra Como pensar nos procedimentos que permitirão a concretização das metas projetadas?

No contexto do projeto, a ação criadora é fundamental. Competências são acionadas diante das situações que se apresentam no decorrer do processo, tanto no que diz respeito à concepção quanto à elaboração e concretização do projeto. E assim, o elemento criativo permeia as manifestações da psique, as regulações das ações.

O homem abre a sua mente em direção à possibilidade, aberta em sua essência, de que algo surja. O homem mantém a continuidade do desejo de criar. Dessa maneira, disponibiliza sua energia psíquica para que se constitua uma nova forma, um novo contorno. A partir de então, idéias evocam imagens. A representação catalisa o desejo de criar. E, assim, o projeto se constrói, permeado de intenção e sentido. Ele manifesta a ação inconsciente e criadora.

Ao interagir com diferentes elementos que se apresentam, o homem permanece conectado a dimensão criadora, fundamental de sua psique. Ele articula suas ações com vistas à realização de seu projeto. Cada passo pressupõe abertura ao novo e escolha consciente do que realizar naquele momento. É quando se definem estratégias e procedimentos expressam o caminho a seguir.

Na busca efetiva de etapas que concretizem o projeto, a ação criadora permeia o desenvolvimento do conhecimento. Algo novo emerge e toma forma. Assim, o homem personaliza sua presença nesse tempo e nesse espaço, e o mundo recebe e pode acolher sua participação nessa construção contínua e constante do desenvolvimento do conhecimento. Talvez possamos, assim, participar de sua construção, apenas atuando como seres humanos criadores de sentidos e de uma presença amorosa nessa Terra.

Anexo 1

Planilhas preparadas para a realização da análise estatística

1. VIN (6;5)
2. CAR (11;1)
3. RIC (38;9)

splic

Vin. 6;5 Nasc 11/08/91

Of. Criativa 20/01/1998	etapa na oficina criativa	momento	nome da sequência	aspectos relevantes	tempo_min	tempo_seg	número da sequência	seq_aspecto funcional	número da sub_sequência	sub_sequência	início/ sequência	término/ sequência	dimensão espacial	dimensão temporal	I. Relação Intrapessoal																II. Relação Interpessoal															
															A. alegre-triste	atributo	B. firme-instável	atributo	C. equilibrado_perturbado	atributo	D. ativo_passivo	atributo	E. coerente-incoerente	atributo	F. comprometido_descompromissado	atributo	G. implicado_não implicado	atributo	H. coordenado_descoordenado	atributo	A. respeitoso_invasivo	atributo	B. flexível_rígido	atributo	C. objetivo_ambíguo	atributo	D. cooperativo_não cooperativo	atributo	E. mente_aberta_fechada	atributo	F. interdependente_dependente	atributo	G. criativo_não criativo	atributo	H. receptivo_não receptivo	atributo
1 conversa		1 apresentação do trabalho		A	00	00	1	TC	1	TC	1	7	1		4	c	4	c	4	c	4	c	4	c	4	c	4	c	4	c	4	c	4	b	4	c	4	b	4	c	4	c	4	c	4	c
2 contato com a massa		2 convite inicial		A	00	20	1	TC	2	EP	8	22	1		3	d	3	d	4	c	4	c	4	c	4	b	4	b	4	c	4	b	4	b	4	b	4	b	4	c	4	c	4	c	4	c
3 trabalho corporal		3 receber o trabalho corporal		F	00	50	1	TC	3	TC	23	24	1		4	b	4	b	4	c	4	c	4	c	4	c	4	b	4	c	4	b	4	b	4	b	4	b	4	c	4	c	4	c	4	c
4 manip. da massa		4 projeto 1: início		F	02	59	1	TC	4	EP	25	30	1		4	b	4	b	4	b	4	b	4	c	4	c	4	c	4	c	4	b	4	b	4	b	4	b	4	c	4	c	4	c	4	c
5 manip. da massa		4 estabelecer contato com o amassar		A	03	13	2	EP	1	NP	31	37	1		4	c	4	c	4	c	4	c	4	c	4	c	4	c	4	c	4	b	4	b	4	b	4	b	4	c	4	c	4	c	4	c
6 massa + entrev.		4 observar a sensação		A	03	31	2	EP	2	SV	38	51	1		3	d	4	c	3	f	4	c	3	f	4	c	4	c	4	c	4	c	4	c	4	c	4	c	3	d	4	c	4	c	3	d
7 massa + conversa		4 conversar sobre a vida		A	04	05	2	EP	3	CD	52	79	3	DC	3	d	3	d	3	f	3	f	3	f	4	c	3	d	4	c	3	d	3	d	3	d	3	d	3	d	3	d	3	d	3	d
8 manip. da massa		4 a forma emerge		A	05	08	2	EP	4	IV	80	82	1		4	c	4	c	4	c	4	c	4	c	4	c	4	c	4	c	4	c	4	c	4	c	4	c	3	d	4	c	4	c	4	c
9 massa + entrev.		4 perguntar sobre a vida		A	05	10	2	EP	5	RE	83	90	3	DC	3	d	3	c	3	f	3	f	3	f	3	c	3	c	3	c	4	c	4	c	4	b	4	c	4	b	3	c	3	c	3	c
10 entrevista		5 projeto 1: nasce o dinossauro		A	05	28	3	EP	1	EP	91	92	1		3	d	3	c	3	f	3	f	3	f	3	c	3	c	3	c	4	c	4	c	4	c	4	c	4	c	3	c	3	c	3	c
11 manip. da massa		5 alavancar energia para ir mais além		A	05	33	3	EP	2	RE	93	93	3		2	e	2	e	3	b	5	f	3	b	5	f	2	e	3	d	2	e	3	d	3	d	2	d	2	d	2	d	2	d	3	d
12 massa + idéia + entrev.		5 conversar sobre a idéia		A	05	36	3	EP	3	TA	94	101	1		4	c	3	d	4	c	2	c	4	c	4	c	3	d	4	c	3	d	4	c	4	c	3	d	4	c	3	d	4	c	3	d
13 manip. da massa		5 modelar o dinossauro		A	05	57	3	EP	4	IV	102	104	1		4	c	4	c	4	c	3	c	4	c	4	c	4	c	4	c	4	c	4	c	4	c	4	c	4	c	4	c	4	c	4	c
14 massa + entrev.		5 o objetivo do pesquisador		A	06	00	4	NP	1	TA	105	110	1		4	c	4	c	4	c	4	c	4	c	4	c	4	c	4	c	4	c	4	c	4	c	4	c	4	c	4	c	4	c	4	c
15 massa + conversa		5 definição da ação		A	06	26	4	NP	2	SV	111	114	1		4	c	3	d	4	c	4	c	4	c	4	c	4	c	4	c	3	d	4	c	4	c	3	d	4	c	3	d	4	c	3	d
16 entrevista		6 registrar o que é imaginado		A	06	39	5	RG	1	NP	115	121	1		4	c	4	c	4	c	4	c	4	c	4	c	4	c	4	c	4	c	4	c	4	c	4	c	4	c	4	c	4	c	4	c
17 desenho		6 representar graficamente a imagem		A	07	11	5	RG	2	RG	122	124	1		4	c	4	c	4	c	4	c	4	c	4	c	4	c	4	c	4	c	4	c	4	c	4	c	4	c	4	c	4	c	4	c
18 desenho + conversa		6 desenhar e conversar		A	08	08	5	RG	3	CD	125	134	3	DC	2	e	2	e	3	f	3	c	2	e	2	f	2	e	2	d	2	e	3	d	3	d	2	d	2	d	2	d	3	d	3	d
19 massa + projeto		7 ampliar a ação: nova cor de argila		A	09	25	6	NP	4	EP	135	138	1		2	d	2	d	3	c	3	c	3	f	2	f	2	e	2	d	3	d	3	d	3	d	2	d	2	d	2	d	3	d	3	d
20 massa + projeto		7 os dentes do dinossauro		A	09	35	6	NP	5	NP	139	154	1		3	d	3	d	3	f	3	f	3	f	4	c	3	d	4	c	4	c	4	c	4	c	3	d	3	d	3	d	4	c	3	d
21 massa + projeto + entrev.		7 conversar sobre a vida		A	10	13	6	NP	6	CD	155	173	3	DC	2	e	2	e	3	e	3	e	3	f	2	e	2	e	2	d	2	e	2	e	2	e	2	d	2	d	2	e	3	d	2	e
22 massa + entrevista		7 o que fazer e o que não fazer		A	11	14	6	NP	7	TC	174	183	1		2	d	2	e	3	e	3	f	3	f	2	e	2	d	2	d	2	d	2	e	2	d	3	d	2	d	3	d	3	d	2	d
23 massa + projeto		7 procurar uma forma		A	11	40	7	EP	1	EP	184	190	1		3	d	3	d	3	f	3	f	3	f	3	f	3	d	3	d	3	d	3	d	3	d	3	d	3	d	3	d	3	d	3	d
24 conversa		7 está bonito'...		A	12	06	7	EP	2	RE	191	196	3	DC	2	e	2	e	2	e	2	e	2	e	2	e	2	e	2	e	2	e	2	e	2	e	2	e	2	e	2	e	2	e	2	e
25 massa + água		7 amassar a argila		A	12	42	7	EP	3	CD	197	209	3		2	f	2	e	2	f	2	f	2	f	2	f	2	e	2	f	2	e	2	f	2	f	2	f	2	f	2	f	2	f	2	f
26 idéia		7 o que eu gosto de fazer		A	13	25	7	EP	4	SV	210	219	3		3	c	3	c	3	f	3	f	3	f	3	f	3	d	3	d	3	c	3	c	3	c	3	d	3	d	3	d	3	d	3	d
27 idéia + entrevista		8 projeto 2: concha		A	14	20	8	TA	1	NP	220	247	1		4	c	4	c	3	c	3	c	3	c	4	c	4	c	3	c	3	c	4	c	4	c	3	c	3	c	3	c	4	c	3	c
28 corta a massa com o fio		8 cortar mais argila para modelar		A	15	25	8	TA	2	NP	248	254	1		4	c	4	c	3	c	3	c	3	c	4	c	4	c	3	c	3	c	4	c	4	c	3	c	3	c	3	c	4	c	3	c
29 massa + conversa		8 conversar sobre a vida		A	15	50	8	TA	3	CD	255	272	3	DC	3	d	3	d	3	f	3	f	3	f	3	f	3	d	2	e	2	e	2	e	2	e	2	e	2	d	2	d	2	d	3	d
30 entrevista		8 alavancar energia para ir além		A	17	40	8	TA	4	RE	273	291	3	DC	2	e	2	e	2	e	2	e	2	e	2	e	3	d	2	e	2	f	2	f	2	e	2	f	2	e	2	e	2	d	2	e

31 massa + água	8 tomar distância para prosseguir	A	18	47	9 NP	5 RE	292	293	3		2 f	2 f	2 f	2 f	2 f	2 f	1 f	1 f	1 f	1 f	2 e	1 f	2 d	1 f	2 d	2 f
32 massa + água	8 sugestões do pesquisador	A	18	48	9 NP	6 NP	294	296	1		2 e	2 e	2 e	2 e	2 e	2 e	3 d	2 e	2 f	2 f	2 e	2 f	2 e	2 e	2 d	2 e
33 massa + água + conversa	8 modelar com a argila molhada	A	19	02	9 NP	7 CD	297	312	3	SC	2 e	2 e	2 e	2 e	2 e	2 e	3 d	2 e	2 f	2 f	2 e	2 f	2 e	2 e	2 d	2 e
34 massa + água + conversa	8 experimentar possibilidades	A	19	52	9 NP	8 EP	313	328	1	SC	3 c	3 d	3 c	3 f	3 f	3 f	3 c	2 e	2 e	3 c	2 e	2 e	3 c	2 d	3 c	3 d
35 massa + água + conversa	8 aprofundar a ação	A	20	46	9 NP	9 IV	329	330	1	SC	3 d	3 e	3 e	3 e	3 e	2 e	2 e	2 e	2 e	2 e	2 e	2 e	2 e	2 e	2 e	2 e
36 massa + água + conversa	8 encontrar novos jeitos	A	20	48	9 NP	10 CD	331	340	3	SC	2 f	2 f	2 f	2 f	2 f	2 f	1 f	1 f	1 f	2 f	2 e	1 f	2 d	1 f	2 d	2 f
37 massa + água + conversa	9 nomear o projeto 3: a goteira mesada	A	21	56	10 EP	1 IV	341	347	1	SC	3 d	3 d	3 f	3 f	3 f	3 f	3 d	2 e	2 e	2 e	2 e	2 e	2 d	2 d	2 d	3 d
38 massa + água + conversa	9 conversar sobre a vida	A	22	21	10 EP	2 CD	348	354	3	SC	2 f	2 f	2 e	2 f	2 e	2 e	2 f	1 f	1 f	1 f	2 e	2 f	2 d	2 f	2 d	2 f
39 massa + água + conversa	9 refletir sobre o processo	A	22	52	11 SV	1 NP	355	368	1	SC	2 e	2 e	2 e	2 e	2 e	2 e	3 d	2 e	2 f	2 f	2 e	2 f	2 e	2 e	2 d	2 e
40 massa + água + conversa	9 encontrar novos jeitos	A	23	22	11 SV	2 IV	369	376	1	SC	3 d	3 d	3 f	3 f	3 f	3 f	3 d	2 e	2 e	2 e	2 e	2 e	2 d	2 d	2 d	3 d
41 conversa	9 conversar sobre a vida	A	24	24	11 SV	3 CD	377	388	3		2 e	2 e	2 f	2 f	2 f	2 f	1 f	1 f	1 f	2 f	2 d	1 f	2 d	1 f	1 e	2 f
42 massa + água + entrev.	9 compartilhar o processo	A	25	18	11 SV	4 IV	389	422	1	SC	4 b	4 b	4 c	4 c	3 f	3 c	3 c	3 c	4 c	4 c	4 c	3 c	3 c	4 c	4 c	4 c
43 massa + água + entrev.	9 explicitar o sentimento	A	27	38	11 SV	5 NP	423	431	1	SC	3 d	3 d	3 f	3 f	3 f	3 f	3 c	4 c	4 c	4 c	3 d	3 d	3 d	3 d	3 d	3 d
44 massa + água + entrev.	9 alavancar energia para ir mais além	A	28	01	12 EP	1 RE	432	435	3	SC	2 f	2 f	2 f	2 e	2 e	2 e	3 d	3 d	1 f	1 f	2 e	1 f	2 d	1 f	3 d	2 d
45 massa + água + entrev.	10 surge o projeto 4: o ossovauro	A	28	23	12 EP	2 CD	436	451	3	SC	2 e	2 e	2 e	2 e	2 f	2 f	2 d	2 d	2 e	2 e	2 f	2 e	2 e	2 f	2 f	2 f
46 massa + água + entrev.	10 modelar e conversar	A	28	58	12 EP	3 RE	452	462	3	SC	2 e	2 e	1 e	2 e	1 e	2 e	1 e	2 e	2 e	1 e	1 e	2 e	1 e	2 e	2 e	2 e
47 massa + água + entrev.	10 terminar o dinossauro	A	29	40	12 EP	4 TA	463	472	1	SC	3 d	3 d	3 f	2 e	3 f	2 f	2 d	2 d	3 d	3 d	3 c	3 d	3 d	3 c	3 d	3 d
48 massa + água + entrev.	10 nova argila, novo projeto	A	30	11	13 NP	1 NP	473	485	1	SC	3 d	3 d	3 f	2 e	3 f	2 f	3 d	2 d	3 d	3 d	3 c	3 c	3 d	3 c	3 d	3 c
49 massa + entrev.	10 buscar energia para ir além	A	31	10	13 NP	2 RE	486	487	3	SC	2 e	2 e	2 e	2 e	2 e	2 f	2 e	2 e	2 e	2 e	2 e	2 e	2 e	2 e	2 f	2 e
50 massa + entrev.	10 definir o momento do processo	A	31	14	13 NP	3 TC	488	500	1		3 d	3 c	3 c	3 c	3 c	3 c	3 c	3 d	3 d	3 d	3 d	3 c	3 d	3 d	3 d	3 c
51 massa + entrev. + projeto	10 conversar e modelar juntos	A	33	19	13 NP	4 CD	501	521	3	DC	3 c	3 c	3 f	3 f	3 f	3 f	3 e	3 e	3 d	3 d	3 c	3 c	3 c	3 c	3 c	3 c
52 entrev. + projeto	11 projeto 5: peixe	A	36	44	14 EP	1 EP	522	537	1		3 d	3 c	3 c	3 c	3 c	3 c	3 c	3 d	3 d	3 d	3 d	3 c	3 d	3 d	3 d	3 c
53 conversa + projeto	11 conversar e modelar juntos	A	38	23	14 EP	2 CD	538	544	3		2 e	2 e	2 e	2 e	2 e	2 f	2 e	2 e	2 e	2 e	2 e	2 e	2 e	2 e	2 f	2 e
54 entrev. + projeto	11 aprofundar a ação	A	38	41	14 EP	3 EP	545	547	1		3 d	3 d	3 f	3 f	3 c	3 f	3 d	3 d	3 d	3 d	3 d	3 c	3 d	3 d	3 d	3 d
55 projeto	11 buscar energia para ir além	A	38	52	14 EP	4 RE	548	552	3		2 d	2 e	2 f	2 e	2 f	2 f	2 e	2 d	2 e	2 d	2 e	2 d	2 e	2 d	2 d	2 e
56 projeto	12 modelar e expressar o sentimento	A	39	02	14 EP	5 EP	553	576	1		3 d	3 c	3 c	3 c	3 c	3 c	3 c	3 d	3 d	3 d	3 d	3 c	3 d	3 d	3 d	3 c
57 projeto + entrevista	12 o projeto 6: modelar um coração	A	40	46	15 NP	1 NP	578	591	1		3 c	3 c	3 c	3 c	3 c	3 c	3 c	3 d	4 c	4 c	4 c	4 c	3 c	3 c	4 c	3 c
58 projeto + entrevista	12 observar e falar sobre o pesquisador	A	41	40	15 NP	2 CD	592	608	3	DC	3 e	3 e	3 e	3 f	3 f	3 f	3 d	3 c	3 d	3 e	3 e	3 d	3 d	3 e	3 e	3 e
59 projeto + conversa	12 projeto 7: uma bola para cá e para lá	A	42	20	15 NP	3 SV	609	614	1	DC	3 c	3 c	3 f	3 f	3 f	3 f	3 e	3 e	3 d	3 d	3 c	3 c	3 c	3 c	3 c	3 c
60 projeto	12 criar e compartilhar	A	42	31	16 IV	1 EP	615	628	1		3 d	3 c	3 c	3 c	3 c	3 c	3 c	3 d	3 d	3 d	3 d	3 c	3 d	3 d	3 d	3 c
61 projeto	13 alavancar energia para continuar	A	44	14	16 IV	2 RE	629	631	3		2 d	2 e	2 f	2 e	2 f	2 f	2 e	2 d	2 e	2 d	2 e	2 d	2 e	2 d	2 d	2 e
62 desenho	13 carimbar as mãos no papel	A	44	16	16 IV	3 RG	632	641	1		4 c	4 c	3 c	3 c	3 c	4 c	4 c	3 c	3 c	4 c	4 c	3 c	3 c	3 c	4 c	3 c
63 desenho	13 desenhar com os dedos de 'tinta'...	A	45	11	16 IV	4 RG	642	655	1		4 c	4 c	3 c	3 c	3 c	4 c	4 c	3 c	3 c	4 c	4 c	3 c	3 c	3 c	4 c	3 c
64 conversa + desenho	13 expressar não desejos	A	46	16	16 IV	5 TA	656	661	3		3 d	3 c	3 c	3 c	3 c	3 c	3 c	3 d	3 d	3 d	3 d	3 c	3 d	3 d	3 d	3 c
65 conversa + desenho	14 conversar sobre a vida	A	47	46	17 TA	1 CD	662	671	3	DC	3 c	3 c	3 f	3 f	3 f	3 f	3 e	3 e	3 d	3 d	3 c	3 c	3 c	3 c	3 c	3 c
66 conversa	14 tomar distância para finalizar	A	48	10	17 TA	2 RE	672	672	3		2 d	2 e	2 f	2 e	2 f	2 f	2 e	2 d	2 e	2 d	2 e	2 d	2 e	2 d	2 d	2 e
67 conversa	14 conversar sobre a vida	A	48	11	17 TA	3 RE	673	679	3	DC	2 d	2 e	2 f	2 e	2 f	2 f	2 e	2 d	2 e	2 d	2 e	2 d	2 e	2 d	2 d	2 e
68 entrevista	14 conversar sobre o processo	A	48	53	17 TA	4 RP	680	694	1		4 c	4 c	3 c	3 c	3 c	4 c	4 c	3 c	3 c	4 c	4 c	3 c	3 c	3 c	4 c	3 c
69 entrevista	14 projeto final: a obra prima	A	49	31	17 TA	5 SP	695	701	1		4 c	3 c	4 c	3 c	4 c	3 c	4 c	3 d	3 d	3 d	4 c	3 c	3 d	4 c	3 d	4 c
70 entrevista	15 relembrar passos do processo	A	54	03	18 RP	1 RP	702	703	1		3 d	3 c	3 c	3 c	3 c	3 c	3 c	3 c	3 d	3 c	3 d	3 c	3 d	3 d	3 d	3 c
71 entrevista	15 tomar distância para continuar	A	54	08	18 RP	2 RE	704	704	3		3 c	3 c	3 c	3 c	3 f	3 c	3 d	3 e	3 d	3 d	3 c	3 d	3 c	3 d	3 c	3 c
72 entrevista	15 finalizar o processo	A	54	37	18 RP	3 RP	705	737	1		3 d	3 c	3 c	3 c	3 c	3 c	3 c	3 d	3 d	3 d	3 d	3 c	3 d	3 d	3 d	3 c
73 entrevista	15 conclusão do processo...		56	33																						

apllc

Vin. 6;5 Nasc 11/08/91

Of. Criativa 20/01/1998

etapa na oficina criativa	momento	nome da sequência	aspectos relevantes	tempo_min	tempo_seg	número da sequência	seq_aspecto funcional	número da sub_sequência	sub_sequência	início/ sequência	término/ sequência	dimensão espacial	dimensão temporal	III. Relação com o objeto: A. reflexivo-automatizado	atributo	B. cuidadoso-descuidado	atributo	C. respeitoso-desrespeitoso	atributo	D. desapegado-apegado	atributo	E. investigador-não investigador	atributo	F. previdente-não previdente	atributo	G. observador-não observador	atributo	H. interativo-não interativo	atributo
1 conversa	1 apresentação do trabalho		A	00	00	1	TC	1	TC	1	7	1		4	c	4	c	4	c	4	c	4	c	4	c	4	c	4	c
2 contato com a massa	2 convite inicial		A	00	20	1	TC	2	EP	8	22	1		4	c	4	c	4	c	4	c	4	c	4	c	4	c	4	c
3 trabalho corporal	3 receber o trabalho corporal		F	00	50	1	TC	3	TC	23	24	1		4	b	4	c	4	c	4	b	4	b	4	c	4	b	4	b
4 manip. da massa	4 projeto 1: início		F	02	59	1	TC	4	EP	25	30	1		4	b	4	b	4	b	4	b	4	b	4	b	4	b	4	b
5 manip. da massa	4 estabelecer contato com o amassar		A	03	13	2	EP	1	NP	31	37	1		4	c	4	c	4	c	4	c	4	c	4	c	4	c	4	c
6 massa + entrev.	4 observar a sensação		A	03	31	2	EP	2	SV	38	51	1		4	c	4	c	4	c	4	c	3	d	4	c	4	c	4	c
7 massa + conversa	4 conversar sobre a vida		A	04	05	2	EP	3	CD	52	79	3	DC	3	d	3	d	4	c	3	d	3	d	4	c	4	c	3	d
8 manip. da massa	4 a forma emerge		A	05	08	2	EP	4	IV	80	82	1		3	d	3	d	4	c	3	d	4	c	4	c	4	c	3	d
9 massa + entrev.	4 perguntar sobre a vida		A	05	10	2	EP	5	RE	83	90	3	DC	3	c	3	c	3	c	3	c	4	c	4	c	4	c	3	d
10 entrevista	5 projeto 1: nasce o dinossauro		A	05	28	3	EP	1	EP	91	92	1		3	c	3	c	4	c	3	c	4	c	4	c	3	c	3	c
11 manip. da massa	5 alavancar energia para ir mais além		A	05	33	3	EP	2	RE	93	93	3		3	d	2	e	3	d	2	e	2	e	2	d	2	e	2	d
12 massa + idéia + entrev.	5 conversar sobre a idéia		A	05	36	3	EP	3	TA	94	101	1		4	c	4	c	3	d	4	c	4	c	3	c	3	c	4	c
13 manip. da massa	5 modelar o dinossauro		A	05	57	3	EP	4	IV	102	104	1		4	c	4	c	4	c	4	c	4	c	4	c	4	c	4	c
14 massa + entrev.	5 o objetivo do pesquisador		A	06	00	4	NP	1	TA	105	110	1		4	c	4	c	4	c	4	c	4	c	4	c	4	c	4	c
15 massa + conversa	5 definição da ação		A	06	26	4	NP	2	SV	111	114	1		4	c	4	c	3	d	4	c	4	c	3	c	3	c	4	c
16 entrevista	6 registrar o que é imaginado		A	06	39	5	RG	1	NP	115	121	1		4	c	4	c	4	c	4	c	4	c	4	c	4	c	4	c
17 desenho	6 representar graficamente a imagem		A	07	11	5	RG	2	RG	122	124	1		4	c	4	c	4	c	4	c	4	c	4	c	4	c	4	c
18 desenho + conversa	6 desenhar e conversar		A	08	08	5	RG	3	CD	125	134	3	DC	3	d	2	d	3	d	2	e	2	e	2	d	2	e	2	d
19 massa + projeto	7 ampliar a ação: nova cor de argila		A	09	25	6	NP	4	EP	135	138	1		3	d	3	d	3	d	3	d	2	d	2	d	2	d	2	d
20 massa + projeto	7 os dentes do dinossauro		A	09	35	6	NP	5	NP	139	154	1		4	c	3	d	4	c	3	d	3	d	4	c	4	c	3	d
21 massa + projeto + entrev.	7 conversar sobre a vida		A	10	13	6	NP	6	CD	155	173	3	DC	2	e	3	d	3	d	2	e	2	d	2	d	2	e	2	d
22 massa + entrevista	7 o que fazer e o que não fazer		A	11	14	6	NP	7	TC	174	183	1		3	d	3	d	3	d	2	e	2	d	3	d	2	d	2	d
23 massa + projeto	7 procurar uma forma		A	11	40	7	EP	1	EP	184	190	1		3	d	3	d	3	d	3	d	3	d	3	d	3	d	3	d
24 conversa	7 está bonito'...		A	12	06	7	EP	2	RE	191	196	3	DC	2	e	2	e	2	e	2	e	2	e	2	e	2	e	2	e
25 massa + água	7 amassar a argila		A	12	42	7	EP	3	CD	197	209	3		2	f	2	f	2	e	2	f	2	f	2	f	2	f	2	f
26 idéia	7 o que eu gosto de fazer		A	13	25	7	EP	4	SV	210	219	3		3	d	3	d	3	d	3	d	3	d	3	d	3	d	3	d
27 idéia + entrevista	8 projeto 2: concha		A	14	20	8	TA	1	NP	220	247	1		3	c	3	c	4	c	3	c	3	c	3	c	4	c	4	c
28 corta a massa com o fio	8 cortar mais argila para modelar		A	15	25	8	TA	2	NP	248	254	1		3	c	3	c	4	c	3	c	3	c	3	c	4	c	4	c
29 massa + conversa	8 conversar sobre a vida		A	15	50	8	TA	3	CD	255	272	3	DC	3	d	3	d	3	d	2	e	2	e	2	e	2	e	2	e
30 entrevista	8 alavancar energia para ir além		A	17	40	8	TA	4	RE	273	291	3	DC	2	e	2	e	2	e	2	f	2	f	2	f	2	f	2	e

etapa na oficina criativa	IV. Relação com a tarefa: A. curioso-apático	atributo	B. disciplinado-indisciplinado	atributo	C. presente-ausente	atributo	D. tranqüilo-inquieto	atributo	E. construtivo-não construtivo	atributo	F. articulador-não articulador	atributo	G. autônomo-não autônomo	atributo	H. auto-regulador -não regulador	atributo
1 conversa	4	c	4	c	4	c	4	c	4	c	4	c	4	c	4	c
2 contato com a massa	4	c	4	c	4	c	4	c	4	c	4	c	4	c	4	c
3 trabalho corporal	4	b	4	c	4	b	4	b	4	b	4	c	4	b	4	b
4 manip. da massa	4	b	4	b	4	b	4	b	4	b	4	b	4	b	4	b
5 manip. da massa	4	c	4	c	4	c	4	c	4	c	4	c	4	c	4	c
6 massa + entrev.	4	c	3	c	4	c	3	d	4	c	4	c	4	c	3	d
7 massa + conversa	3	d	3	d	4	c	3	d	3	d	3	d	4	c	3	d
8 manip. da massa	4	c	4	c	4	c	3	d	3	d	3	d	4	c	3	d
9 massa + entrev.	3	d	3	d	3	c	3	c	3	c	3	c	3	c	3	c
10 entrevista	3	c	3	c	4	c	3	c	4	c	3	c	3	c	3	c
11 manip. da massa	3	d	2	e	3	d	3	d	2	d	2	d	2	e	2	e
12 massa + idéia + entrev.	3	d	3	d	4	c	4	c	3	d	3	c	3	d	3	c
13 manip. da massa	4	c	4	c	4	c	4	c	4	c	4	c	4	c	4	c
14 massa + entrev.	4	c	4	c	4	c	4	c	4	c	4	c	4	c	4	c
15 massa + conversa	4	c	4	c	4	c	4	c	3	d	4	c	3	d	3	c
16 entrevista	4	c	4	c	4	c	4	c	4	c	4	c	4	c	4	c
17 desenho	4	c	4	c	4	c	4	c	4	c	4	c	4	c	4	c
18 desenho + conversa	3	d	2	e	3	d	3	d	2	d	2	d	2	e	2	e
19 massa + projeto	3	d	2	d	3	d	3	d	2	d	3	d	3	d	3	d
20 massa + projeto	3	d	4	c	4	c	4	c	3	d	3	d	4	c	3	d
21 massa + projeto + entrev.	2	e	2	d	3	d	2	e	2	e	2	e	2	d	2	e
22 massa + entrevista	3	d	3	c	3	d	3	d	3	d	3	d	3	d	3	d
23 massa + projeto	3	d	3	d	3	d	3	d	3	d	3	d	3	d	3	d
24 conversa	2	e	2	e	2	e	2	e	2	e	2	e	2	e	2	e
25 massa + água	2	e	2	f	2	e	2	f	2	f	2	e	2	e	2	f
26 idéia	3	d	3	d	3	d	3	d	3	d	3	d	3	d	3	d
27 idéia + entrevista	3	c	3	c	3	c	4	c	3	c	3	c	3	c	3	c
28 corta a massa com o fio	3	c	3	c	3	c	4	c	3	c	3	c	3	c	3	c
29 massa + conversa	2	e	3	c	2	e	2	e	2	e	2	e	2	e	2	e
30 entrevista	2	e	2	e	2	f	2	f	2	e	2	f	2	f	2	f

31 massa + água	8 tomar distância para prosseguir	A	18	47	9 NP	5 RE	292	298	3		2 f	2 f	2 f	2 e	2 e	2 f	2 f	2 f	2 e	2 f	2 f	1 f	1 f	1 f	1 f	1 f
32 massa + água	8 sugestões do pesquisador	A	18	48	9 NP	6 NP	294	296	1		2 e	2 e	2 e	2 f	2 f	2 f	2 f	2 e	2 e	2 e	2 f	2 f	2 e	2 f	2 f	2 f
33 massa + água + conversa	8 modelar com a argila molhada	A	19	02	9 NP	7 CD	297	312	3	SC	2 e	2 e	2 e	2 f	2 f	2 f	2 f	2 e	2 e	2 e	2 f	2 f	2 e	2 f	2 f	2 f
34 massa + água + conversa	8 experimentar possibilidades	A	19	52	9 NP	8 EP	313	328	1	SC	3 d	3 c	3 c	2 e	2 e	3 c	2 e	3 d	3 d	3 d	3 d	3 d	3 d	3 d	3 d	3 d
35 massa + água + conversa	8 aprofundar a ação	A	20	46	9 NP	9 IV	329	330	1	SC	2 e	2 e	2 e	2 e	2 e	3 d	3 d	2 e	2 e	2 e	2 e	2 e	2 e	2 e	2 e	2 e
36 massa + água + conversa	8 encontrar novos jeitos	A	20	48	9 NP	10 CD	331	340	3	SC	2 f	2 f	2 f	2 e	2 e	2 f	2 f	2 f	2 e	2 f	2 f	1 f	1 f	1 f	1 f	1 f
37 massa + água + conversa	9 nomear o projeto 3: a goteira mesada	A	21	56	10 EP	1 IV	341	347	1	SC	3 d	3 d	3 d	2 e	2 e	2 e	2 e	2 e	2 e	3 c	2 e	2 e	2 e	2 e	2 e	2 e
38 massa + água + conversa	9 conversar sobre a vida	A	22	21	10 EP	2 CD	348	354	3	SC	1 f	1 f	2 f	2 e	2 f	1 f	1 f	2 f	2 f	1 f	1 f	1 f	1 f	1 f	1 f	1 f
39 massa + água + conversa	9 refletir sobre o processo	A	22	52	11 SV	1 NP	355	368	1	SC	2 e	2 e	2 e	2 f	2 f	2 f	2 f	2 e	2 e	2 e	2 f	2 f	2 f	2 f	2 f	2 f
40 massa + água + conversa	9 encontrar novos jeitos	A	23	22	11 SV	2 IV	369	376	1	SC	3 d	3 d	3 d	2 e	2 e	2 e	2 e	2 e	2 f	3 d	2 f	2 f	2 f	2 f	2 f	2 f
41 conversa	9 conversar sobre a vida	A	24	24	11 SV	3 CD	377	388	3		2 f	1 f	2 f	2 e	2 e	2 f	2 f	3 c	3 c	3 c	3 c	3 c	3 c	3 c	3 c	3 c
42 massa + água + entrev.	9 compartilhar o processo	A	25	18	11 SV	4 IV	389	422	1	SC	4 c	4 c	4 c	4 c	4 c	2 f	3 d	4 b	4 b	4 c	4 b	4 b	4 b	4 c	4 c	4 c
43 massa + água + entrev.	9 explicitar o sentimento	A	27	38	11 SV	5 NP	423	431	1	SC	3 d	2 d	3 d	2 d	2 d	2 d	2 d	2 d	2 d	3 c	2 d	2 4	2 d	3 d	2 d	2 d
44 massa + água + entrev.	9 alavancar energia para ir mais além	A	28	01	12 EP	1 RE	432	435	3	SC	3 d	3 d	3 d	2 d	2 d	3 d	3 d	3 d	3 d	3 d	3 d	3 d	3 d	3 d	3 d	3 d
45 massa + água + entrev.	10 surge o projeto 4: o ossovauro	A	28	23	12 EP	2 CD	436	451	3	SC	3 d	3 d	3 d	3 d	3 d	3 d	3 d	3 d	3 d	3 d	3 d	3 d	3 d	3 d	3 d	3 d
46 massa + água + entrev.	10 modelar e conversar	A	28	58	12 EP	3 RE	452	462	3	SC	2 e	2 e	1 e	2 e	1 e	1 e	2 e	2 e	2 e	2 e	2 e	2 e	2 e	2 e	2 e	2 e
47 massa + água + entrev.	10 terminar o dinossauro	A	29	40	12 EP	4 TA	463	472	1	SC	3 d	3 d	3 d	2 e	3 d	2 e	3 d	3 d	3 d	2 e	3 d	3 d	3 d	3 d	3 d	3 d
48 massa + água + entrev.	10 nova argila, novo projeto	A	30	11	13 NP	1 NP	473	485	1	SC	3 d	3 d	3 d	2 e	3 c	2 e	3 d	3 c	3 d	2 e	3 c	3 d	3 c	3 d	3 d	3 d
49 massa + entrev.	10 buscar energia para ir além	A	31	10	13 NP	2 RE	486	487	3	SC	2 e	2 e	2 e	2 e	3 d	2 e	3 d	3 d	2 e	2 e	3 d	3 e	2 e	3 d	3 d	3 d
50 massa + entrev.	10 definir o momento do processo	A	31	14	13 NP	3 TC	488	500	1		3 d	3 d	3 d	3 d	3 c	3 c	3 d	3 d	3 c	3 c	3 c	3 d	3 d	3 d	3 d	3 d
51 massa + entrev. + projeto	10 conversar e modelar juntos	A	33	19	13 NP	4 CD	501	521	3	DC	2 e	2 e	2 e	2 e	2 e	3 d	3 c	3 d	3 c	3 d	3 d	3 d	3 d	3 d	3 c	3 c
52 entrev. + projeto	10 projeto 5: peixe	A	36	44	14 EP	1 EP	522	537	1		3 d	3 d	3 d	3 d	3 c	3 c	3 d	3 d	3 c	3 c	3 c	3 d	3 d	3 d	3 d	3 d
53 conversa + projeto	11 conversar e modelar juntos	A	38	23	14 EP	2 CD	538	544	3		3 d	3 d	3 c	3 c	3 c	3 c	3 c	3 c	3 c	3 c	3 c	3 c	3 c	3 d	3 d	3 c
54 entrev. + projeto	11 aprofundar a ação	A	38	41	14 EP	3 EP	545	547	1		3 d	3 d	3 d	3 d	3 d	3 d	3 d	3 d	3 c	3 c	3 c	3 c	3 c	3 c	3 c	3 c
55 projeto	11 buscar energia para ir além	A	38	52	14 EP	4 RE	548	552	3		2 d	2 e	2 d	2 e	3 d	2 d	3 d	3 d	2 d	2 d	3 d	3 e	2 d	3 d	3 d	3 d
56 projeto	12 modelar e expressar o sentimento	A	39	02	14 EP	5 EP	553	576	1		3 d	3 d	3 d	3 d	3 c	3 c	3 d	3 d	3 c	3 c	3 c	3 d	3 d	3 d	3 d	3 d
57 projeto + entrevista	12 o projeto 6: modelar um coração	A	40	46	15 NP	1 NP	578	591	1		3 c	3 c	3 c	3 c	3 c	3 c	3 c	3 c	4 c	3 c	3 c	3 d	3 d	3 d	4 c	3 c
58 projeto + entrevista	12 observar e falar sobre o pesquisador	A	41	40	15 NP	2 CD	592	608	3	DC	3 d	3 e	3 e	3 e	3 e	3 e	3 e	3 d	3 d	3 e	3 d	3 d	3 d	3 e	3 d	3 d
59 projeto + conversa	12 projeto 7: uma bola para cá e para lá	A	42	20	15 NP	3 SV	609	614	1	DC	2 e	2 e	2 e	2 e	2 e	3 d	3 c	3 d	3 c	3 d	3 d	3 d	3 d	3 d	3 c	3 c
60 projeto	12 criar e compartilhar	A	42	31	16 IV	1 EP	615	628	1		3 d	3 d	3 d	3 d	3 c	3 c	3 d	3 d	3 c	3 c	3 c	3 d	3 d	3 d	3 d	3 d
61 projeto	13 alavancar energia para continuar	A	44	14	16 IV	2 RE	629	631	3		2 d	2 e	2 d	2 e	3 d	2 d	3 d	3 d	2 d	2 d	3 d	3 e	2 d	3 d	3 d	3 d
62 desenho	13 carimbar as mãos no papel	A	44	16	16 IV	3 RG	632	641	1		3 c	3 c	4 c	3 c	3 c	3 c	4 c	4 c	3 c	3 c	3 c	4 c	3 c	3 c	3 c	3 c
63 desenho	13 desenhar com os dedos de 'tinta'...	A	45	11	16 IV	4 RG	642	655	1		3 c	3 c	4 c	3 c	3 c	3 c	4 c	4 c	3 c	3 c	3 c	4 c	3 c	3 c	3 c	3 c
64 conversa + desenho	13 expressar não desejos	A	46	16	16 IV	5 TA	656	661	3		3 d	3 d	3 d	3 d	3 c	3 c	3 d	3 d	3 c	3 c	3 c	3 d	3 d	3 d	3 d	3 d
65 conversa + desenho	14 conversar sobre a vida	A	47	46	17 TA	1 CD	662	671	3	DC	2 e	2 e	2 e	2 e	2 e	3 d	3 c	3 d	3 c	3 d	3 d	3 d	3 d	3 d	3 c	3 c
66 conversa	14 tomar distância para finalizar	A	48	10	17 TA	2 RE	672	672	3		2 d	2 e	2 d	2 e	3 d	2 d	3 d	3 d	2 d	2 d	3 d	3 e	2 d	3 d	3 d	3 d
67 conversa	14 conversar sobre a vida	A	48	11	17 TA	3 RE	673	679	3	DC	2 d	2 e	2 d	2 e	3 d	2 d	3 d	3 d	2 d	2 d	3 d	3 e	2 d	3 d	3 d	3 d
68 entrevista	14 conversar sobre o processo	A	48	53	17 TA	4 RP	680	694	1		3 c	3 c	4 c	3 c	3 c	3 c	4 c	4 c	3 c	3 c	3 c	4 c	3 c	3 c	3 c	3 c
69 entrevista	14 projeto final: a obra prima	A	49	31	17 TA	5 SP	695	701	1		3 d	4 c	3 d	3 d	4 c	3 c	4 c	3 d	4 c	3 c	4 c	4 c	3 d	3 d	3 d	3 d
70 entrevista	15 relembrar passos do processo	A	54	03	18 RP	1 RP	702	703	1		3 d	3 d	3 d	3 d	3 c	3 c	3 d	3 d	3 c	3 c	3 c	3 d	3 d	3 d	3 d	3 d
71 entrevista	15 tomar distância para continuar	A	54	08	18 RP	2 RE	704	704	3		2 e	3 c	3 c	2 e	3 c	3 d	3 c	3 d	3 c	3 d	3 c	3 d	3 d	3 d	3 c	3 c
72 entrevista	15 finalizar o processo	A	54	37	18 RP	3 RP	705	737	1		3 d	3 d	3 d	3 d	3 c	3 c	3 c	3 d	3 c	3 c	3 c	3 d	3 d	3 d	3 d	3 d
73 entrevista	15 conclusão do processo...		56	33																						

			20	
			20	
3	trabalho corporal	1		
		30,0		
		30		
		30		
4	manip. da massa		1	
	massa + entrev./ + conv.		*129,0*	*14*
			129	·
			129	·
5	entrevista		1	
	manip. da massa /massa + idéia + entrev. / +entrev./ +conv.		*18,0*	
			18	
			18	
6	entrevista / desenho + conv.			
				13
				·
				·
7	massa + projeto / +entrev./ conv. / massa+água/idéia	1	2	
		61,0	*51,5*	*10*
		61	26	·
		61	77	·
8	idéia + entrevista / corta a massa com o fio / massa + conv. / entrev. / massa +água /			

31	35	0	42						0	
31	59	22	42						59	
	1	1							4	**5,6**
	11,0	*99,0*							*83,3*	
	11	99							11	
	11	99							205	
1		1					1		5	**6,9**
4,0		*54,0*					*40,0*		*43,8*	
104		54					40		10	
104		54					40		104	
	1		1			2			4	**5,6**
	103,0		*65,0*			*28,5*			*56,3*	
	103		65			2			2	
	103		65			55			103	
	2	1			1			1	5	**6,9**
	12,5	*90,0*			*38,0*			*42,0*	*39,0*	
	1	90			38			42	1	
	24	90			38			42	90	
	1							2	3	**4,2**
	5,0							*150,5*	*102,0*	
	5							29	5	
	5							272	272	
10	13	14	4	6	1	3	4	3	72	**100,0**
3,9	**18,1**	**19,4**	**5,6**	**8,3**	**1,4**	**4,2**	**5,6**	**4,2**	**100,0**	
6,4	*36,2*	*39,9*	*28,3*	*48,3*	*38,0*	*29,7*	*31,8*	*114,3*	*43,8*	
1	1	0	3	21	38	2	18	29	0	
140	110	99	65	68	38	55	43	272	272	

III. Relação com o objeto															
A. reflexivo-automatizado	atributo	B. cuidadoso-descuidado	atributo	C. respeitoso-desrespeitoso	atributo	D. desapegado-apegado	atributo	E. investigador-não investigador	atributo	F. previdente-não previdente	atributo	G. observador-não observador	atributo	H. interativo-não interativo	atributo
3	e	2	e	3	f	3	e	3	e	3	e	2	f	1	f
3	e	2	e	3	f	3	e	3	e	3	e	2	f	1	f
2	f	2	e	3	e	2	f	2	e	2	f	1	f	1	f
1	f	1	f	1	f	1	f	1	e	1	f	1	f	1	f
1	f	1	f	1	f	1	f	1	f	1	f	1	f	1	f
1	f	1	f	1	f	1	f	1	f	1	f	1	f	1	f
2	e	2	e	2	d	2	e	2	d	2	e	2	d	2	e
2	a	3	b	3	c	3	e	3	c	3	e	3	c	3	e
1	e	1	e	1	f	1	f	1	f	1	f	1	f	1	f
2	d	2	d	3	c	2	e	2	d	3	e	3	c	2	e
2	d	2	d	2	d	2	d	2	d	2	d	2	d	2	d
2	d	2	d	2	d	2	d	2	d	2	d	3	c	2	d
3	d	3	d	3	c	3	c	3	d	3	c	3	c	3	d
2	d	2	d	2	d	2	d	2	d	2	d	2	d	2	d
3	d	3	d	3	d	3	d	3	d	3	d	3	d	3	d
3	d	3	d	3	c	3	c	3	c	3	c	3	c	3	c
3	c	3	c	3	c	3	b	3	b	3	c	3	b	3	b
4	c	4	b	4	b	3	c	4	b	4	c	4	b	3	b
4	b	4	b	4	b	5	b	4	b	4	b	4	b	4	b
4	b	4	b	4	b	5	b	4	a	4	a	4	b	4	c
3	c	3	c	3	c	4	c	3	d	3	d	3	d	3	d
4	b	4	c	4	c	4	c	4	c	4	c	4	c	4	c
5	b	5	b	5	b	5	b	5	b	4	a	4	b	4	b
5	b	4	b	5	b	5	b	5	b	4	a	4	b	5	b
3	d	3	d	3	d	3	d	3	d	3	d	3	d	3	d
4	b	4	b	5	b	4	b	5	b	4	b	4	b	4	b
5	b	5	c	5	c	5	c	5	c	4	c	4	c	5	b
4	c	4	c	4	c	4	c	4	c	4	c	4	c	4	c
5	b	5	b	5	b	5	b	5	b	5	b	5	b	5	b
4	c	4	c	4	c	4	c	4	c	4	c	4	c	4	c
5	b	5	c	5	c	5	c	5	c	5	c	5	b	5	c
4	b	4	b	4	b	4	b	4	b	4	b	4	b	4	b
4	c	4	c	4	c	4	c	4	c	4	c	4	c	4	c
4	b	4	b	4	b	4	b	4	b	4	b	4	b	4	b
3	c	3	c	4	c	3	c	3	c	3	c	3	c	4	c
5	b	5	b	5	b	5	b	5	b	5	c	5	b	5	c
4	c	4	c	4	c	4	c	4	c	4	c	4	c	4	c

IV. Relação com a tarefa															
A. curioso-apático	atributo	B. disciplinado-indisciplinado	atributo	C. presente-ausente	atributo	D. tranqüilo-inquieto	atributo	E. construtivo-não construtivo	atributo	F. articulador-não articulador	atributo	G. autônomo-não autônomo	atributo	H. auto-regulador -não regulador	atributo
1	f	2	f	2	e	2	d	2	e	2	f	2	f	2	d
1	f	2	f	2	e	2	d	2	e	2	f	2	f	2	d
1	f	2	f	1	f	1	f	1	f	1	f	1	f	1	f
1	f	1	e	1	f	1	e	1	f	1	f	1	f	1	e
1	f	1	f	1	f	1	f	1	f	1	f	1	f	1	f
1	f	1	f	1	f	1	f	1	f	1	f	1	f	1	f
2	d	2	d	2	d	2	d	2	e	2	e	2	e	2	e
2	e	2	d	3	c	2	d	2	d	2	e	2	d	2	d
1	e	1	e	1	f	1	f	1	f	1	f	1	f	1	f
2	d	2	d	2	d	2	d	2	f	2	e	2	e	2	f
3	c	2	d	2	d	2	d	2	d	2	e	2	e	2	e
3	c	2	d	2	d	2	e	2	d	2	e	2	d	2	d
3	c	3	d	3	d	3	d	3	d	3	d	3	d	3	d
2	d	2	d	2	d	2	d	2	d	2	e	2	d	2	d
3	d	3	d	3	d	3	d	3	c	3	c	3	d	3	c
3	c	3	c	3	c	3	c	3	c	3	c	3	c	3	c
4	c	3	c	3	c	3	b	3	c	3	c	3	b	3	c
4	b	4	c	4	c	4	c	4	c	4	c	4	c	4	c
4	b	4	b	4	b	5	c	4	b	4	b	4	b	4	c
4	b	4	b	4	c	4	b	4	b	4	b	4	b	4	c
3	d	3	d	3	d	3	d	3	d	3	d	3	d	3	d
4	c	4	c	4	c	4	b	4	c	4	b	4	b	4	b
5	b	4	b	5	c	5	b	4	b	5	b	4	b	5	b
5	b	4	b	5	b	4	b	4	a	5	b	4	a	4	b
3	d	3	d	3	d	3	e	3	d	3	e	3	e	3	e
4	b	5	b	4	b	4	b	4	b	5	b	4	b	4	b
4	c	4	b	4	b	4	b	4	b	4	b	4	b	4	b
4	c	4	c	4	c	4	c	4	c	4	c	4	c	4	c
5	b	5	b	5	b	5	b	5	b	5	b	5	b	5	b
4	c	4	c	4	c	4	c	4	c	4	c	4	c	4	c
5	b	5	c	5	c	5	c	5	b	5	c	5	c	5	c
4	b	4	b	4	b	4	b	4	b	4	b	4	b	4	b
4	c	4	c	4	c	4	c	4	c	4	c	4	c	4	c
4	b	4	b	4	b	4	b	4	b	4	b	4	b	4	b
3	c	4	c	3	c	3	d	3	d	4	c	3	d	4	c
5	b	5	b	5	c	5	b	5	b	5	b	5	b	5	b
4	c	4	c	4	c	4	c	4	c	4	c	4	c	4	c

	manip. da massa /massa + idéia + entrev. / +entrev./ +conv.	*18,0* 18 18		
6	entrevista / desenho + conv.			*13* . .
7	massa + projeto / +entrev./ conv. / massa+água/idéia	1 *61,0* 61 61	2 *51,5* 26 77	*10* . .
8	idéia + entrevista / corta a massa com o fio / massa + conv. / entrev. / massa +água /			

3	2	3		1					10	**13,9**
0,3	*88,5*	*13,7*		*54,0*					*44,3*	
1	67	2		54					1	
65	110	25		54					110	
2	1	2		3					8	**11,1**
5,5	*23,0*	*43,5*		*50,7*					*54,1*	
31	23	25		30					23	
140	23	62		68					140	
1	2	2	1						7	**9,7**
1,0	*47,0*	*11,0*	*42,0*						*27,6*	
[illegible]	[illegible]	[illegible]	[illegible]			[illegible]			[illegible]	[illegible]
	103,0		*65,0*			*28,5*			*56,3*	
	103		65			2			2	
	103		65			55			103	
	2	1			1			1	5	**6,9**
	12,5	*90,0*			*38,0*			*42,0*	*39,0*	
	1	90			38			42	1	
	24	90			38			42	90	
	1							2	3	**4,2**
	5,0							*150,5*	*102,0*	
	5							29	5	
	5							272	272	
10	13	14	4	6	1	3	4	3	72	**100,0**
3,9	**18,1**	**19,4**	**5,6**	**8,3**	**1,4**	**4,2**	**5,6**	**4,2**	**100,0**	
6,4	*36,2*	*39,9*	*28,3*	*48,3*	*38,0*	*29,7*	*31,8*	*114,3*	*43,8*	
1	1	0	3	21	38	2	18	29	0	
140	110	99	65	68	38	55	43	272	272	

SUJ aplic

																I. Relação intrapessoal															
Ric. 38;9 Nasc 08/11/58	8/11/1997	descrição do momento	momento	nome da sequência	dados relevantes	tempo_min	tempo_seg	número da sequência	seq_aspecto funcional	número da sub_sequência	sub_sequência	Início/ sequência	término/ sequência	dimensão espacial	dimensão temporal	A. alegre-triste	atributo	B. firme-instável	atributo	C. equilibrado_perturbado	atributo	D. ativo_passivo	atributo	E. coerente-incoerente	atributo	F. comprometido_descompromissado	atributo	G. implicado_não implicado	atributo	H. coordenado_descoordenado	atributo
1		trabalho corporal	1 receber o trabalho corporal		F	0	00	1	TC	1	TC	1	2	2		4	c	4	c	4	a	4	c	4	b	4	c	4	c	4	c
2		manip. da massa	2 convite inicial		F	1	59	1	TC	2	EP	3	5	1		3	c	3	a	3	c	3	b	3	a	3	c	3	b	4	c
3		manip. da massa	2 primeiro contato		F	2	31	1	TC	3	NP	6	10	1		3	c	3	a	3	b	4	c	3	a	3	c	3	b	4	c
4		manip. da massa	2 novas sensações		F	3	18	2	IV	1	IV	11	13	1		4	b	4	c	4	c	5	b	4	a	4	a	4	a	5	c
5		manip. da massa	2 explorando possibilidades		F	3	25	2	IV	2	NP	14	16	1	DC	4	b	4	c	4	b	4	c	4	a	4	c	4	a	5	c
6		manip. da massa	2 novas formas		F	3	31	2	IV	3	EP	16	24	1	DC	5	b	5	a	4	a	4	a	4	b	4	b	4	a	5	b
7		massa+idéia	3 a idéia emerge		F	6	09	2	IV	4	RE	25	28	1		4	b	4	c	4	c	4	c	4	b	4	c	3	b	5	c
8		massa+idéia	3 a idéia cria corpo		F	6	16	2	IV	5	IV	29	34	2		4	b	5	c	5	b	5	a	5	a	4	a	4	a	5	b
9		massa+idéia	3 nova atitude na ação		F	7	58	2	IV	6	TA	35	36	2		4	b	5	c	5	b	5	a	5	a	4	a	4	a	5	a
10		imagem	4 criar a imagem mental		F	8	04	3	TA	1	TA	37	41	2	DC	4	b	4	b	4	a	4	b	4	a	4	c	5	a	4	b
11		imagem	4 ação consciente intencional		F	8	40	3	TA	2	TA	42	49	1		4	b	5	b	5	b	5	a	5	c	4	a	4	c	5	b
12		imagem	4 a figura emerge		F	9	29	3	TA	3	SP	50	56	1	DC	4	b	5	c	4	b	4	b	4	b	5	a	4	a	4	b
13		imagem	4 vivenciando a transição		F	10	29	3	TA	4	TA	57	60	2		4	b	4	c	5	b	4	b	5	a	4	a	4	a	5	c
14		desenho	5 representar graficamente a imagem		A	10	47	4	RG	1	RG	61	67	2		5	b	4	b	4	b	4	a	4	b	4	c	5	a	5	a
15		projeto	6 o projeto		A	12	01	5	EP	1	EP	68	82	2	SC	4	a	4	c	4	b	4	a	4	b	5	a	5	b	5	b
16		projeto	6 ampliando possibilidades		A	13	04	5	EP	2	NP	83	85	1		4	b	4	a	4	b	5	a	5	b	5	a	5	b	5	a
17		projeto	6 realizando o projeto		A	13	21	5	EP	3	IV	86	93	1	DC	4	a	4	a	5	b	5	a	5	a	5	b	5	c	5	a
18		projeto	6 tomada de coonsciência		A	14	37	5	EP	4	RE	94	95	1		5	a	5	a	5	b	5	a	5	a	5	b	5	c	5	a
19		projeto	6 coerência na ação		A	14	41	5	EP	5	IV	96	107	2		5	a	5	b	5	b	5	a	5	a	5	a	5	b	5	a
20		projeto	6 sorrindo		A	16	03	5	EP	6	RE	108	108	2	SC	5	a	5	c	5	a	5	b	4	a	5	b	4	b	4	a
21		projeto	6 surgem novas formas		A	16	18	5	EP	7	NP	109	121	1	DC	5	b	5	c	5	b	5	a	5	b	5	b	5	b	5	a
22		projeto	6 integrando o profundo		A	17	55	5	EP	8	RE	122	124	2		5	a	5	a	5	a	5	b	5	b	5	b	5	a	5	b
23		projeto	6 um novo olhar		A	18	13	5	EP	9	TA	125	127	2		5	b	5	c	5	b	5	b	5	b	5	b	5	b	5	a
24		projeto	6 aprimorando o objeto		A	19	10	5	EP	10	IV	128	142	1	DC	5	a	5	c	5	b	5	a	5	a	5	b	5	b	5	a
25		projeto	6 observando e aprimorando		A	22	20	5	EP	11	TA	143	149	2		5	a	5	c	5	b	5	a	5	c	5	b	5	c	5	a
26		projeto	6 trabalhando com precisão e agilidade		A	24	59	5	EP	12	NP	150	162	2		5	a	5	a	5	a	5	a	5	b	5	c	5	c	5	a
27		projeto	6 integração corpo e mente		A	29	35	5	EP	13	SP	163	190	2	SC	5	a	5	a	5	a	5	a	5	b	5	c	5	c	5	a
28		entrevista	7 conversando sobre o processo		A	34	02	6	RP	1	RP	191	308	2		5	a	5	b	5	a	5	b	5	a	5	a	5	c	5	a
29		desenho + escrita	8 novos registros		A	49	40	7	RG	1	RG	309	323	1		5	a	5	a	5	a	5	a	5	c	5	c	5	a	5	b
30		entrevista	9 concluindo o processo		A	53	41	8	SV	1	SV	324	336	2	SC	5	a	5	a	5	a	5	a	5	b	5	b	5	c	5	a
						55	56																								

II. Relação interpessoal																III. Relação com o objeto																IV. Relação com a tarefa															
A. respeitoso_invasivo	atributo	B. flexível_rígido	atributo	C. objetivo_ambígüo	atributo	D. cooperativo_não cooperativo	atributo	E. mente_aberta_fechada	atributo	F. Interdependente_dependente	atributo	G. criativo_não criativo	atributo	H. receptivo _não receptivo	atributo	A. reflexivo-automatizado	atributo	B. cuidadoso-descuidado	atributo	C. respeitoso-desrespeitoso	atributo	D. desapegado-apegado	atributo	E. investigador-não investigador	atributo	F. previdente-não previdente	atributo	G. observador-não observador	atributo	H. interativo-não interativo	atributo	A. curioso-apático	atributo	B. disciplinado-indisciplinado	atributo	C. presente-ausente	atributo	D. tranqüilo-inquieto	atributo	E. construtivo-não construtivo	atributo	F. articulador-não articulador	atributo	G. autônomo-não autônomo	atributo	H. auto-regulador -não regulador	atributo
4	b	4	b	4	b	4	b	4	c	4	c	4	a	5	b																																
4	a	4	c	4	a	4	b	4	c	4	c	4	c	5	b	4	b	4	a	4	b	4	a	4	c	4	c	4	c	4	c	3	c	4	c	3	c	4	a	4	c	4	c	4	b	4	c
4	a	4	b	3	b	4	b	4	c	3	c	3	c	4	b	5	b	4	a	4	c	4	b	4	c	3	a	4	c	3	c	3	b	3	c	3	c	4	b	5	c	3	b	3	a	4	c
4	a	4	b	4	a	4	b	4	c	4	c	4	c	4	b	5	a	4	a	4	a	5	a	5	a	4	c	3	c	4	b	4	a	4	b	3	c	4	c	4	c	4	a	4	b	4	c
4	a	4	b	4	a	4	b	4	c	4	c	4	c	4	a	4	b	4	b	4	a	4	a	4	a	4	c	4	b	4	b	4	b	4	c	4	c	4	c	4	c	4	a	4	a	4	c
4	b	4	a	4	b	4	b	4	c	4	c	4	c	4	a	5	b	5	a	5	a	4	a	4	b	4	c	4	b	4	b	5	b	4	a	5	b	4	b	4	c	4	c	4	a	4	c
4	c	4	b	4	a	4	b	4	c	4	c	5	c	5	b	3	b	4	a	4	c	4	a	3	a	3	c	3	b	3	b	4	b	4	c	4	a	4	b	4	c	4	c	4	b	4	b
5	b	5	b	4	a	4	a	4	c	4	c	4	a	4	a	4	b	5	b	5	a	4	c	5	a	4	c	5	b	3	c	5	c	4	c	3	c	3	a	4	c	3	a	3	b	4	c
5	b	5	b	4	a	4	a	4	c	4	c	4	a	4	a	5	a	5	b	5	c	5	a	5	b	4	c	4	a	4	b	4	c	4	c	4	a	5	a	4	c	4	c	4	b	4	a
4	b	4	b	4	a	4	a	4	c	4	c	5	c	4	b	5	b	4	a	4	a	4	a	4	c	4	c	4	c	4	b	4	a	4	a	4	b	4	a	4	c	4	b	5	a	4	a
5	b	5	b	5	a	5	a	4	b	5	c	4	a	5	b	4	b	5	a	4	a	4	a	5	b	4	a	5	a	5	b	4	a	5	c	4	a	5	a	5	c	4	b	4	b	4	a
5	b	4	b	4	a	4	a	4	c	4	c	4	a	4	b	5	b	4	a	4	b	5	b	4	a	4	c	5	a	5	b	4	c	4	c	4	b	4	a	5	c	4	b	4	b	5	c
5	b	4	b	4	b	4	b	4	c	4	c	4	c	5	a	4	b	4	a	4	a	4	a	4	a	4	c	4	b	4	b	4	a	4	b	4	a	4	c	5	c	4	c	4	b	5	b
4	b	4	b	5	b	4	a	4	c	4	c	5	c	5	a	4	a	4	b	4	a	4	a	4	b	4	c	4	a	4	a	4	a	4	b	4	a	4	b	4	b	4	b	5	b	4	b
4	b	4	c	5	a	4	a	4	b	5	c	5	a	4	b	5	a	5	a	5	a	4	b	5	a	5	a	5	a	5	a	5	b	5	a	5	a	4	b	5	b	5	b	5	b	5	a
5	c	4	a	5	a	5	c	4	c	5	c	5	c	4	a	5	c	5	a	5	a	5	c	5	a	5	b	5	a	5	a	4	c	4	c	5	a	5	a	5	b	5	c	5	b	5	c
4	a	4	b	4	a	4	a	5	c	5	b	5	a	5	a	5	b	5	b	5	b	5	b	5	a	5	b	5	a	5	a	5	c	5	b	5	c	5	a	5	b	5	a	5	a	5	a
4	b	4	b	4	b	4	a	4	c	4	c	5	c	4	a	5	c	5	a	5	a	5	a	5	a	5	b	5	a	5	a	5	c	5	c	5	a	5	a	5	b	5	a	5	a	5	a
5	b	5	b	5	a	5	b	4	b	4	b	5	a	4	b	5	a	5	a	5	a	5	a	5	b	5	a	5	a	5	a	5	a	5	b	5	b	5	a	5	b	5	a	5	c	5	a
4	b	4	b	4	a	5	a	4	c	4	c	5	c	4	b	5	a	5	b	5	a	5	a	5	a	5	b	5	a	5	a	5	a	4	a	4	a	5	c	5	b	5	c	5	c	5	c
5	b	5	b	5	a	5	a	5	a	5	a	5	a	5	a	5	a	5	a	5	b	5	b	5	a	5	b	5	b	5	a	5	c	5	a	5	b	5	a	5	b	5	a	5	b	5	a
5	b	5	a	5	b	5	a	5	c	5	b	5	a	5	a	5	b	5	b	5	a	5	b	5	b	5	b	5	a	5	a	5	c	5	a	5	a	5	a	5	b	5	a	5	b	5	a
5	b	5	b	5	a	5	a	5	a	5	a	5	a	5	a	5	a	5	a	5	b	5	b	5	a	5	b	5	b	5	a	5	a	5	c	5	a	5	a	5	b	5	a	5	b	5	a
5	b	5	a	5	a	5	b	5	a	5	a	5	c	5	b	5	a	5	a	5	a	5	b	5	a	5	b	5	a	5	a	5	c	5	a	5	a	5	a	5	b	5	a	5	b	5	a
5	b	5	b	5	a	5	a	5	b	5	b	5	a	5	a	5	a	5	a	5	a	5	b	5	b	5	b	5	b	5	a	5	c	5	c	5	a	5	a	5	b	5	a	5	b	5	a
5	a	5	a	5	b	5	a	5	a	5	a	5	b	5	a	5	c	5	a	5	c	5	a	5	a	5	b	5	a	5	a	5	b	5	b	5	b	5	a	5	a	5	b	5	b	5	a
5	c	5	a	5	b	5	a	5	b	5	b	5	a	5	a	5	c	5	b	5	c	5	b	5	a	5	b	5	a	5	b	5	a	5	c	5	b	5	c	5	b	5	a	5	a	5	c
5	a	5	a	5	c	5	a	5	c	5	b	5	b	5	b	5	c	5	a	5	a	5	c	5	a	5	c	5	a	5	b	5	a	5	a	5	a	5	c	5	a	5	b	5	a	5	a
5	a	5	a	5	c	5	b	5	c	5	c	5	a	5	a	5	b	5	a	5	a	5	c	5	a	5	a	5	b	5	b	5	c	5	a	5	b	5	b	5	c	5	c	5	a	5	a
5	a	5	a	5	b	5	b	5	b	5	b	5	b	5	a	5	b	5	a	5	a	5	b	5	b	5	b	5	a	5	b	5	a	5	a	5	c	5	c	5	a	5	b	5	b	5	a

Sobre a Autora

Cristina Dias Allessandrini

Mestre e doutora em Psicologia pela Universidade de São Paulo (USP). Pesquisadora do Laboratório de Psicopedagogia (LaPp) do Instituto de Psicologia da USP. Coordenadora do curso de pós-graduação *lato sensu* em Arte Terapia do Alquimy Art em Belém (PA), Goiânia (GO), São Paulo (SP), Natal (RN) e Uberlândia (MG), em parceria com a Universidade Potiguar (UnP), com a Faculdade Integradas Zona Oeste (FIZO) e com o Instituto Nacional de Pós-Graduação (INPG). Arte-terapeuta e psicopedagoga clinica e institucional há 20 anos, possui prática extensa no trabalho com pessoas com necessidades específicas em seu desenvolvimento. Membro Profissional da American Art Therapy Association (AATA). Membro titular da Associação Brasileira de Psicopedagogia (ABPp), credenciadas nas categorias: clínica, instituição e pesquisa.

Supervisora em Psicopedagogia do Projeto Semear: ONG que atende crianças em situação de risco social. Membro fundador do Instituto de Estudos do Futuro (IEF), ONG que desenvolve projetos vinculados a uma *cultura de paz.*

Associada Internacional dos Archives Jean Piaget, Universidade de Genebra, Suíça.

Coordenadora da Coleção Arteterapia, publicada pela Editora Casa do Psicólogo, São Paulo. Autora e conferencista, nacional e internacional.

e-mail: allessandrini@uol.com.br
alquimyart@uol.com.br

REFERÊNCIAS BIBLIOGRÁFICAS

ALLESSANDRINI, C. D. Arte e expressão no trabalho com problemas de aprendizagem. In: *Revista Construção Psicopedagógica.* São Paulo, 1 (1): 11-13, 1992.

________. A criatividade e a imagética na perspectiva da aprendizagem. In: *Revista Construção Psicopedagógica.* São Paulo, 2 (2): 15-20, 1994a.

________. O elemento criador na aprendizagem. In: *Revista da Associação Brasileira de Psicopedagogia.* São Paulo, 13 (28): 23-24, 1994b.

________. (1996a). *Oficina criativa e psicopedagogia.* São Paulo, Casa do Psicólogo.

________. (1996b) Oficina criativa e psicopedagogia na perspectiva dos coordenadores cognitivos. *In: Revista da Associação Brasileira de Psicopedagogia* 15 (39): 28-33, São Paulo.

________. Creative workshop and psychopedagogy on the perspective of the cognitive coordinators. In: *The growing mind – la pensée en évolution congress* Genève, Suisse, 1996c. p. 116.

________. Creative workshop and psychopedagogy on the perspective of the cognitive coordinators. In: *27th AATA conference. Many paths: multicultural perspectives in art therapy.* Philadelphia, Pennsylvania, U.S.A., 1996d. p. 128.

________. A criatividade na educação para a paz. In: *Arteterapia: Reflexões.* São Paulo, 2 (2): 31-42, 1997a.

________. Education for peace: a transformative approach in teaching and learning. In: *28th AATA conference. Making our mark. Art therapy and social responsability*, Milwaukee, Wisconsin, U.S.A., 1997c.

ALLESSANDRINI, C. D. A alquimia criativa. In: ALLESSANDRINI, C. D.; BRANDÃO, C. R.; LIMA, E. P. *Criatividade e novas metodologias. Série Temas Transversais* Volume 4. São Paulo, Fundação Peirópolis, 1998a.

________. Relevância do SDT – Teste do desenho de Silver – de cognição e emoção, para a psicopedagogia: estudos e caminhos. In: *Jornal Psicopedagogia.* Goiânia, 4 (16): 2,1998b.

________. *Microgenenetic analysis of a project.* In anais: Jean Piaget Society - Twenty-Seventh Annual Symposium: Reductionist Mirages, Cidade do México, México, 1999a.

________. Roberta: uma grande garota. In: RUBINSTEIN, E. (org.) *Psicopedagogia. Uma prática, diferentes estilos.* São Paulo, Casa do Psicólogo, 1999b.

________. (org.) *et al. Tramas criadoras na construção do "ser si mesmo".* São Paulo, Casa do Psicólogo, 1999c.

ALLESSANDRINI, C. D.; BIANCO, M. P. SDT - Silver drawing test of cognition and emotion. In: *ECArTE – European Consortium for Arts Therapies Education* London, United Kingdom, 1997b.

ALLESSANDRINI, C. D., DUARTE, J. L. M., DUPAS, M. A. & BIANCO, M. P. F. SDT: The brazilian standardization of the Silver drawing test of cognition and emotion. *Art Therapy: Journal of the American Art Therapy Association.* 15 (2): 107-115, 1998.

ALLESSANDRINI, C. D. DUPAS, M. A.; BIANCO, M. P. F. A abordagem cognitiva em arteterapia e o SDT enquanto instrumento de avaliação psicopedagógica. In: *Arteterapia: Reflexões* São Paulo, 1 (1): 25-32, 1995.

ALLESSANDRINI, C. D. SILVER, R.; HOROVITZ-DARBY, E.; DUPAS, M. A.; BIANCO, M. P. F. Using the Silver drawing test of cognition and emotion, third edition revised in 1996. In: *27th AATA conference. Many paths: multicultural perspectives in art therapy,* Philadelphia, Pennsylvania, U.S.A., 1996. p. 63.

ARIETI, S. *La creatividad.* La síntesis mágica. Consejo Nacional de Ciência y Tecnología. Fondo de cultura económica. México, 1993. Original americano (1976).

BLANCHET, A. Unidades de procedimentos, causais e teleonômicas, no estudo dos processos cognitivos. In: INHELDER, B.; CELLÉRRIER, G. (1992). *O desenrolar das descobertas da criança: um estudo sobre as microgênesis cognitivas.* (Trad. Eunice Gruman). Porto Alegre, Artes Médicas, 1996. Tradução de: *Le cheminement des découvertes de l'enfant: recherche sur les microgénèses cognitives*. Cap. 3, p. 80-106.

BOUTINET, J. *Antropologia do projecto.* Coleção Epistemologia e Sociedade. Trad. José Gabriel Rego. Lisboa, Portugal, Instituto Piaget, 1990.

CIORNAI, S. Arte Terapia Gestáltica: um caminho para a Expansão da Consciência In: *Revista de Gestalt.* 1(3): 5-31, São Paulo, 1994.

COLL, C.; MARTÍN, E.; MAURI, T.; MIRAS, M.; ONRUBIA, J.; SOLÉ, I.; ZABALA, A. *O construtivismo em sala de aula.* Trad. Cláudia Sclilling. 5ª Ed. São Paulo, Ática. 1998, Tradução de: *El constructivismo en el aula.*

CRAXI, Antonio e Sylvie. *Os Valores Humanos. Uma viagem do «Eu» ao «Nós».* São Paulo, Editora Fundação Peirópolis, 1994.

CUNHA, A. G. da. *Dicionário etimológico Nova Fronteira da língua portuguesa.* 2a. ed., Rio de Janeiro, Nova Fronteira, 1982.

DELMANTO, S. *Toques sutis. Uma experiência de vida com o trabalho de Pethö Sándor.* São Paulo, Summus Editorial, 1997.

DEWEY, J. (1968). O sentido do projecto. In: LEITE, E.; MALPIQUE, M.; SANTOS, M. R. *Trabalho de Projecto/ 2. Leituras comentadas.* Colecção Ser Professor. 3ª edição, Porto, Portugal, Ed. Afrontamento, 1993.

FAGALI, E. Q. *et al.* Oficina psicopedagógica para o desenvolvimento do raciocínio através da sensibilização e linguagem não verbal. In: *Boletim da Associação Brasileira de Psicopedagogia.* São Paulo, 6 (14): 39-47, 1987.

________. A função da psicopedagogia na escola e na clínica e sua contribuição para os processos de sensibilização e problematização na aprendizagem. In: *Revista Construção Psicopedagógica.* São Paulo, 1 (1): 5-10, 1992.

FERRETTI, V. M. R. Desvelando Conhecimentos. In: Revista Construção Psicopedagógica. São Paulo, 2 (2): 13-14, 1994.

________. Qual a contribuição da abordagem corporal na prática psicopedagógica? In: *Boletim da Associação Brasileira de Psicopedagogia.* São Paulo, 7 (15): 51-53, jun. 1988.

FERREIRA, A. B. de H. *Dicionário Aurélio básico da língua portuguesa.* Rio de Janeiro, Nova Fronteira, 1995.

GARDNER, H. (1994). *As artes e o desenvolvimento humano.* Trad. Maria Adriana Veríssimo Veronese. Porto Alegre, Arte Médicas, 1997. Tradução de: *The arts and human development.*

________. (1993) *Mentes que criam. Uma anatomia da criatividade observada através das vidas de Freud, Einstein, Picasso, Stravinsky, Eliot, Graham e Gandhi.* Trad. Maria Adriana Veronese. Porto Alegre, Artes Médicas, 1996. Tradução de: *Creative Minds. An anatomy of creativity seen through the lives of Freud, Einstein, Picasso, Stravinsky, Eliot, Graham and Gandhi.*

GOSWAMI, A. Creativity and the quantum: a unified theory ok creativity. In: *Creativity Research Journal.* 9 (1): 47-61, 1996.

GOSWAMI, A.; REED, R. e GOSWAMI, M. (1993). *O Universo autoconsciente –como a consciência cria o mundo material.* Trad. de Ruy Jungmann, Rio de Janeiro, Ed. Rosa dos Tempos, 1998. Tradução de: *The self-aware universe: how consciousness creates the material world.*

GOUVÊA, Á. de P. *Sol da terra: o uso do barro em psicoterapia.* São Paulo, Summus, 1989.

GRUBER, H. E. (1981). *Un luxuriant rivage. La pensée créatrice chez Darwin.* Trad. par Catherine Marlot. Préface de Jean Piaget. Genève, Murionde, Science Nouvelle, 1989. Original americano.

GRUBER, H. E.; VONÈCHE, J. J., eds. (1977) *The essencial Piaget: an interpretative reference and guide.* London, Jason Aronson, 1995.

HADJI, C. *A avaliação, regras do jogo. Das intenções aos instrumentos.* Trad. de Júlia Lopes Ferreira e José Manuel Cláudio. Porto, Porto Editora, 1994. Tradução de: *L'évaluation, règles du jeu.*

INHELDER, B.; CELLÉRRIER, G. (1992). *O desenrolar das descobertas da criança: um estudo sobre as microgêneses cognitivas.* Trad. Eunice Gruman. Porto Alegre, Artes Médicas, 1996. Tradução de: *Le cheminement des découvertes de l'enfant: recherche sur les microgénèses cognitives.*

INHELDER, B.; CAPRONA, D. de. Rumo ao construtivismo psicológico: estruturas? procedimentos? os dois "indissociáveis". In: INHELDER, B.; CELLÉRRIER, G. (1992). *O desenrolar das descobertas da criança: um estudo sobre as microgêneses cognitivas.* Trad. Eunice Gruman. Porto Alegre, Artes Médicas, 1996. Tradução de: *Le cheminement des découvertes de l'enfant: recherche sur les microgénèses cognitives.* Cap. 1, p. 7-37.

INHELDER, B.; PIAGET, J. (1979). Procedures and structures. In: *Archives de psychologie.* 47 (181), 165-175.

KAGIN, S.; LUSEBRINK, V. B. The expressive therapies continuum. In: *Art Psychotherapy.* 5 (4): 171-179, 1978.

KNELLER, G.F. (1965). *Arte e ciência da criatividade.* Trad. José Reis. 9. ed. São Paulo, IBRASA, 1987. Tradução de: The art and science of creativity.

KRAMER, E. *Art as therapy with children.* New York, Schocken Books. 1971.

LALANDE, A. (1926) *Vocabulário técnico e crítico da filosofia.* Trad. Fátima Sá Correia, M. Emília V. Aguiar, José Eduardo Torres, M. Gorete de Souza. São Paulo, Martins Fontes, 1996.

LEGRAND, L. (1982). A pedagogia do projecto. In: LEITE, E.; MALPIQUE, M.; SANTOS, M. R. *Trabalho de Projecto/ 2. Leituras comentadas.* Colecção Ser Professor. 3ª edição. Porto, Portugal, Ed. Afrontamento, 1993.

LE NOUVEAU PETIT ROBERT – Dictionnaire alphabétique et analogique de la langue française. Paris, 1996.

LUSEBRINK, V. B. *Imagery and visual expression in therapy*. New York and London, Plenum Press, 1990.

MACEDO, L. de. *Ensaios construtivistas.* São Paulo, Casa do Psicólogo,1994.

________. de. *Método usa dia-a-dia para alfabetizar.* [Depoimento a Mônica Rodrigues Costa]. Folha de São Paulo, 3 de maio de 1997. Caderno 3, p. 6.

________. de, *Recuperação nas férias em um contexto de projeto e avaliação.* 1999 (mimeografado).

________. de, *Eixos teóricos que estruturam o ENEM. Competências e Habilidades. Situação problema como avaliação e como aprendizagem. Propostas para pensar sobre situações-problema a partir do ENEM.* Brasília, MEC, INEP Instituto Nacional de Estudos e Pesquisas Educacionais. 1999.

________. de, *Competência relacional e situação-problema: Elementos para uma reflexão pedagógica.* São Paulo, IPUSP, 2000 (mimeografado).

MACEDO, L. de; PETTY, A. L. S.; PASSOS, N. C. *Quatro cores, senha e dominó: oficinas de jogos em uma perspectiva construtivista e psicopedagógica.* São Paulo, Casa do Psicólogo. 1997a.

MACEDO, L. de; PETTY, A. L. S.; PASSOS, N. C.*Caderno para atividades propostas em 4 cores, senha e dominó.* São Paulo, Casa do Psicólogo, 1997b.

MACHADO, N. J. *Eixos teóricos que estruturam o ENEM. Conceitos principais. Interdisciplinaridade e Contextuação.* Brasília, MEC, INEP Instituto Nacional de Estudos e Pesquisas Educacionais, 1999.

MARINA, J. A. *Teoria da Inteligência Criadora.* Trad. Fernando Moutinho. Lisboa, Editorial Caminho da Ciência, 1995.

MIGLIORI, R. Introdução. In: ALLESSANDRINI, C. D.; BRANDÃO, C. R.; LIMA, E. P. *Criatividade e novas metodologias.* Série Temas Transversais, Volume 4. São Paulo, Fundação Peirópolis, 1998a.

OAKLANDER, V. (1978). *Descobrindo crianças. A abordagem gestáltica com crianças e adolescentes.* Trad. George Schelinger. São Paulo, Summus, 1988.

OLIVEIRA, J. H. B. de, *Freud e Piaget. Afetividade e inteligência.* Porto, Edições Jornal de Psicologia, 1991.

OSTROWER, F. (1977). *Criatividade e processos de criação.* Petrópolis, Vozes, 1989.

PAIN, S.; JARREAU, G. (1994). *Teoria e técnica da arte terapia.* Trad. Rosana Severino Di Leone. Porto Alegre, Artes Médicas, 1996.

PARRAT-DAYAN, S. A psicologia perde Bärbel Inhelder. In: *Revista Pátio.* Porto Alegre, 1 (1): 8, 1997.

PEREIRA, J. C. R. *Análise de dados quantitativos: estratégias metodológicas para as ciências da saúde, humanas e sociais.* São Paulo, EDUSP,. 2ª ed., 1999.

PERRENOUD, Ph. *Construir competências desde a escola.* Trad. Bruno Charles Magne. Porto Alegre, Artes Médicas, 1999.

________. *Pedagogia diferenciada. Das intenções à ação.* Trad. Patrícia Chittoni Ramos. Porto Alegre, Artes Médicas, 2000.

PIAGET, J. *La représentation du monde chez l'enfant.* Paris, Librairie Félix Alcan, 1938, p. XIII-XV.

________. *A formação do símbolo na criança.* Trad. A. Cabral e C. M. Oiticica. Rio de Janeiro, Zahar Editores, 1978.

PIAGET, J. Les relations entre l'intelligence et l'affectivité dans le développement de l'enfant. In: *Bulletin de Psychologie.* 1953, p. 346-701.

________. *Les relations entre l'intelligence et l'affectivité dans le développement de l'enfant.* Paris, Centre de Documentation Universitaire, "Les Cours de Sorbonne", Paris V, 1954. (195 p.). (Mimeografado)

________. (1954). Les relations entre l'intelligence et l'affectivité dans le développement de l'enfant. In: RIMÉ, B.; SCHERER, K.R. *Les Emotions.* Paris, Delachaux et Niestle, 1989-1993.

________. (1962). The relation of affectivity to intelligence in the mental development of the child. *Bulletin of the Menninger Clinic.* May, 26 (3): 129-137. Traduzido por ANA Lúcia Sícoly Petty, do Laboratório de Psicopedagogia - PSA – Instituto de Psicologia – USP, 1990.

________. (1965) *Estudos Sociológicos.* Trad. Reginaldo Di Piero. Rio de Janeiro, Forense, 1973.

________. (1977) Os processos da equilibração. Posição dos problemas e hipóteses explicativas (p.13-60). In: *O desenvolvimento do pensamento. equilibração das estruturas cognitivas.* Lisboa, Dom Quixote, 1977.

________. (1980b) *As formas elementares da dialética.* Trad. Fernanda Mendes Luiz. São Paulo:, Casa do Psicólogo, 1996. Tradução de: *Les formes élémentaires de la dialectique.*

PIAGET, J.; INHELDER, B. (1966) *A imagem mental na criança.* Trad. Antonio Couto Soares. Porto, Civilização Ed., 1977.

PIAGET, J.; INHELDER, B. (1981) *A representação do espaço na criança.* Porto Alegre, Artes Médicas, 1993.

PIAGET, J. *et al.* (1980a). *Investigaciones sobre las correspondencias.* Trad. Elena Martín e Amparo Moreno. Madrid, Alianza Editorial, 1982. Tradução de: *Recherches sur les correspondances.*

PIAGET, J.; HENRIQUES, G.; ASCHER, E. *et al.* (1990) *Morphismes et catégories: comparer et transformer.* Paris, Delachaux; Niestlé.

QUEIROZ, S. S. de, *Inteligência e afetividade na dialética de Jean Piaget: um estudo com o jogo da senha.* São Paulo, 2000. 160 p. Tese (Doutorado) – Instituto de Psicologia, Universidade de São Paulo.

SAADA-ROBERT, M. (1992-1996a) A construção microgenética de um esquema elementar. In: INHELDER, B.; CELLÉRRIER, G. (1992). *O desenrolar das descobertas da criança: um estudo sobre as microgêneses cognitivas.* Trad. Eunice Gruman. Porto Alegre, Artes Médicas, 1996. Tradução de: *Le cheminement des découvertes de l'enfant: recherche sur les microgénèses cognitives.* Cap.4, p. 107-126.

________. (1992-1996b) Didier e as bonecas russas: estudo de caso e conceituação. In: INHELDER, B.; CELLÉRRIER, G. (1992). *O desenrolar das descobertas da criança: um estudo sobre as microgêneses cognitivas.* Trad. Eunice Gruman. Porto Alegre, Artes Médicas, 1996. Tradução de: *Le cheminement des découvertes de l'enfant: recherche sur les microgénèses cognitives.* Cap. 5, p. 127-168.

________. (Septembre 1989) La microgénèse de la représentation d'un problème. In: *Psychologie Française.* 34 (2/3): 193-206.

________. (1994) Microgenesis and situated cognitive representations. In: *Explorations in sociocultural studies.* P. del Rio, A. Alvarez; J. V. Wertsch General Editors. Vol.3. Fundación Infancia y Aprendizage, 55-64.

SANDOR, P. *et al.* (1974) *Técnicas de relaxamento.* São Paulo, Vetor Ed. Psico-Pedagógica, 1982.

SARAIVA, F. R. dos S. *Novíssimo Diccionário latino-portuguez. Etimológico, prosódico, histórico, geográfico, mitológico, biográfico, etc.* Décima edição. Rio de Janeiro – Belo Horizonte, Livraria Garnier, 1993.

SILVER, R. (1996) *Teste do desenho de Silver – cognição e emoção. Padronização brasileira:* Cristina Dias Allessandrini, José Luciano Miranda Duarte, Margarida Azevedo Dupas e Marisa Pires Fernandes Bianco. São Paulo, Casa do Psicólogo. Tradução de: *Silver drawing test – cognition and emotion.*

SILVER, R. (1978) *Developing cognitive and creative skills through art – program for children with communication disorders or learning disabilities.* New York, Ablin Press, 1989.

________. (1983) *Silver drawing test of cognitive skills and adjustement.* New York, Ablin Press, 1990.

________. (1987) A cognitive approach to art therapy. In: RUBIN, J. A. *Approaches to art therapy, theory and techniques.* New York, Brunner-Mazel, Inc. Pub.

WEBER, A. (1982) A propósito da pedagogia do projecto. In: LEITE, E.; MALPIQUE, M.; SANTOS, M. R. *Trabalho de Projecto/ 2. Leituras comentadas.* Colecção Ser Professor. 3ª edição. Porto, Portugal: Ed. Afrontamento, 1993.

WINNICOTT, D. W. (1988) *Natureza humana.* Trad. de Davi Litman Bogomoletz. Rio de Janeiro, Imago, 1990.

________. (1986) *Tudo começa em casa.* Trad. Paulo Sandler. São Paulo, Martins Fontes, 1989.

________. (1989) *Explorações psicanalíticas.* Org: Claire Winnicott, Ray Shepherd, Madeleine Davis. Trad. José Octavio de Aguiar Abreu. Porto Alegre, Artes Médicas, 1994.

________. *Textos selecionados da pediatria à psicanálise.* Trad. de Jane Russo. Rio de Janeiro, Francisco Alves, 1993.